城市轨道交通操作岗位系列培训教材

城市轨道交通维护操作工

主　编　田华军
副主编　吴安伟　王华清
主　审　刘　杰

人民交通出版社股份有限公司
China Communications Press Co.,Ltd.

内 容 提 要

本书为城市轨道交通操作岗位培训教材,全书共两篇:基础知识篇和实务篇,介绍了各个设备的结构与功能介绍、设备操作步骤、工作流程及维护操作工岗位安全。基础知识篇介绍轨道交通综合监控系统与综合监控系统设备。实务篇,首先介绍综合监控专业设备维护、故障处理、通用维修工具及仪器仪表的使用,然后通过模拟平台的搭建,建立实操培训平台,最后通过典型故障分析,加深对基础知识、故障处理方法的理解与应用。

本书可作为城市轨道交通相关从业人员的培训教材,也可供职业院校城市轨道交通相关专业学生学习使用。

图书在版编目(CIP)数据

城市轨道交通维护操作工 / 田华军主编 . — 北京:
人民交通出版社股份有限公司,2017.8
城市轨道交通操作岗位系列培训教材
ISBN 978-7-114-13775-4

Ⅰ . ①城… Ⅱ . ①田… Ⅲ . ①城市铁路—铁路车辆—车辆检修—岗位培训—教材②城市铁路—机电设备—维修——岗位培训教材 Ⅳ . ① U279.3 ② U239.5

中国版本图书馆 CIP 数据核字(2017)第 069023 号

城市轨道交通操作岗位系列培训教材
书　　　名:城市轨道交通维护操作工
著　作　者:田华军
责任编辑:吴燕伶　周　凯
出版发行:人民交通出版社股份有限公司
地　　　址:(100011)北京市朝阳区安定门外外馆斜街 3 号
网　　　址:http://www.ccpress.com.cn
销售电话:(010) 59757973
总　经　销:人民交通出版社股份有限公司发行部
经　　　销:各地新华书店
印　　　刷:北京市密东印刷有限公司
开　　　本:787×1092　1/16
印　　　张:19.5
插　　　页:10
字　　　数:390 千
版　　　次:2017 年 8 月　第 1 版
印　　　次:2017 年 8 月　第 1 次印刷
书　　　号:ISBN 978-7-114-13775-4
定　　　价:57.00 元

(有印刷、装订质量问题的图书由本公司负责调换)

PREFACE 序

著述成书有三境：一曰立言传世，使命使然；二曰命运多舛，才情使然；三曰追名逐利，私欲使然。予携众编写此系列丛书，一不求"立言"传不朽，二不恣意弄才情，三不沽名钓私誉。唯一所求，以利工作。

郑州发展轨道交通八年有余，开通运营两条线46.6公里，各系统、设施设备运行均优于国家标准，服务优质，社会口碑良好。有此成效，技术、设备等外部客观条件固然重要，但是最核心、最关键的仍是人这一生产要素。然而，从全国轨道交通发展形势来看，未来五年人才"瓶颈"日益凸显。目前，全国已有44个城市轨道交通建设规划获得批复，规划总里程7000多公里，这比先前50年的发展总和还多。"十三五"期间，城市轨道交通发展将处于飞跃发展时期，相关专业技术人才将面临"断崖"处境。社会人才储备、专业院校输出将无法满足几何级增长的轨道交通行业发展需求。

至2020年末，郑州市轨道交通要运营10条以上线路，总里程突破300公里，人才需求规模达16000人之多。环视国内其他城市同期建设力度，不出此左右。振奋之余更是紧迫，紧迫之中夹杂些许担心。思忖良久，唯立足自身，"引智"和"造才"双管齐下，方可破解人才困局，得轨道交通发展始终，以出行之便、生活之利飨商都社会各界，助力国家中心城市和国际商都建设。

郑州市轨道交通通过校园招聘和订单班组建，自我培养各类专业技术人员逾3000人。订单班组建五年来，以高职高专院校的理论教学为辅，以参与轨道交通设计、建设和各专业各系统设备生产供应单位的专家实践教学为主，通过不断创新、总结、归纳，逐渐形成了成熟的培养体系和教学内容，所培养学生大都已成为郑州市轨道交通运营一线骨干力量。公司以生产实践经验为依托，充分发挥有关合作院校的师资力量，同时在设备制造商、安装商和设施设备维修维保商的技术支持下，编写了本套城市轨道交通操作岗位系列培训教材，希望以此建立起一套符合郑州市轨道交通运营实际且符合轨道交通行业发展水平的教材体系，为河南乃至全国轨道交通人才培养略尽绵薄之力。

教材编写过程中,得到了西南交通大学、大连交通大学、石家庄铁道大学、上海地铁维护保障有限公司、郑州铁路职业技术学院以及人民交通出版社股份有限公司的大力支持,在此一并表示感谢。

以羽扣钟,既有总结之意,也有求证之心,还请业内人士不吝赐教。

是为序。

张 洲

2016 年 10 月 21 日

FOREWORD 前言

　　城市轨道交通车辆检修工艺设备对城市轨道交通安全运营起着至关重要的作用,主要用于车辆的故障排除、应急救援等工作。车辆段主要工艺设备有工程车辆、洗车机、固定式架车机、不落轮镟床、轮对受电弓检测装置、起重机等。工艺设备的运转情况直接影响到城市轨道交通运营,因此,做好工艺设备的操作与维护保养工作显得尤为重要。为了使读者能够快速、高效地掌握车辆工艺设备的各项基础知识,在今后的工作中奠定扎实的业务技能,我们特组织理论知识与实践经验丰富的各专业系统工程师,编写了本教材。

　　全书共两篇,分为基础知识篇和实务篇,主要介绍了各个设备的结构与功能、设备操作步骤、工作流程及维护操作工岗位安全。本书内容通俗易懂、图文并茂、语言简练,在编写过程中,坚持"简明、实用"的原则,课程内容设置合理,课前设置"岗位应知应会",课后设置"复习与思考",反映了新知识、新技能、新工艺,体现了实用性、代表性、实践性,正确处理了理论知识与实践技能的关系。

　　本书由田华军担任主编,吴安伟、王华清担任副主编,刘杰担任主审。具体分工如下:曹本星编写第一篇的第一章,张永胜编写第一篇的第二~第六章,吕志坚编写第一篇的第七~第十五章,王凯亮编写第二篇中的第一~第六章,刘海玮编写第二篇中第七~第十二章,侯成凯编写第二篇中的第十三~第十四章。以上人员均来自郑州市轨道交通有限公司。

　　本书编写过程中,得到西南交通大学、大连交通大学、石家庄铁道大学、上海地铁维护保障有限公司、郑州铁路职业技术学院以及人民交通出版社股份有限公司的大力支持,在此表示诚挚的感谢!

　　由于本书所涉及的知识内容及专业较多,并且专业知识更新和新技术应用速度较快,编者在编写过程中,参考了一些书刊、技术资料等,得到了多位有经验的同事和朋友的大力支持和帮助。在此,对相关文献的作者、同仁及朋友的鼎力相助表示由衷感谢。由于编写时间仓促,编者水平有限,书中不妥和错漏之处,恳请广大同仁和读者给予批评指正。

编　者

2016 年 11 月

INTRODUCTION 学习指导

一、岗位职责

城市轨道交通车辆段工艺设备维护操作工所从事的是城市轨道交通车辆段工艺设备的安装调试、运行维护、操作检修、故障处理、技术改造等工作,主要负责洗车机、架车机、不落轮镟床、轮对受电弓检测设备、起重机等车辆检修工艺设备的维修保养工作以及电客车轮对镟修工作。其岗位职责包括安全职责和工作职责。

(一)安全职责

(1)对相应的生产工作负直接责任,做好生产第一现场的安全把控工作。
(2)保证安全生产的各项规章制度的贯彻执行。
(3)组织学习并落实公司的各项安全管理规定和安全操作规程。
(4)负责所辖范围内特种设备的安全管理工作,确保特种作业、特种设备操作人员持证上岗。
(5)参加公司组织的各项培训工作,努力提高业务技能水平,增强安全意识。
(6)定期开展自查工作,落实隐患整改,保证生产设备、安全装备、消防设施、救援器材和急救工具处于完好状态,并能够正确使用这些设备和工具。
(7)及时反映生产过程中,存在的各类问题,及时找到解决途径,以确保安全生产,保障人身设备安全。
(8)负责车辆段工艺设备维护专业系统设备的巡检、维修维护以及应急抢险工作。

(二)工作职责

维护操作工岗位职责体现在维护保养作业、故障处理、物料提报、培训工作、工具耗材管理等方面,具体如下。

(1)维护操作工需贯彻执行有关规章制度及标准化作业程序,按计划完成设备日常保养及检修任务。

（2）维护操作工需完成设备临时故障处理。

（3）维护操作工需参与物料、工具和备品配件需求计划的提报。

（4）维护操作工需协助专业技术人员完成技术攻关、改造工作。

（5）维护操作工需认真履行各种培训项目。

（6）维护操作工需协助做好班组内工具、备件、耗材的使用及管理。

（7）完成领导交办的其他任务。

二 课程学习方法及重难点

维护操作工应熟练掌握实务篇中各个设备的操作流程和检修流程，重点掌握不落轮镟床作业流程，熟悉各个设备的结构，理解设备的工作原理。在学习本教材的内容的过程中，应原理与实务结合，课前熟知学习目标，有针对性地学习课文中的内容，实务篇的最后两章涉及安全内容，在学习时要尤其重视，安全生产是对每一个员工的最基本要求，而熟悉危险源与岗位安全关键点又是安全生产的前提。

三 岗位晋升路径

根据人员情况，满足职级要求（包括工作年限、职称、学历、绩效考评）的人员按照一定的比例定期进行晋级。员工晋升序列如下。

（一）技术类职级序列

由低到高依次为：技术员、助理工程师、工程师一、工程师二、工程师三、主管。

（二）操作类序列

由低到高依次为：初级工、中级工、高级工一、高级工二、技师一、技师二、高级技师。

CONTENTS 目录

第一篇 基础知识篇

第一章 绪论 ………………………………………………… 2
第一节 车辆检修设备的配置 ………………………………… 2
第二节 车辆检修主要工艺设备的应用 ……………………… 5

第二章 不落轮镟床 ………………………………………… 20
第一节 概述 …………………………………………………… 20
第二节 主要技术参数 ………………………………………… 22
第三节 结构及功能 …………………………………………… 23
第四节 驱动机构 ……………………………………………… 37
第五节 电气原理图 …………………………………………… 53

第三章 公铁两用车 ………………………………………… 59
第一节 概述 …………………………………………………… 59
第二节 主要技术参数 ………………………………………… 60
第三节 结构及功能 …………………………………………… 60
第四节 电气原理图 …………………………………………… 63

第四章 固定式架车机 ……………………………………… 66
第一节 概述 …………………………………………………… 66
第二节 主要技术参数 ………………………………………… 67
第三节 机械系统结构 ………………………………………… 69
第四节 电气控制系统 ………………………………………… 75
第五节 电气原理图 …………………………………………… 82

第五章　移动式架车机 …………………………………… 87
　　第一节　概况 ……………………………………………… 87
　　第二节　技术参数 ………………………………………… 88
　　第三节　结构及功能 ……………………………………… 88

第六章　列车自动清洗机 ………………………………… 93
　　第一节　概述 ……………………………………………… 93
　　第二节　主要技术参数 …………………………………… 94
　　第三节　结构及功能 ……………………………………… 94
　　第四节　常用电气元件 …………………………………… 102
　　第五节　电气原理图 ……………………………………… 109

第七章　轮对受电弓检测设备 …………………………… 116
　　第一节　概述 ……………………………………………… 116
　　第二节　受电弓检测设备 ………………………………… 117
　　第三节　轮对动态检测设备 ……………………………… 121

第八章　自动化立体仓库 ………………………………… 129
　　第一节　概述 ……………………………………………… 129
　　第二节　主要技术参数 …………………………………… 130
　　第三节　结构及功能 ……………………………………… 130

第九章　起重机 …………………………………………… 135
　　第一节　概述 ……………………………………………… 135
　　第二节　主要技术参数 …………………………………… 138
　　第三节　结构及功能 ……………………………………… 142

第十章　厂内机动车辆 …………………………………… 155
　　第一节　概述 ……………………………………………… 155
　　第二节　主要技术参数 …………………………………… 155
　　第三节　结构及功能 ……………………………………… 158
　　第四节　车辆的维护 ……………………………………… 162

第十一章　自动恒流充放电机 …………………………… 166

| | 第一节　主要技术参数 | 166 |
| | 第二节　结构及功能 | 167 |

第十二章　固定式空压机　170

　　第一节　概述　170
　　第二节　结构及功能　171

第十三章　限界检测装置　176

　　第一节　概述　176
　　第二节　主要技术参数　176
　　第三节　结构及功能　177

第十四章　移车台　181

　　第一节　概述　181
　　第二节　主要技术参数　181
　　第三节　结构及功能　182

第十五章　常用工器具　189

　　第一节　钳形电流表　189
　　第二节　兆欧表　194
　　第三节　万用表　196
　　第四节　第四种检查器　199
　　第五节　数显测电笔　201

第二篇　实务篇

第一章　概论　206

第二章　不落轮镟床工作流程　208

　　第一节　镟轮作业流程　208
　　第二节　检修作业流程　212

第三章　公铁两用车工作流程　215

　　第一节　公铁车操作流程　215
　　第二节　检修作业流程　217

第四章　列车自动清洗机工作流程 ………………………… 220

第一节　洗车作业流程 …………………………………… 220
第二节　检修作业流程 …………………………………… 222

第五章　固定式架车机工作流程 …………………………… 225

第一节　架车作业流程 …………………………………… 225
第二节　检修作业流程 …………………………………… 230

第六章　轮对受电弓检测设备工作流程 …………………… 232

第一节　检修工作流程 …………………………………… 232
第二节　客户端软件操作 ………………………………… 236

第七章　起重机工作流程 …………………………………… 240

第一节　操作人员的要求 ………………………………… 240
第二节　操作注意事项及准备工作 ……………………… 241
第三节　作业完成后的事宜 ……………………………… 247

第八章　自动化立体化仓库工作流程 ……………………… 248

第一节　安全操作流程 …………………………………… 248
第二节　检修作业流程 …………………………………… 249

第九章　自动恒流充放电机工作流程 ……………………… 256

第一节　充电流程 ………………………………………… 256
第二节　放电流程 ………………………………………… 257

第十章　厂内机动车工作流程 ……………………………… 259

第一节　安全规定 ………………………………………… 259
第二节　蓄电池搬运车操作注意事项 …………………… 259
第三节　内燃叉车操作注意事项 ………………………… 260

第十一章　固定式空压机工作流程 ………………………… 261

第十二章　常见故障处理 …………………………………… 264

第一节　不落轮镟床常见故障处理 ……………………… 264

第二节　公铁两用车常见故障处理············266
第三节　固定式架车机常见故障处理············267
第四节　洗车机常见故障处理············270
第五节　自动化立体仓库常见故障处理············272
第六节　起重机常见故障处理············273
第七节　厂内机动车辆常见故障处理············278
第八节　自动恒流充放电机故障处理············284

第十三章　岗位危险源············286

第十四章　岗位安全关键点············290

附录　城市轨道交通维护操作工考核大纲············296

参考文献············297

第一篇 基础知识篇

第一章 绪论

> **岗位应知应会**
>
> 1. 了解城市轨道交通车辆段主要检修设备的配置情况。
> 2. 了解车辆检修主要工艺设备的应用情况。
> 3. 了解车辆段车辆维修设备配置原则。
> 4. 了解车辆段常见工艺设备的名称、作用及发展历程。
>
> **重难点**
>
> 各主要工艺设备的作用。

城市轨道交通车辆段是车辆停放、检查、整备、运用和修理的管理中心所在地。若运行线路较长，为了有利于运营和分担车辆的检查清洗工作量，可在线路的另一端设停车场，负责部分车辆的停放、运用、检查和整备工作。当技术经济合理时，也可以两条或两条以上线路共设一个车辆段。城市轨道交通除车辆保养基地以外，尚有综合维修中心、材料总库和职工技术培训中心等基地，有条件时通常与车辆段规划在一起。

根据城市轨道交通车辆大、架检修设备的配置原则，分为通用设备和专用设备两种。通用设备有：起重运输设备、机械加工设备、探伤设备、焊接设备、动力设备和计量化验设备。专用设备有针对列车检修用的：拆装设备、检测试验设备、专用切削设备、清洗设备、起重提升设备、救援设备、非标设备和专用工装。不同的修程，涉及使用的设备不同，设备维护专业需要有所了解。

车辆段工艺设备直接或间接用于电客车的维保工作，是城市轨道交通运营的有力后勤保障。常见的电客车检修工艺设备主要有：起重机、固定式空压机、固定式（移动式）充放电机、叉车及电瓶车和自动化立体仓库设备等，其中洗车机、固定式架车机、不落轮镟床、轮对踏面及受电弓检测装置由于其造价及重要性被称为车辆段四大设备，起重机、叉车由于其安全性要求较高和易引发安全事故被称为特种设备。这些主要设备是设备维护专业需要重点掌握的设备。

第一节 车辆检修设备的配置

随着我国引进一批高性能、高技术的电客车后，国产车辆也开始大量采用新技术，与之配套使用的车辆维修设备标准也相应提高,车辆维修基地(停车库、定修段、车辆段)的设备配置有了一个基本模式,摒弃了过去"大而全、小而全"的形式,向着城市轨道交通网络化运营条件下的车辆维修资源共享的方向发展。利用社会化、专业化服务资源进行互补,避免重复配置造成建设初期投资成本高、运营期间设备维修成本大(设备的闲置和损坏)、维修能力浪费的情况出现。

一、配置原则

城市轨道交通车辆检修设备的配置应遵循下列基本原则:按基本需求、按专业(工艺)需求和特殊要求进行配置。

(1)按基本需求配置:以各段场的功能为依据,配备生产运营的基本设备,满足电客车维修等级的需求,分停车场(定修段)、车辆段两种需求配置。

(2)按专业需求配置:根据各段的车型、部件专业维修的布点,配备相应的专用(共享)设备。

(3)按特殊要求配置:以运营安全为依据,配备专业性较强的特种设备,对特殊设备(如起复救援设备)应从多线合用,品种齐全、功能完善的角度考虑,对磨轨车等投资大的特殊专业设备应在多线运行的基础上配置。

设备配置的基本要求是:设备具有先进性、专业性,必须安全、可靠、高效。

二、电客列车一般修理(定修以下)的设备基本配置

列车检修设备的配置数量、种类主要取决于电客车的配属数量和检修能力,配属车辆数与运营线路的长度、行车间隔时间及执行的检修修程标准有关。目前,国内有城市轨道交通运营的城市,城市轨道交通列车的配置数、车型和检修标准不尽相同,但在列车维修时的修理范围、采用的维修标准、工艺流程和规模相差无几,唯一有较大区别的是检修周期设置。

从综合国内已开通运行的城市轨道交通线路以及在建城市轨道交通的城市来看,列车低修程的维修模式,设备配置大同小异。就目前执行的列车修程为列检(日检)、周检、月检、双月或三月检、临修,均以互换修为主,进行车辆各种零部件的定期检查和更换。一般修程(包括临修)必须完成对运行列车在运行时发生的车轮踏面擦伤、剥离、磨耗进行修正复原,完成列车车载设备、车下悬挂部件、牵引电机、电气箱、单元制动机故障修复和更换,完成车顶设备(空调机组、受电弓)的修复,以及完成列车的日常清洗等工作。

列车修程配套的设备分三种:专用设备、通用设备、特殊设备。

大型专用设备分为:不落轮镟床、地面(移动式)架车机、地下(固定式)架车机、列车自动清洗机等。小型专用设备有:列车蓄电池充放电设备、空调机组专用检测设备、空调机组抽真空充液设备、蓄电池搬运车、蓄电池(内燃)叉车、列车车顶吊装设备(行车、悬臂吊)、场内

调机车组（轨道车和内燃机车）、列车运行在线检测装置（轮对踏面及受电弓检测、测量轴温、车体下悬挂物检测、限界门等）、电气部件检修设备、专用仪器仪表、试验台等。

通用设备指常用的车、钳、刨、铣等金切设备、动力设备等。

三、列车维修（架大修）的设备专业配置

列车修程检修等级分为：大修、架修、定修、部件修，检修周期的确定为列车运行公里数或使用年限二者选一，以先到为准。表 1-1-1 列出了修程的检修周期、公里检修时间等项目要素，以及各修程需要配置的主要设备。

检修工艺设备与列车修程的关系   表 1-1-1

列车修程	检修周期	列车走行公里（万km）	不落轮镟床（含公铁两用车）	洗车机	架车机	轮对受电弓检测设备	起重设备	运输设备	动力设备	机加工设备
日检	每天					Y		Y	Y	
周检	一周	0.4		Y		Y		Y	Y	
月检	一月	2		Y	Y	Y		Y	Y	
双月检	两月	2		Y	Y	Y		Y	Y	
三月检	三月	2		Y	Y	Y		Y	Y	
定修	1年	10	Y	Y	Y	Y	Y	Y	Y	
架修	5年	50	Y	Y	Y	Y	Y	Y	Y	Y
大修	10年	100	Y	Y	Y	Y	Y	Y	Y	Y

目前，国内已做过城市轨道交通列车大修工作的有北京、上海、广州、深圳等大城市。按大修规程，应对列车进行：架车、解体；转向架构架探伤、整形；轮对分解、检查；牵引电机分解、检查、更换零部件、性能测试；车门门页整形、气缸更换；车体重新油漆以及静调、动调；最终恢复列车的出厂标准（或大修标准）。而架修规程规定只对车体进行架车、基本解体；对走行部分及牵引电机等主要部件进行检查、测试和修理。定修是较架修低一级的修程，只进行局部解体，对大型部件进行检查、测试和修理，对轮对踏面进行不落轮镟削，恢复踏面轮廓尺寸形状。因此根据架大修修程，检修设备的配套数量也因检修项目的增加而增加。维修设备的配置随检修台位量、检修规模、工艺流程而定。根据检修工艺的流程，专用设备配置如下：

1. 架车、车体分解工艺的设备和工装配置

地下固定式架车机（一组）、移车台（或移车吊）、小型蓄电池牵引车（场内牵引）、架抬车（工装设备）、液压升降台、空调机组、受电弓起吊设备（悬臂吊）。

2. 转向架拆装工艺流程的设备和工装配置

转向架升降台、转向架清洗机、转向架试验台、一系（人字）弹簧试验台、减振器试验台、构架测试台、构架翻转台。

3. 轮对装拆工艺流程的设备和工装配置

轮对压装机、轴承感应加热器、车轴探伤仪、车轮车床、大型轴承清洗设备、套齿设备。

4. 牵引电机检修工艺流程的设备和工装配置

电机吹扫清洗设备、直流牵引电机试验台、交流牵引电机试验台、动平衡机、空压机电机试验台。

5. 制动系统检修工艺流程的设备和工装配置

空压机试验台、空气阀门试验台、制动单元拆装设备。

6. 电气部件检修工艺流程的设备和工装配置

电气部件综合试验台、功率电子试验台、主逆变器试验台、辅助逆变器试验台、八通道示波器。

7. 空调检修设备的配置

空调机组试验台、空调制冷剂充放设备、空调检修套装工具、空调焊接专用工具。

8. 蓄电池检修设备的配置

蓄电池的充放电设备、蓄电池拆装工装。

9. 其他部件检修设备和工装的配置

车钩试验台、缓冲器试验台、受电弓试验台、门控装置试验台、门控压力测试仪。

10. 静态、动态调试设备和工装的配置

车辆称重装置、静调1500V直流供电柜、便携式计算机用于故障显示诊断。

11. 油漆工艺的设备的配置

喷漆设备、加热恒温设备、通风设备、油污过滤设备。

12. 其他加工设备的配置

折弯机、剪板机、冲剪机、弯管机、车床、磨床、刨床、铣床、镗床、压床、钻床、锻造设备。

13. 动力设备的配置

风、气、水、电动力设备。

综合上述13项设备和工装设备。除1～9项为车辆架大修工作必配的检查和测试设备外，第12项"其他加工设备"，在一般修理中，只需配备少量的金属切削设备即可。像折弯机、剪板机、冲剪机、弯管机、锻造设备等以不配为宜，采用社会化委外加工方式进行，这样可较大地压缩投资规模，减少用地面积，降低维修成本。

第二节　车辆检修主要工艺设备的应用

一、车辆段主要运用检修设施

车辆段运用检修设施主要有：停车列检库、洗车库、不落轮镟床库、静调库、双周检或三

月检库、定临修库或临修库、吹扫线、空压机站、工程车库、试车线、蓄电池充放电间等。车辆段总体示意如图 1-1-1 所示。

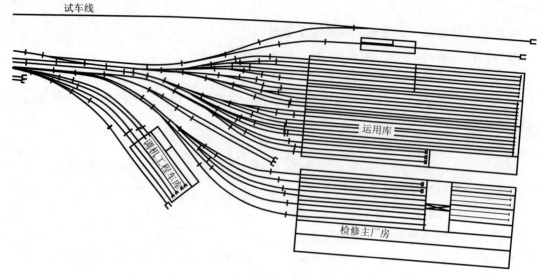

图 1-1-1　车辆段总体示意图

二、车辆段主要运用检修设备

据不完全统计，全国各城市的城市轨道交通车辆段与综合基地初步设计中，列明的工艺设备上百项，总投资为 1 亿～1.5 亿元。以某城市轨道交通为例，设备如表 1-1-2 所示，其中车辆段主要运用检修设备为不落轮镟床、洗车机、架车机、轮对受电弓检测设备、起重机、叉车和电瓶车、自动化立体仓库设备。

某城市轨道交通检修工艺设备列表　　　　　　表 1-1-2

序号	设备名称	型号规格	制造工厂	设置处所及位置	数量
1	洗车机	VEIC-ZZ1ZD	哈尔滨威克轨道交通技术开发有限公司	车辆段洗车库	1
2	洗车机	VEIC-ZZ1ZD	哈尔滨威克轨道交通技术开发有限公司	停车场洗车库	1
3	不落轮镟床	TUP650H	科特有限公司	车辆段镟轮库	1
4	架车机	DJCJ-C-ZZ1	青岛四方车辆研究所有限公司	架修库	1
5	轮对—受电弓检测设备	—	南京拓控信息技术有限公司	车辆段轮对踏面及受电弓检测棚	1
6	QD 型吊钩桥式起重机	G_n=10t，S=22.5m，A5 级，司机室操纵	河南卫华重型机械股份有限公司	车辆段大/架修库	1
7	QD 型吊钩桥式起重机	G_n=10t，S=19.5m，A5 级，司机室操纵	河南卫华重型机械股份有限公司	车辆段转向架及轮对轴承检修间	1

续上表

序号	设备名称	型号规格	制造工厂	设置处所及位置	数量
8	QD型吊钩桥式起重机	G_n=10t, S=15.5m, A5级, 司机室操纵	河南卫华重型机械股份有限公司	车辆段定/临修库	1
9	LD型电动单梁起重机	G_n=5t, S=19.5m, A5级, 地面操作	河南卫华重型机械股份有限公司	车辆段转向架及轮对轴承检修间	1
10	LD型电动单梁起重机	G_n=5t, S=16.5m, A5级, 地面操作	河南卫华重型机械股份有限公司	车辆段电机电器检修间	1
11	LD型电动单梁起重机	G_n=3t, S=15.5m, A5级, 司机室操纵	河南卫华重型机械股份有限公司	车辆段定/临修库	1
12	LD型电动单梁起重机	G_n=2t, S=19.5m, A5级, 地面操作	河南卫华重型机械股份有限公司	车辆段转向架及轮对轴承检修间	1
13	LD型电动单梁起重机	G_n=2t, S=16.5m, A5级, 地面操作	河南卫华重型机械股份有限公司	车辆段空调机组检修间	1
14	LD型电动单梁起重机	G_n=2t, S=16.5m, A5级, 地面操作	河南卫华重型机械股份有限公司	车辆段车钩缓冲器检修间	1
15	LD型电动单梁起重机	G_n=2t, S=13.5m, A5级, 司机室操作	河南卫华重型机械股份有限公司	车辆段调机/工程车库	1
16	LX型电动单梁悬挂起重机	G_n=1t, S=8.5m, A5级, 地面操作	河南卫华重型机械股份有限公司	车辆段制动检修间	1
17	LX型电动单梁悬挂起重机(防爆)	G_n=1t, S=6.0m, A5级, 地面操作	河南卫华重型机械股份有限公司	车辆段蓄电池间	1
18	LX型电动单梁悬挂起重机(防爆)	G_n=1t, S=6.0m, A5级, 地面操作	河南卫华重型机械股份有限公司	车辆段蓄电池间	1
19	LX型电动单梁悬挂起重机	G_n=2t, S=8.0m, A5级, 地面操作	河南卫华重型机械股份有限公司	车辆段镟轮库	1
20	LD型电动单梁起重机	G_n=3t, S=16.5m, A4级, 地面操作	河南卫华重型机械股份有限公司	车辆段物资总库(南车)	1
21	LD型电动单梁起重机	G_n=3t, S=16.5m, A4级, 地面操作	河南卫华重型机械股份有限公司	车辆段物资总库(北车)	1
22	LD型电动单梁起重机	G_n=3t, S=16.5m, A4级, 地面操作	河南卫华重型机械股份有限公司	车辆段材料棚	1
23	LX型电动单梁悬挂起重机	G_n=3t, S=5.0m, A4级, 地面操作	河南卫华重型机械股份有限公司	车辆段供电车间	1
24	LX型电动单梁悬挂起重机	G_n=2t, S=5.0m, A4级, 地面操作	河南卫华重型机械股份有限公司	车辆段机电车间	1
25	2吨蓄电池搬运车	BD20	安徽合力股份有限公司	车辆段大修库	12
26	1吨蓄电池叉车	CPD10FJ	安徽合力股份有限公司	车辆段大修库	2
27	2吨蓄电池叉车	CPD20FJ	安徽合力股份有限公司	车辆段大修库	8
28	3吨蓄电池叉车	CPD30G	安徽合力股份有限公司	车辆段大修库	1

续上表

序号	设备名称	型号规格	制造工厂	设置处所及位置	数量
29	5吨内燃叉车	CPD30	安徽合力股份有限公司	车辆段物资库	1
30	7吨内燃叉车	CPCD70P	安徽合力股份有限公司	车辆段大修库	1
31	自动恒流冲放电机	固定和移动	株洲壹星科技有限公司	车辆段充放电间及库房	12
32	自动化立体仓库	—	北京康拓科技有限公司	车辆段物资库	1
33	固定式空压机	GA55+	阿特拉斯	车辆段工程车库	2

三、主要设备介绍

(一)不落轮镟床

不落轮镟床也称为不落轮对车床或地下式车轮车床,数控不落轮镟床是城市轨道交通车辆段四大车辆检修工艺设备之一,主要用于城市轨道交通车辆在车辆不解编及转向架不拆解的状态下对车辆轮对进行加工镟修的专用设备。目前,向国内城市轨道交通行业提供专业数控不落轮镟床的厂家主要有:德国赫根赛特公司(U2000-400型及U2000-400M型)、武汉善福重型机床公司(UGL-15型)、法国SCULFORT公司、意大利SAFOP公司、四川广汉快速铁路设备有限公司、青海华鼎重型机床有限责任公司等。德国赫根赛特公司创建于1889年,有130多年的历史,该公司于1920年生产了第一台车辆轮对加工机床,1972年开始生产第一台不落轮镟床,主要型号有U2000单机型、U2000-400双机型、MOBITURN移动双机型,其生产的数控不落轮镟床运行稳定可靠、加工精度高、故障率低、制造工艺好。

走行部是城市轨道交通车辆最重要的组成部分,其状态直接关系到城市轨道交通车辆运营及车辆运行的平稳性、乘坐的舒适性等,不落轮镟床是一种在列车上就可以直接将磨损或擦伤的车轮修复回原形的大型机床,因为不需要拆卸列车轮对,大大缩短了列车轮对的维修时间,非常适合于备用车辆很少的城市轨道交通企业使用。

数控不落轮镟床的技术状态直接关系到车辆检修部门能否为正线车辆运营提供数量充足、质量优良的运营车辆。

以德国赫根赛特公司的U2000-400M型数控不落轮镟床为例,主要由轨道、机座、横梁、轮对驱动抬升装置、轮对固定(压下)装置、数控车削滑架、测量和定位系统、电气设备及控制系统、液压系统、排屑吸尘系统组成。

(1)轨道系统包括固定轨道和活动轨道,固定轨道用于连接车床与土建轨道,活动轨道用于车辆通过车床及加工。当车辆轮对移动到位后,活动轨道将从机床中心缩回。

(2)机座使用平衡垫铁固定在地坑的基础上并可通过平衡垫铁进行校准,摩擦驱动轮、带滑架的横梁、轴箱固定装置、主操作面板、配电柜等均固定安装在基座上。

（3）横梁螺装在机架上，在加工过程中产生的利由横梁吸收并传递给机架，用于移动滑架的 Z 轴驱动装置、滑架的线性导轨内置于横梁中。

（4）轮对驱动抬升装置用于车辆轮对的抬升和驱动，抬升功能由液压系统提供动力，驱动功能由 4 台伺服电机提供动力。为了镟轮时轮对对中，在后驱动轮的区域各有一个侧压轮。

（5）轴箱固定压下装置用于轮对在加工过程中的下压，防止在加工过程中由于轮对跳动造成的加工误差，可提高机床的加工精度。

（6）数控车削滑架按照加工要求沿纵向（Z 轴）和横向（X 轴）运动。刀架上安装着加工刀具和测量装置。

数控不落轮镟床主要用途如下：

（1）在城市轨道交通列车整列编组不解列、车下转向架轮对不落轮的条件下，对车辆单个轮对受损或擦伤的车轮踏面和轮缘进行镟削加工。

（2）数控不落轮镟床亦可用于对已落架的转向架上的单个轮对进行不落轮加工，或对已落轮的单个轮对的踏面及轮缘进行镟削加工。

（3）数控不落轮镟床可在不落轮条件下，对工程轨道车辆（如内燃机车、接触网作业车等）单个轮对踏面和轮缘进行镟削加工。

不落轮镟床的核心部件是数控装置，目前世界上性能及信誉较好的品牌有西门子（德国）、发那科（日本）、三菱（日本）、NUM（法国）、FAGOR（西班牙）等。多数不落轮镟床选择 SINUMERIK 840D 数字 NC 系统作为数控装置，SINUMERIK 840D 适用于各种复杂加工，它在复杂的系统平台上通过系统设定来适应各种控制技术。840D 与 SINUMERIK_611 数字驱动系统和 SIMATICS7 可编程序控制器一起，构成全数字控制系统，适用于各种复杂加工任务的控制，具有优于其他系统的动态品质和控制精度。

公铁两用车是不落轮镟床的配套设备，是一种既能在铁路上又能在道路上行驶作业的特种车辆。它采用蓄电池作为动力源，既有橡胶轮走行系统，又有钢轮走行系统，两种走行系统可以相互切换。当使用钢轮时，可通过自身所带车钩进行一般的牵引调车作业，同时也适合于车辆轮对的牵引对位作业以及用作数控不落轮车床准确的牵引对位；而使用橡胶轮走行系统时（这时抬起 4 个钢轮），公铁两用车可方便地穿梭于各股道之间的道路，却不受钢轨走向的约束。

早在 20 世纪 30 年代，英国在 LMS 铁路上就进行了这方面的尝试，随后德国、澳大利亚等国家都做过类似实验，日本更是进行过其实用性的探索，但都没能达到真正意义上的实用化。公铁两用车的最大难点是公路、铁路两种模式之间的转换时间过长，以及由此产生设备与人工。目前，两用车的主要转化方式大致可分为两种：一种是在铁路运行时，放下钢轮作为驱动轮，并将在公路上所用的橡胶轮完全抬起，即钢轮独立工作，完成驱动与导向的双重功能。其运行模式更接近于纯轨道运行车辆。另一种运行模式则是在保留原有橡胶轮作为驱动轮的同时,放下车体前后各一对小半径钢轮,以一定压力紧压在轨道上,运行时仅起到导向、防脱轨的作用。与前者相比,第二种方式所需模式转化时间较短,但由于其将橡胶轮放在 65mm 宽的轨道上来获得系统所需驱动力,致使部分橡胶轮的载重集中,缩短了橡胶轮的使用寿命。加之由于负载变化,还会出现运行中导向钢轮与橡胶轮对轨压力分配不均的问题,进而影响到运行的稳定性。

伴随着各方面技术的逐渐成熟及社会实际需求的增加。20 世纪 60 年代起,公铁两用车在美国、欧洲和澳洲等十多个工业发达国家获得了极大的发展与广泛的应用。我国也于 20 世纪 60 年代开始引进、研制和生产公铁两用车,但主要用于货物运输、铁路调车机及小运转情况。其主要适用于铁路站段、港口码头、工矿企业、中小型货场、专用仓库、专用线及地方铁路线等,但多不具备上下站台功能。

当前在世界范围内,已在实际生产建设中投入使用的公铁两用车型主要有:集铁路运输的长运距、大运量、低成本和公路运输的灵活机动等优势于一身的"门到门"货运型公铁两用车;利用现有铁路、公路资源,面向老龄化社会及残障人士推出的,以提高乘客方便为目的的无障碍化客运型公铁两用车;用于道路抢修、清洁、高空作业与动车组牵引等功用的各类特种型公铁两用车。

不落轮镟床配套的公铁两用车,主要用于在动车组车辆镟轮养护时,牵引列车组并实现与不落轮镟的准确对位。同时,公铁两用车也可用于段内其他车辆的调车与对位作业。传统公铁两用车一般采用内燃机作为主要动力来源,既可走行于轨距 1435mm 的各种轨道上,也可在平整路面上行驶。而纯电动车型,还应具备人工驾驶、无线遥控两种控制方式,并可在与不落轮镟配合使用时,实现自锁和两者间的互锁。公铁两用车还配备了固定式自动车钩,具有与城市轨道交通、动车组等列车自动车钩挂钩的功能,列车驾驶台具备自动解钩功能。

(二)架车机

转向架作为车辆的走行部,是事关列车运行安全的最关键部件,因此,机车车辆每运行到一定的公里数就需要对转向架进行严格的检修。

转向架维修通常用到的转向架更换设施主要有单转向架更换设备、移动式架车机和地坑式架车机。

(1)单转向架更换设备一次只能更换一台转向架,作业时列车转向架与设备对准,用于当一列车只有少数几台转向架需要临时维修更换的场合。设备适用于动车运用所或动车段带轨道桥或不带轨道桥的临修线上。

(2)移动式架车机一般需要配置检修地沟、轨道桥或其他辅助设施,一般在车辆临修中运用相对较多。根据设备移动定位方式的不同,一般有轨道移动式架车机和万向移动式架车机之分。轨道移动式架车机需要铺设地面运行轨道,设备可以沿着与列车平行的方向纵向移动。而万向移动式架车机不需要铺设轨道,只在每台架车机上设置液压或其他形式的起升手柄，需要承载时，设备底板与地面接触承载。设备移动时，操作手柄使地板离开地面，便于轮子走行。该设备灵活性相对较高，在一定的范围内可以任意调整，一人即可轻松推动。移动式架车机作业时，需要的人力较多，而且对位比较耗时，但相比单转向架更换设备来说，一次作业可以更换更多的转向架。

（3）地坑式架车机与上述两设备不同，其整个设备（除控制系统外）全部安装于地下，既可以实现对整列转向架的更换，也可以实现对某台转向架的更换，或对某几台转向架的同时更换，因此更适合于列车的不解体整列同步架车作业。其作业原理为：首先转向架架车单元将整列车连同转向架在车轮部位同步提升到合适高度，然后拆解转向架与车体之间的连接，依靠车体支撑单元托举支撑车体，进行转向架的修理更换作业。

在欧洲地区，Windhoff、Pfaff、Neuefro 三大德国公司占据了非常大的市场份额，并已成功出口到世界各地。而在北美地区，主要有加拿大的 Whiting 公司和美国的 MACTON 公司两家公司在设计和生产架车机。另外，还有来自法国、德国和奥地利的一些相对较小的公司。这些企业主要业务领域是城市轨道交通和卡车行业，但他们的服务范围一般仅限于本国市场。

起初的车辆检修中，普遍都使用了移动式架车机，而且一般为单节架车，同步控制也非常简单。随着 PLC 技术的发展及轨道交通检修要求的不断提高，近年来整列不解编同步移动式架车机，由于其具有受力臂可调、架车场所灵活的特点，得到了非常广泛的运用。

地坑式架车机最早被运用到城轨方面，德国和日本是运用地坑式架车机最多的国家，并首先运用到城市轨道交通列车的检修中。而在动车组、高速列车检修方面，德国 ICE 高速列车最早采用地坑式架车机设备实施列车的不解体维修作业。之后，日本新干线和法国 TGV 也不同程度地采用了地坑式架车机作为整列同步架车更换转向架的作业方式。国外城市轨道交通列车编组普遍为 4～6 辆，在国外干线铁路运用中也一般以仅仅适应单一车型为主。当需要适应多种车型时，较多的运用为列车解编或将架车机设计为兼容的结构形式。考虑到修车作业车型变换的频率，一般都采用手动调节以适应多种车型的兼容形式，有时在一些综合型的车辆检修工厂也采用长梁直接式架车机，以便能够适应更多的车型。

我国从 20 世纪 90 年代在上海市轨道交通 1 号线和广州市轨道交通 1 号线，开始在城市轨道交通上运用地坑式架车机，之后其他城市也陆续采用，给我国城市轨道交通车辆的检修效率等方面带来了很大的便利。出于安全性考虑及当时我国在车辆检修设备研发方面的差距，这些设备基本依赖于德国进口。进口设备品质高，但纯进口设备不但价格昂贵，同时也给用户在诸如技术交流、技术培训、使用维护、售后服务、备件提供等方面带来了很多不便。

根据市场的需求，国内厂家已陆续开始对地坑式架车机进行研究，如青岛四方车辆研究所有限公司是研究地坑式架车机最早的厂家之一。基于地坑式架车机的安全设计、同步控制等设计理念，其移动式架车机系列产品质量也有了本质的提高。目前，其架车产品的研发从初期的合作开发阶段积累了丰富的经验，地坑式架车机产品逐渐走向模块化、系列化设计,在通过技术引进、消化吸收再创新工作的实施过程中,研发水平、计算手段、试验手段、质量控制、安装调试技术得到不断的提升。目前,已经完全掌握了符合欧洲技术标准的地坑式架车机全部功能模块设计、安全设计及联锁、互锁控制技术及整机集成技术,具备独立设计满足我国高速列车、动车组、大功率机车、城市轨道车辆等的不同需求的各类架车机。

随着我国动车组、高速列车的大面积开行,动车检修基地高级修场合选用了兼容型地坑式架车机。在产品研制过程中,对主要部件、关键部件进行了详细的选型和设计计算,并制作了样机,分别进行了实验室测试样机试验和实物样机各项功能测试。样机研制中及现场安装调试后,由国家铁路产品质量监督检验中心对动车组地坑式架车机分别进行了静态和动态检测。经过样机检测、现场检测,架车机的各项功能、技术指标均满足了我国动车组同步架车检修的使用要求。

与国外相比,我国架车机的研制,除了在结构设计、同步控制、安全性设计等方面借鉴欧洲先进、成熟的设计思想外,还紧密结合我国列车检修基地兼容检修的实际情况,以及架车设备与检修库其他设备的相关接口工艺需求。

城市轨道交通车辆段架车机一般采用地坑式架车机和移动式架车机,用于1～6节不同编组电客车架升作业。地下固定式架车机一般安装在车辆段大/架修库内。除地面操作控制台外,架车机安装在地下基础坑内。架车/落车作业完成后,设备全部降入地坑,地坑表面设置盖板,机库地面平整无障碍。移动式架车机基本功用同地下固定式架车机,只是设备安置在地面上使用,一般安装在车辆段定、临修库内,其功能和技术要求基本类似于地下固定式架车机。

(三)洗车机

洗车机又称列车清洗机,是用于对城市轨道交通列车外表面实施自动洗车作业的专业设备。列车长期在隧道、地面和高架线路上高速运行,其车体端面和表面会吸附很多灰尘或其他脏物,城市轨道交通车辆外表面随着运行时间的增加,因不断附着尘埃而变脏,长期累积影响车辆外表面美观性。为了消除这些脏物,应予及时清洗,一般每隔3～5d就需要清洗一次,进行车身两侧(包括车门、窗玻璃、侧顶弧圆面)及车端面的洗刷工作。

早期城市轨道交通的车辆洗刷作业主要是由人工来完成,自动化程度低,工人劳动强度大,工作效率低。近年来,城市轨道交通车辆外表面清洗由人工清洗逐渐发展为自动清洗机代替,清洗技术也由移动式清洗机、高压冷水清洗机逐渐发展为固定式、低压水射流清洗机。

自20世纪90年代以来,我国新建的城市轨道交通也开始采用自动清洗机洗刷车辆。其中,上海市轨道交通一号线新龙华车辆段引进了法国CHEMI-RAIL公司的车辆自动清洗机(此为国内第一台城市轨道交通车辆自动清洗机),广州市轨道交通1号线芳村车辆段引进了德国城市轨道交通车辆自动清洗机,北京市轨道交通1号线四惠车辆段采用了哈尔滨铁路科学技术研究所的城市轨道交通车辆自动清洗机。

城市轨道交通列车自动清洗机用于清洗城市轨道交通列车的前后两端面、侧面、侧顶过渡面的清洗设备。该设备可以自动实现一个无死角的、漆面无损坏的清洗功能,降低了人工劳动强度。

列车自动清洗机具有自动刷洗和手动刷洗的功能;有丰富的系统流程工况显示及故障显示的功能;有完善的系统保护功能,发生故障时,系统能够紧急停机,同时进行声光报警;具有选择水清洗和洗涤剂清洗的功能。

城市轨道交通列车自动清洗机由机械系统、水供给及循环系统、电控系统等组成。其洗刷过程为:城市轨道交通车辆由司机操纵自行驱动或通过绞盘、蓄电池车等牵引系统牵引进入洗车库,通过洗车机自动/手动、水清洗/洗涤液清洗的功能,即经过湿润和冷却、前后端部洗涤液刷洗、侧壁洗涤液刷洗、侧壁水刷洗、预冲、最终冲洗几道工序后使车体侧壁和前后端面基本无斑渍、污物、灰尘或异物。

(1)湿润和冷却

由竖管喷嘴向车辆两侧侧壁和前后端面喷水,以确保车体表面充分湿润并降低车体表面温度。

(2)前后端部洗涤液刷洗

由端部刷通过光电定位精确定位,根据车体端面倾斜程度进行仿形刷洗。由于车辆端部洗刷面积小、形状不规则,车辆行进中不可能对端部进行彻底洗刷,目前端部洗刷大多采用停车端面洗刷技术。

(3)侧壁洗涤液刷洗

用刷子在车体表面涂抹洗涤剂,让其在规定的时间内进行化学反应。这部分由两个用于侧壁的竖向刷组成,并有喷射管、喷嘴及供液软管将洗涤液喷到刷子全长上,当清洗刷电机启动或关闭时,洗涤液则相应地自动喷出或断流。喷射管配有自动和手动阀门以调节流量。相对于车体位置,竖向刷分工作和停止两种状态位置。在工作位置,刷子与列车侧壁保持接触,接触程度应是可调节的。在停止位置,刷子与列车侧壁脱开距离大于0.2m。清洗刷与车厢侧壁轮廓需非常匹配。

(4)侧壁水刷洗

由两个用于侧壁刷洗的竖向刷组成,水平喷管配有带角度的喷嘴可以向车辆行进的反方向对车体斜向喷水。两个旋转竖向刷需沿其全高附设喷管、喷嘴和软管来使用清水进行水刷洗。

(5)预冲

使用清水进行水刷洗,这部分由两组外壁喷水的竖管组成,为了提高喷射区的宽度,管子需要有斜度,并需配有排水塞及手动阀门以控制水流。

(6)最终冲洗

这是在城市轨道交通车辆驶离洗车机前的这段时间内冲掉复合刷物的最后一道工序,这步完成之后不允许留有污点及斑迹。该部分由两组外壁喷水的竖管组成,并配有排水塞及手动阀门以控制水流来使用软化水进行水刷洗。

(四)轮对受电弓检测设备

轮对及受电弓检测属于两套系统,因为通常安装在一个检测棚内的上方和下方,在城市轨道交通运营管理中作为一套设备进行管理。轮对受电弓检测设备包括轮对动态检测和受电弓动态检测两项检测,轮对动态检测系统采用非接触式图像测量技术、高精度位移测量技术,能准确检测车轮各相关部位的尺寸和踏面缺陷;受电弓动态检测系统用于对车辆受电弓关键特性参数如碳滑板厚度、弓网压力、受电弓中心线偏移等进行动态自动检测。

轮对作为车辆走行部中极为重要的部件。它不仅承受着车体的全部重量,而且还要传递车轮与钢轨间的作用力。轮对需要承受较大的静载荷和动载荷、组装应力,以及闸瓦、闸片制动时产生的热应力和通过曲线时的离心力等。因此,轮对是否能保持良好的技术状态,关系到行车绝对安全。车轮在运行过程中不断与钢轨表面摩擦,造成车轮踏面磨耗另外,在车轮通过曲线或道岔时,车轮轮缘部分与钢轨内侧面发生摩擦造成轮缘磨耗,踏面磨耗和轮缘磨耗导致车轮外形尺寸发生改变。随着列车的高速、重载、高密度运行,车轮的磨损越来越严重。轮缘的过度磨耗或者垂直磨耗,都将降低走行安全性并增加脱轨的危险。车轮的裂纹若不及时发现,将导致车轮崩裂等重大行车事故车轮剥离、擦伤等缺陷加剧了车辆的振动,影响轮对轴承状态、转向架运行品质,旅客运行舒适度下降,甚至可能会导致热轴、切轴、车毁人亡的事故发生。因此,及时、准确、快捷地检测出车轮踏面缺陷、踏面裂纹、剥离、擦伤等及车轮外形尺寸轮缘厚度、踏面磨耗、轮辋厚度等,实时掌握车轮的质量状况,消除事故隐患,是高速列车和重载列车发展中必须要解决的测量难题。

行进着的轨道机车中,受电弓扮演着十分重要的角色。机车受电弓,也称集电弓,因菱形受电弓的形状从侧面看好像是张开的弓而命名。一般可分为单臂弓、双臂弓两种,均由炭滑板、弓头、弓角、上框架、下臂杆(双臂弓用下框架)、底架、升弓弹簧、传动气缸、支持绝缘子等部件组成。另外,按照弓头滑板数量,可分为单滑板与双滑板受电弓两种。目前常用的是单臂双滑板受电弓。受电弓是电力机车运行时从电网中取电的装置。它通常是通过支持绝缘子安装在电气列车的车顶上,当受电弓整体升起时,施加压力于碳滑板,使其与电网的接触网导线直接接触,从接触网导线受取电流,再经电流传输装置传送到电气列车上供其使用。滑板是电力机车从供电接触网获取电能的关键部件,安装在受电弓的最上部,直接与接触网导线接触。受电弓滑板在自然环境中工作,并且在运行中与接触网导线不断产生摩擦和冲击。受电弓滑板与接触网导线的关系构成一对机械与电气组合的特殊摩擦副作用,因此对选用材料的综合性能有严格的要求:良好的导电性、耐磨性和冲击韧性等性能,且对接触网导线磨耗少,其性能的优劣和运行状态直接影响到电气列车的工作可靠性和安全性。在机车运行中,受电弓发生电气磨耗和滑动磨耗是不可避免的,受电弓的磨耗量是指在受电弓的有效区域内,受电弓上表面到底边的差值。当受电弓磨耗到一定程度后,容易造成拉网或卡网,由此可能引发严重的弓网事故。另一方面,若接触网出现断网等问题,也可能造成受电弓崩缺或断弓,严重影响电气列车运行安全。因此,对轮对状态及受电弓滑板磨耗状态进行检测,能保证人员和电网安全,提高电气列车运行安全性以及减少巨大经济损失等方面具有重大的意义。

目前,大多城市轨道交通公司对车辆轮对的磨损检测主要采取定期检修的方式,即在规定的期限里集中大量的人力物力对车轮进行有计划的检修。现有各级检修采用检查器、手工尺等,这种方式的测量效率低、工人劳动条件差、劳动量大,而且在测量中不可避免地引入测量者的人为因素,直接影响了测量的精度和可靠性,同时也不便于信息管理,这样的检测方法已不再适应车辆管理的需要。因此,精度高、可靠性高的轮对参数自动检测系统,已经成为实际生产的迫切需要。

同样,国内的各大铁路运营部门以及城市轨道交通运营公司对受电弓滑板磨耗的检测方法主要还是采用最原始的测量方法——机车入库人工登顶检测法。此方法的流程一般为:待检测机车停止工作后,返回机车检修库,停车降弓断电,然后检测人员登上车顶,采用游标卡尺、卷尺测量或者由经验丰富的检修人员根据经验判断是否达到运行标准。虽然依靠人工肉眼观察,能排除掉一部分有问题的受电弓,对机车运行有积极作用,但是登顶测量属于高空危险作业,工作环境糟糕,且人工检测方法的精确度、劳动强度以及效率都达不到运行要求,对受电弓突发性的异常磨耗完全没有办法测量,"病弓""坏弓"的问题还是危害着机车和人员的安全,此检测方法并不能适应现阶段快速发展的轨道交通行业。

对于轮对外形尺寸的自动检测研究,国外从20世纪80年代初就已经开始,经过多年的深入研究,提出了多种研制方案,基于各种原理形成了各具特色的检测方法,开发了适合不同场合的静态动态在线轮对自动检测产品。国内对轮对外形尺寸的自动检测从20世纪90年代才开始,尽管开发了不同形式的检测产品,但是真正应用到检测现场的成熟产品非常少,应用到现场的也有稳定性、可靠性特别是测量精度及测量效率等诸多问题,严重限制了产品的进一步推广应用。

车辆车轮检测技术经历了从接触式检测到利用光学图像、超声波、涡流、激光等技术的非接触性测量,从人工测量,便携式静态测量到动态在线检测,轮对检测技术已经发展到相当高程度。在国内外的检测技术中,尤其以检测速度快,检测精度高,使用方便的图像测量方法受到各车辆检修部门的青睐,但是国外研制的检测设备造价高,检测参数情况也与我国存在很多的差异。国外车辆车轮几何参数的检测也处在不断发展改进的过程中,许多检测方案有待进一步完善。

利用光电检测技术的优势,开发出测量精度高、自动化程度高的自动检测设备成为改变我国车辆车轮落后检测现状,保证列车安全运行的迫切需要。许多车辆段和研究所也在积极合作研发。率先开发出设备占领市场,形成可靠、稳定的产品,而后大量推向全国各车辆段、车务段,以较好的性价比推向国际市场。这样不仅可以极大地提升列车运行的安全性,也必将创造可观的经济效益和社会效益。

受电弓检测系统也是最近10年研发出来,检测的方式主要有以下三种:

(1)日本的三菱电机株式会社为东日本铁路公司开发的受电弓滑板自动测量装置该公

司采用高架的超声波传感器发送超声波。当受电弓通过时,超声波正好打在滑板上,然后超声波反射会返回到传感器上。根据超声波的传输时间与当时的波速,经计算后获得滑板厚度。另外,该装置还能检测滑板表面的凹凸和沟槽。系统主要由传感器、照明系统、摄像机及控制电路等组成。

(2)另一种检测方式由 JR 西日本铁路公司开发,其受电弓检测系统使用多台固定位置的摄像机,对电力机车受电弓进行近距离的在线检测。这个系统是通过对图像的拍摄和分析来检查滑板的磨耗情况的,其中左右分布的黑白摄像机是用来做图像处理的,中间的台为彩色摄像机用来对受电弓进行监测,通常用于异常观测。通过对拍摄到的图像进行处理可以自动检查出缺口、阶梯状磨及受电弓的变形等异常现象,拍摄的图像照片往往是放到电脑里,这样通过仔细对比不同时间的图片就可找出滑板的问题。

(3)国内某些厂家开发的受电弓滑板磨耗检测系统是利用高精度激光线扫描的方式对滑板进行检测。这个系统主要是由滑板磨耗检测和受电弓状态图像监控两大模块组成。前者包括高精度激光线扫描传感器、激光器与控制电路等,后者主要是高速高分率的摄像机及相应图像处理模块等。

国内研发受电弓检测的厂家如北京主导科技有限公司、东莞诺丽电子科技有限公司等采用图像识别的方式进行检测,北京天佐天佑厂家采用激光线扫描方式进行检测。

轮对及受电弓检测系统属于新兴设备,在老城市轨道交通公司中配属较少,在新建城市轨道交通公司中都有所配置,其检测准确性和部分检测功能,如非滚动圆处踏面擦伤检测,受限于当今技术水平,还有待提高。

(五)起重机

起重机是指在一定范围内垂直提升和水平搬运重物的起重机械。起重机安装在各个库房内,用于重物的拆卸、移动工作。

起重机起源于西欧,由苏联传入我国,从国内桥式起重机的发展来看,虽然起重机的品种很多,但大多数都与国外起重机类似,是通过仿照国外模型的基础上制造而成。20 世纪 70 年代以来,我国引入物流概念后,我国的机械运输设备得到了快速发展,在企业车间、仓库以及码头等地起重机已经得到了广泛的使用。20 世纪 90 年代后,我国的计算机技术有了长足的进度,各行业机械设备的自动化水平得以提高,使得我国也开始出现了一系列的起重运输机械。根据相关资料,1999 年上海振华港口机械公司生产了中国最大的抓斗卸船机。现今,物流机械得到了更加广泛的运用,在上海、广州、天津等地成立了很多配送中心以及物流中心。

起重机械是用来对物料进行起重、运输、装卸或安装等作业的机械设备。它在国民经济各部门都有相当广泛的应用,在现代化生产中占有重要地位。起重运输机械对于提高生产能力、保证产品质量、减轻劳动强度、降低生产成本、提高运输效率、加快物资周转、流通等方面均有着重要的影响。起重机械是现代化生产过程中必不可少的辅助工具,也是合理组织生产不可缺少的生产设备,对安全生产、减少事故更有显著的作用。其中用于生产车间的桥式起重机,是起重机的一个主要类型。它是在固定的车间内装卸和搬运物料的,起重范围可以从几吨到几百吨。

常见的起重机有:桥式起重机、门式起重机、塔式起重机、港口起重机、汽车起重机、履带起重机等。桥式起重机是机械制造工业和冶金工业中用得最多的一种起重机械。桥式起重机又称"行车"或"天车",是横架在固定跨间上空用来吊运各种物件的设备。它既不占据地面作业面积,又不妨碍地面上的作业,可以在起升高度和大、小车轨所允许的空间内担负任意位置的吊运工作。

由于桥式起重机行驶在高空,作业范围能扫过整个厂房的建筑面积,具有不可替代的作用,因而深受城市轨道交通运营公司欢迎。

(六)叉车、电瓶车

叉车、电瓶车主要用于检修作业及厂内物资搬运等工作,在城市轨道交通车辆段统称为厂内运输设备。电瓶车又称为电动固定平台搬运车,以蓄电池为动力;叉车分为电动叉车和内燃叉车,分别以蓄电池和柴油为动力。

搬运车发展历史,经历三代发展,目前正在向第四代发展。

第一代搬运车为手动搬运车,简称CBY,其特点是自动化、智能化程度不高,但它为人工搬运向机械化搬运转化做出了巨大的贡献,至今在搬运车市场仍然具备一定的市场份额。

第二代搬运车是以内燃叉车为代表的内燃搬运车,简称FT,具备较高的自动化,内燃叉车以发动机为动力,动力强劲;缺点是有废气排放污染环境,效能较低,有害人类健康,不适合食品行业使用。

第三代搬运车是以电动叉车为代表的全电动搬运车,简称CBD,其自动化程度和内燃叉车相当,但它是节能环保理念推动的动力技术更新,使用的是电池动力。电动搬运车具备节能、无废气排放、噪声小等优点,是食品行业的最佳选择,由于具有突出的节能优点,被搬运车行业认为是未来最有潜力的叉车之一,但遇到了发展瓶颈,由于其受电瓶容量的限制,功率小,作业时间短。

第四代搬运车发展是以自动无人搬运车为代表的,简称AGVS。AGVS预计在20世纪50年代将得到大范围的应用,是当今柔性制造系统(FMS)和自动化仓储系统中物流运输的有效手段,现代的AGV是由计算机控制,多数的AGVS配有系统集中控制与管理计算机,用于对AGV的作业过程进行优化,发出搬运指令,跟踪传送中的构件以及控制AGV的路线,无人搬运车的引导方式主要有电磁感应引导、激光引导和磁铁陀螺引导等方式,可以给无人搬运车编写程序输入引导搬运车完成搬运工作,是一种智能化比较高的搬运车。

我国叉车行业起步于20世纪50年代,开始仿制苏联5t机械传动叉车;60年代,通过测绘日本叉车,开创了中国的叉车行业;70年代的行业联合设计,使得我国叉车行业初具规模;80年代引进国外叉车技术,消化吸收并国产化。例如,合力叉车的主导产品一部分引进了TCM技术,大连叉车厂的大吨位叉车一部分引进了日本三菱技术。90年代,一些知名叉车企业在消化吸收国外先进技术的基础上对产品进行了更新和系列化,具备了一定的技术研发能力。目前,我国叉车产品正在系列化、多样化和大型化的道路上不断前进。如安徽合力集团已经成功研发了国内最大的46t内燃平衡重式叉车,并形成了1~46t不同规格的产品,向着产品全系列方向发展。叉车设计中也逐步采用了计算机辅助设计,这既提高了产品质量,又缩短了其开发周期。

早在20世纪80年代初,日本TCM公司就开始采用计算机辅助设计,不仅提高了图纸的质量,还缩短了产品的开发周期。德国Linde公司在新型叉车的开发过程中采用了新的计算方法——有限元法,并使用最现代的计算机设备进行计算。德国Demag公司研发的无人驾驶叉车,货叉在尾部,在弯道上能前后行驶。整车由中央计算机控制,能针对一定的任务进行选择车辆、空车管理、优先权控制等。

我国叉车行业生产相对集中,除了安徽合力叉车集团、大连叉车总厂及杭州叉车厂等几家大型企业以外,国内其他叉车厂的生产规模小,技术水平相对落后。与国外相比,我国叉车行业尚处于发展阶段,需求快速上升,销量大幅增加,但从总体来看依然面临着"产品结构尚不完善、技术水平有待于提高、产品应用范围仍需扩展"等问题。

(七)自动化立体仓库

自动化立体仓库又称为高架仓库、自动仓储或自动存储自动检索系统。它是一种高层立体货架托盘系统储存物资,用电子计算机控制管理,并使用自动控制的巷道堆垛机进行存取作业的系统。它集高架仓库及规划、管理、机械、电气于一体,以先进的计算机控制技术为主要手段,具有高效率的物流、大容量和科学的储存。自动化立体仓库技术是一种新型的仓储技术,是物料搬运和仓储科学中的一门综合工程技术。

自从有了生产活动,仓储就出现了。它是生产活动中的一个重要组成部分,并随着生产的发展而发展。仓储在经历了人工仓储阶段和机械化仓储阶段之后,进入自动化仓储阶段。随着计算机技术的应用,仓储向集成化仓储阶段和智能化仓储阶段发展。自动化立体仓库的雏形就出现在自动化仓储阶段。它的发展和仓储发展息息相关,仓储技术的进步带动自动化立体仓库技术的发展,自动化立体仓库技术的发展也是仓储发展阶段的明显标志之一。

自动化立体仓库的第一个发展阶段始于20世纪50年代末。20世纪50~60年代,人们相继研制和采用了自动导引小车、自动货架、自动存取机器人、自动识别和自动分拣等系统。在这股研究热潮中,美国于1959年开发了世界上第一个自动化立体仓库,后来德国和日本也相继开发了自动化立体仓库。随着计算机技术的发展,1963年,美国率先使用计算机进行自动化立体仓库的控制管理,借助仓储计算机进行物资的控制和管理,及时记录订货和到货时间,显示库存,计划人员据此作出供货决策,管理人员实时掌握货源及需求。到了70年代,旋转体式货架、移动式货架、巷道堆垛机和其他搬运设备也相继在自动化仓储中运用。但是在自动化仓储阶段,各个设备仍是局部自动化并各自独立应用称为"自动化孤岛"。

自动化立体仓库的第二个发展阶段始于20世纪70年代末。此时,自动化技术越来越多地应用到生产和分配领域,自动化孤岛需要集成化,因此形成了"集成系统"的概念。集成化仓库技术作为计算机集成制造系统中物资存储的中心,受到人们的重视。进入20世纪80年代,自动化立体仓库在世界各国发展迅速,使用范围涉及各行各业。

在经历了上述两个主要的发展阶段后,自动化立体仓库进入第三个发展阶段。在集成化仓储的基础上继续研究,实现与其他信息决策的集成,朝着智能化和模糊控制的方向发展,进入人工智能仓储的初级发展阶段。目前,人们在人工智能及物料储运领域中的专家系统技术方面正进行着大量的工作。

21世纪仓储技术的智能化将具有更加广阔的应用前景。目前,世界上拥有自动化立体仓库数最多的是日本,其次是美国。我国对自动化立体仓库的研究起步较晚。20世纪70年代初期,我国开始研究采用巷道堆垛机的立体仓库。1980年,由北京机械工业自动化研究所等单位研制建设的我国第一座自动化立体仓库,在北京第一汽车制造厂投产。从此以后,自动化立体仓库在我国得到了迅速发展。我国已建成的全自动的立体仓库主要集中在烟草、食品、机械制造业等传统优势行业。虽然在此基础上向智能化方向发展,但是目前我国还处于自动化仓储的推广和应用阶段。我国自动化立体仓库的研究总体起步较晚,在信息处理、自动化程度等各个方面与西方发达国家有很大的差距,但是可以确信,在我国科研人员的不断努力下,我国的自动化立体仓库的技术不断完善和发展,在不久的将来,自动化立体仓库的技术水平一定会有质的飞跃,紧跟经济发展的步伐。

在城市轨道交通行业,自动化立体仓库设备通常用于车辆段物资总库内立体仓库区一吨以下材料及零配件的存储、发放,以及全段物资的管理,使得材料及零配件的储运、领用、记转账、周转、点算、报废、报表等全部实现自动化处理。利用立体仓库设备,可实现仓库高层合理化,存取自动化,操作简便化。

第二章　不落轮镟床

> **岗位应知应会**
>
> 1. 了解不落轮镟床的主要技术参数。
> 2. 熟悉不落轮镟床主要部件的功能。
>
> **重难点**
>
> 不落轮镟床的主要结构及功能。

第一节　概　述

车辆轮对是车辆行走系统最重要的部件之一,其作用是最终承受车辆的载重和自重,并以其在钢轨上滚动完成车辆的运行。轮对性能直接影响到列车的平稳性、舒适性和安全性。轮对上常见的踏面缺陷,有轮径超差、轮缘踏面外形偏差、擦伤和剥离等。当出现以上异常情况并超过允许值时,需使用机床对问题轮对进行切削,将轮对各个参数恢复至使用限度范围内。

数控式不落轮镟床精度较高,而且可以方便地调整轮缘厚度等加工参数。随着可编程控制器控制技术的不断发展,数控式不落轮镟床逐渐成为发展的方向。数控不落轮镟床的诞生,使得车辆轮对的检修效率大大提升。为保证问题轮对的及时镟修,国内外城市轨道交通公司都配置了不落轮镟床。目前国内城市轨道交通公司合作的不落轮镟床厂家有波兰科特公司、德国赫根赛特公司、法国 SCULFORT 公司、意大利 SAFOP 公司、四川广汉快速铁路设备有限公司、青海华鼎重型机床有限责任公司等。

下面就部分知名厂家生产的不落轮镟床进行简单介绍。

一、德国赫根赛特公司

德国赫根赛特公司创建于 1889 年,有 130 多年的历史。该公司于 1920 年生产的第一台车辆轮对加工机床,1972 年开始生产第一台不落轮镟床,主要型号有 U2000 单机型、U2000-400 双机型、MOBITURN 移动双机型,其生产的数控不落轮镟床运行稳定可靠,加工精度高,故障率低,制造工艺好。近年来,赫根赛特与江西中机科技产业有限公司合作,成立合资公司,提供国外进口、整机由国内组装的不落轮镟床产品,分公司同时负责产品的售后服务工作。U2000型产品应用广泛,某城市轨道交通城郊线一期工程采购的该型号产品。在国内,U2000型产品在深圳城市轨道交通四号线、北京城市轨道交通六号线、广州城市轨道交通二、五、八号线等地广泛使用,且使用状况良好。

二、青海华鼎重型机床有限责任公司

青海华鼎重型机床有限责任公司创建于1967年,1998年改制成立股份有限公司,是生产大重型、通用机床的主要生产企业之一,主要产品为铁路专用机床系列、重型卧式车床系列等。2005年研制生产的CK8041型数控不落轮镟床,在广州市轨道交通3号线、大连快轨、上海市轨道交通等地有使用。

三、法国Sculfort Mulleret Pesant公司

法国SCULFORT公司创建于19世纪末,专门制造车床和铣床,目前SCULFORT公司是专门生产铁路维修加工设备的专业厂家。公司位于巴黎、伦敦、布鲁塞尔三角地带的中心地区。该公司设计制造用于铁路维护的轮对加工设备。产品主要有:TH2000/TH2000HD(包括单机型,双机型或移动式双机型)不落轮镟床,TDP/TSP型落轮车床,用于加工轮毂孔和轮缘的TVT型落轮直立镗床,CN型重型卧式车床以及牵引小车,车轮压装机等设备。生产的产品在世界十几个国家20多个项目中有成功的应用业绩。生产的不落轮镟床在国内深圳市轨道交通1号线、长沙铁路局机务段、南京市轨道交通1号线、广州市轨道交通4号线等均有使用。

四、波兰科特公司

波兰科特公司成立于1991年,生产的产品为TUP650H/SH。该镟床CNC控制系统提供自动化操作和加工,数控系统装载了满足要求的廓形加工程序。2010年由青海华鼎重型机床有限责任公司与波兰科特有限公司、布玛有限公司共同出资设立的青海华鼎科特机床有限公司,提供国外进口、整机由国内组装的不落轮镟床产品,国内人员负责产品的售后服务工作。某城市轨道交通1号线采用的数控式不落轮镟床是科特公司生产的TUP 650H型不落轮镟床,目前使用状态良好。

TUP 650H型不落轮镟床使用的控制系统是西门子数控系统SINUMERIK 840D。此数控系统具有集成化程度高、对外接线少和在线诊断功能强大等很多优点,极大地方便了操作者的使用。机床刀架的移动是通过伺服系统驱动。机床使用的传动方式有机械传动、电气传动、气压传动、液压传动。不落轮镟床是自动化程度很高的机床,机床的所有功能可以通过数字控制程序,减少操作人员在加工时的注意力。需要注意的是TUP 650H型号中的

"650"代表机床能够加工的最小轮对直径为650mm。

下面以某城市轨道交通公司的型号为TUP 650H的不落轮镟床为例进行讲解,如图1-2-1所示。

图 1-2-1　TUP 650H 型数控不落轮镟床

第二节　主要技术参数

一、技术数据

轨道规格:1435mm。

车轮踏面直径:650～1100mm。

车轮宽度:90～145mm。

轮缘切割速度:30～110m/min。

主马达动力:30 kW。

安装动力:60 kW。

刀架移动速度:0～6000mm/min。

进刀速度:0.1～1.5mm/圈。

一边最大刀快截面尺寸:8mm²/边。

长度/高度/宽度:4700mm/1900mm/2200mm。

二、加工精度

同轴车轮滚动圆直径差≤0.15mm。

同转向架车轮直径差≤0.20mm。

径向跳动误差≤0.10mm。

踏面轮廓度误差≤0.15mm。

轮缘高度差≤0.20mm。

轮缘厚度允差≤0.20mm。

轮对两次装夹测量误差≤0.20mm。

进刀量数值显示装置精度≤0.01mm。

第三节 结构及功能

一、基础知识

（一）机床原点与参考点

机床原点是指在机床上设置的一个固定点。其位置由机床设计和制造单位确定，通常不允许用户改变。机床原点在机床装配、调试时就已确定下来，是数控机床进行加工运动的基准参考点，一般取在机床运动方向上最远的点。

机床参考点是机床坐标系中一个固定不变的位置点，是用于对机床工作台、滑板与刀具相对运动的测量系统进行标定和控制的点。机床参考点通常设置在机床各轴靠近正向极限的位置，通过减速行程开关粗定位而由零位点脉冲精度定位。机床参考点对机床原点的坐标是一个已知定值也就是说，可以根据机床参考点在机床坐标中的坐标值间接确定机床原点的位置。当机床开机后，通常要做回零操作，使得刀具或工作台退离到机床参考点。当返回参考点的工作完成后，显示器即显示出机床参考点在机床坐标中的坐标值，表明机床坐标系已自动建立。机床参考点已由机床制造厂测定后输入数控系统。

工件坐标系是在数控编程时用来定义工件形状和刀具相对工件的坐标系，为保证编程与机床加工的一致性，工件坐标系也是用右手笛卡尔坐标系。工件装夹到机床上时，应使得工件坐标系与机床坐标系的坐标轴方向一致。工件坐标系的原点称工件原点或编程原点。

（二）工件坐标系与坐标系原点

工件坐标系指编程人员在编程时，为了编程方便而设定的坐标系。坐标系是用来确定其刀具运动的路径的依据，因此坐标系统对数控程序设计极为重要。对数控机床中的坐标轴及其运动方向的命名，统一采用右手笛卡尔直角坐标系，并规定增大刀具与工件之间距离的方向为坐标正方向。

机床主轴是传递主要切削动力的轴,可以表现为加工过程带动刀具旋转,也可表现为带动工件旋转。例如,卧式或立式数控车床是主轴带动工件旋转,而数控铣床、数控钻床则是主轴带动刀具旋转。统一规定与机床主轴重合或平行的刀具运动坐标为 Z 轴,远离工件的刀具运动方向为 Z 轴正方向。例如,在不落轮镟床上,我们规定水平方向为 Z 轴,轮轴指向轮柄的方向为正方向。

X 轴平行于工件的装夹面。对于加工过程中不产生刀具旋转或工件旋转的机床,X 轴平行于主切削方向,坐标轴正方向与切削方向一致。在不落轮镟床上,我们规定竖直方向为 X 轴,竖直向上为正方向。

波兰科特公司的 TUP 650H 系列的不落轮镟床是具有特殊用途的冷金属切割机床。不落轮镟床配备四套滑动坐标轴(X_1、X_2 轴和 Z_1、Z_2 轴),如图 1-2-2 所示。其中,Z_1 轴代表左边刀架水平行走,Z_2 轴代表右边刀架水平行走;X_1 轴代表左边刀架垂直行走,X_2 轴代表右边刀架垂直行走。X 轴和 Z 轴均以远离轮对为正方向。

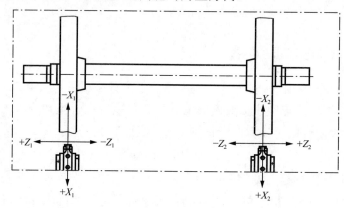

图 1-2-2 坐标轴

(三)编程基础知识

数控编程所用到的代码主要有准备功能 G 代码、辅助功能 M 代码、进给功能 F 代码、主轴转速功能 S 代码、刀具功能 T 代码。在数控编程中,G 代码和 M 代码用来描述工艺工程的各种操作和运动特征。

1. 准备功能

准备功能 G 代码是使数控机床建立起某种加工方式的指令,如插补、刀具补偿、固定循环等,G 代码是由地址符 G 和其后两位数字组成,从 G00～G99 共 100 种,常用的指令有 G00——点定位;G01——直线插补;G02——顺时针圆弧插补;G03——逆时针圆弧插补;G41——刀具补偿左;G42——刀具补偿右;G96——恒线速度控制;G97——恒转速控制;G98——每分钟进给量(mm/min);G99——每转进给量(mm/r);G90——绝对坐标设定;G91——增量坐标设定;等。

2. 辅助功能

辅助功能指令是用于指定主轴的旋转方向、启动、停止、冷却液的开关、刀具的更换等功能。

3. 进给功能

进给功能又称 F 功能，用来指定坐标轴移动的进给速度。一般有两种表示方法：代码法和直接代码法。代码法即 F 后跟两位数字，表示机床进给量数列的序号，它不直接表示进给速度的大小。直接代码法即 F 后跟的数字就是进给速度的大小，如 F300 表示进给速度为 300mm/min，此方法较为直观，目前大多数机床均采用这种方法。

4. 主轴转速功能

主轴转速功能又称为 S 功能，用字母 S 和其后的 1~4 位数字表示。有恒转速（r/min）和恒线速度（m/min）两种指令方式。S 代码只设定速度的大小，并不会使主轴旋转，必须有 M03（主轴正转）或 M04（主轴反转），指令时，主轴才开始旋转。

5. 刀具功能

刀具功能又称为 T 功能，在自动换刀的数控机床中，该指令用于选择所需的刀具，同时还可用来指定刀具补偿好。一般加工中心程序中 T 代码的数字直接表示选择刀具号码，如 T10 表示 10 号刀；数控车床程序中的 T 代码后的数字既包括所选择的刀具号，也包含刀具补偿号，如 T0806 表示选择 8 号刀，调用 6 号刀具补偿参数进行长度和半径补偿。

（四）主操作面板钥匙

机床为主操作面板配备了三把钥匙，分别是黑色、绿色和橙色。橙色钥匙如图 1-2-3 所示。它们能打到的位置分别如下：

黑钥匙位置："0" "1"。

绿钥匙位置："0" "1" "2"。

橙钥匙位置："0" "1" "2" "3"。

图 1-2-3　橙色钥匙

在外轴箱支撑操作者模式下，钥匙位置的功能描述如下：

"0"——机床关闭，无任何功能运行。

"1"——外轴箱支撑操作者模式，机床准备进入工作程序（装卸轮对，测量，加工）。

"2"——内轴箱支撑操作者模式，某城市轨道交通 1 号线电客车转向架无内轴箱支撑。

"3"——维修模式，此模式只允许经过授权的维修服务工作人员进行相关操作，可查看机床工作时间。

（五）机床分类

按照伺服系统的类型不同，数控机床可分为开环控制数控机床、全闭环控制数控机床和半闭环控制数控机床。

1. 开环控制数控机床

这类机床的数控系统不带检测装置，也无反馈电路，以步进电机驱动。CNC 装置输出的指令进给脉冲经驱动电路进行功率放大,转换为控制步进电机各定子绕组依次通电、断电的电流脉冲信号,驱动步进电机转动,再经机床传动机构(齿轮箱、丝杠等)带动工作台移动。

2. 全闭环控制数控电机

这类机床的数控系统带有位置检测反馈装置,以直流或交流伺服电动机驱动。位置检测元件安装在机床工作台上,用以检测机床工作台的实际运行位置,并将其与CNC装置计算出的指令位置(或位移)相比较,用差值进行控制。

这类控制方式可以消除包括传动链在内的传动误差,因而位置控制精度很高,但由于它将丝杠、螺母副及机床工作台这些大惯性环节放在闭环中,故调试时很难达到其系统稳定状态。

3. 半闭环控制数控机床

为了克服上述全闭环控制的缺点,将位置检测元件安装在电动机轴端或丝杠轴端。通过角位移的测量间接算出机床工作台的实际运行位置(直线位移),并将其与CNC装置计算出的指令位置(或位移)相比较,用差值进行控制,构成半闭环。由于闭环的环路中不包括丝杠、螺母副及机床工作台这些大惯性环节,所以这些环节造成的误差不能由环路所校正。但其调试方便,可以获得比较稳定的控制特性,因此在实际应用中被广泛采用。不落轮镟床采用半闭环控制。

(六)不落轮镟床的主要功能

(1)机床具有轴箱外置式轮对踏面及轮缘的镟削加工功能。

①轨道交通列车在整列编组不解列、车下转向架、轮对不落轮的条件下,对车辆单个轮对的车轮踏面和轮缘进行镟削加工;

②在不落轮条件下对工程轨道车辆(如内燃机车、轨道车等)单个轮对踏面和轮缘进行镟削加工;

③具备轴箱外置式或/和轴箱内置式轮对、转向架的定位装卡功能;

④具备制动盘扩展加工功能,适用于抱轮式或/和抱轴式制动盘布局形式。

(2)数控(CNC)加工及全数字闭环或半闭环控制功能。

(3)具有多种车轮轮廓形状曲线的编程、存储功能。

(4)具备自动测量功能,可自动测量轮对内侧距、轮对直径、轮缘高度、轮缘厚度、轮对QR值。

(5)具有铁屑的自动收集、破碎及输送功能。

(6)不落轮镟床通过公铁两用牵引车进行牵引对位操作,牵引车与不落轮镟床之间应具有互锁保护功能。

二、组成部分

(一)机床整体床身

机床体由部件焊接而成,包括左方和右方的前车床体。如图1-2-4黄色部分(可参见本书末彩色插页）所示。由于肋材部件结构而形成的高硬度，使机床体具有可缓冲振动的优越性能。

承重横梁、铁屑切割机用螺栓固定，铁屑经运输带进入到切割机中，然后进入铁屑短屑处理。铁屑切割机可以根据机床提供的技术文件进行维护和维修。

（二）提升—驱动系统

1. 驱动系统

双滚轮既是定位元件，又是驱动元件，如图1-2-5所示。其具有轮对提升、径向定位、动力传递和运动功能，并且具有独立随动功能，油缸提升力根据轮对实际情况可以进行调整。

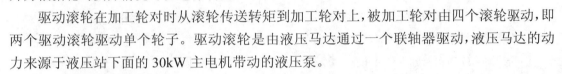

图1-2-4　机床承载部分

驱动滚轮在加工轮对时从滚轮传送转矩到加工轮对上，被加工轮对由四个滚轮驱动，即两个驱动滚轮驱动单个轮子。驱动滚轮是由液压马达通过一个联轴器驱动，液压马达的动力来源于液压站下面的30kW主电机带动的液压泵。

2. 弹簧伸缩系统

弹簧伸缩系统包括四个带有弹簧的液压缸，分别位于提升缸的两侧，它是由液压缸驱动，补偿轮对的半径跳动。另外一个重要作用是保证连续升起驱动滚轮和驱动滚轮与轮对之间足够的扭矩传送，如图1-2-6所示。

图1-2-5　提升—驱动系统

图1-2-6　弹簧液压缸

3. 中心液压缸

中心液压缸在装载过程中从活动轨道处提升轮对，将轮对定位在机床加工轴心线上，使轮对的轴承成为旋转中心；加工完成后再次把轮对降落在活动轨道上。

（三）外轴箱支撑

外置轴箱支撑的作用是支撑垂直于水平面的轮对，用于配备有外轴箱的轮对。这个装置包含有两个支撑,固定在机床床体两边,如图 1-2-7 所示。外轴箱支撑的升降是由液压马达带动丝杆进行升降动作的。在外轴箱支撑上各含有一个限位开关,当外轴箱触发限位开关后,外轴箱支撑停止上升。此装置提供了一个持续、恒定向上延伸的力。

在加工轮对时,由于车轮踏面形状在磨损轮对上是不规则的,因而不可能由驱动滚轮来准确定位,因此有必要保持旋转轴相对水平。外置轴箱支撑中装有旋转编码器,当两侧限位开关被触发后,上升动作停止,两侧的编码器会计算两侧的高度。如果两侧的高度差大于设定值,高的轴向支撑会下降与低的轴向支撑保持水平。轮对轴重由双滚轮和外轴箱支撑装置共同承担。其重量分配比例是(单侧):压下装置 6t,轴重 7t;反向支撑:两个驱动滚轮各 3t,切削力 1t,外轴箱支撑 6t。

外轴箱支承垂直方向最大行程为 325mm,外轴箱支承垂直方向最大支撑力为 80kN/ 单侧。

(四)压下装置

压下装置作用于外置轴箱,它的作用是使轮对在竖直方向上不发生移动,从而提高加工精度。压下装置包括左右两部分,它们分别被固定在机床两侧。压下装置的动作包含两部分,上下升降和左右移动。当主操作者发出命令后,两侧的副操作者分别操作两侧的操作面板使压下装置固定好外置轴箱,如图 1-2-8 所示。

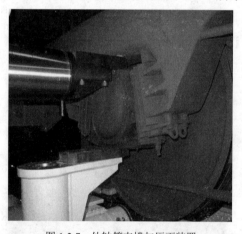
图 1-2-7　外轴箱支撑与压下装置

图 1-2-8　压下装置

每个压下装置包括两根轴:垂直轴和水平轴,具有垂直方向的升降运动、水平方向的伸缩功能。

下压装置垂直移动最大行程:300mm。

下压装置水平移动最大行程:300mm。

下压装置垂直方向最大下压力:70kN/ 单侧。

(五)机床轨道系统

为使镟修车辆能够通过机床上方,机床有一套轨道系统,用以连接轨道在地坑区域内的中断部分，如图 1-2-9 所示。安装在机床上的轨道引导车辆进入机床的工作区域，完成加工后引导车辆离开镟修机床。

机床轨道装置包括固定式、活动式轨道，在机床中心上方由活动轨道将两段固定轨道相连接，当完成压下装置下降动作后，活动轨道回撤。每个活动轨道通过液压缸独立运动。车辆使用轮缘受力行走在可回撤轨道。

固定轨道的位置在不落轮镟床的前方和后方，是用来连接机床与车间轨道。固定轨道在地基上有自己的终端，连同其他支撑托架拴定在机床前身和横轨上。

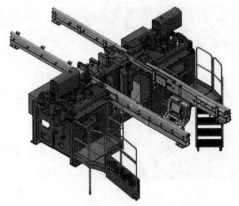

图 1-2-9　轨道系统

（六）轴向导向滚轮

轴向导向滚轮又称定位器，它的作用是在机床加工时使轮对在轴向上不发生窜动，从而提高加工精度。轴向导向滚轮包括左右两个导向滚轮，被安装在横梁上。在手动旋转前，轮对被轴向导向滚轮左右两个方向靠紧，如图 1-2-10 所示。要完成此过程，必须完成三个步骤，即各自向两侧张开、提升、再张开，轴向控制轮到位后操作面板上指示灯会亮起。

在定位完成后，定位器的大轮贴着轮缘内侧面，小轮以一定的压力与轮缘最高点接触。小轮受到轮缘的摩擦力而旋转，小轮的后端与编码器连接，编码器将小轮的旋转速度反馈到系统中，转速在操作界面上显示。编码器如图 1-2-11 所示。

图 1-2-10　轴向导轨滚轮

图 1-2-11　后端的旋转编码器

定位器的提升是通过液压缸的动作完成提升完成。定位器的水平移动的液压执行元件不同，左侧为液压马达通过链条带动丝杠使定位器移动，右侧为液压缸驱动定位器移动。

轮对提升装夹完成,活动轨道与固定轨道断开之后,轴向定置装置才开始轴向定位动作。当完成加工之后,轴向定置装置首先回撤,活动轨道才开始与固定轨道闭合。

(七)刀架装置

刀架装置包括两个刀架,分别位于机床的左侧和右侧。刀架沿着直线滚动导轨移动,刀架是由伺服电机通过同步齿带带动滚珠丝杆进行移动的。刀具系统采用三特维克专用轮对车刀,如图 1-2-12 所示。

图 1-2-12 刀架

加工轮对的切削刀具固定在刀座上,每个刀架有两个刀片,横刀和竖刀,两把刀具先后工作从而完成整个踏面和轮缘的切削。

滚珠丝杆并非自锁式,垂直方向(X轴方向)的伺服电机带有制动器,可以保护滑板在重量之下不会掉下。刀架水平移动(Z轴方向)是沿着直线滚动导轨完成的,固定在横轨体上。

(八)伺服系统

伺服系统又叫随动系统,是一种能够跟随指令信号的变化而动作的自动控制装置。伺服系统是数控系统的"四肢",它能准确地执行来自"大脑"CNC 装置的运动指令。伺服系统由伺服驱动装置、伺服电动机、位置检测装置等组成。伺服驱动装置的主要功能是功率放大和速度调节,将弱信号转换为强信号,并保证系统的动态性能;伺服电机用来将电能转化为机械能,拖动机械部件移动或转动。

数控机床的伺服系统包括进给伺服系统和主轴伺服(驱动)系统。前者是以机械位移(位置控制)为直接控制目标的自动控制系统,用来保证加工轮廓,如不落轮镟床上的刀架伺服电机;后者是以速度控制为主,提供切削过程中需要的转矩和功率,如不落轮镟床上液压站下面的主驱动电机,主要是给驱动滚轮提供动力。

位置检测装置是数控系统的重要组成部分,对于采用闭环或半闭环控制的数控机床,其定位精度和加工精度在很大程度上取决于检测装置的测量精度。旋转编码器是一种旋转式位置测量装置,通常安装在被测轴上,随被测轴一起转动,可将被测轴的角位移转换成数字脉冲。在不落轮镟床中,旋转编码器安装在五个伺服电机的轴端部以及轴向控制轮左轮的端部。

(九)测量装置

某城市轨道交通在对轮对几何参数的检测中,根据城市轨道交通列车的维修模式采用日常对轮对进行检查的特点,采用了便携式人工测量方式、接触式自动测量方式、非接触式自动测量方式相结合的方式,即采用传统的轮对测量工具,在电客车三月检以上修程中进行检测,又采用轮对踏面及受电弓检测设备的在线测量相结合,能很好地掌握轮对的几何参数,及时使用不落轮镟床设备完成相关几何参数的修复工作。

某城市轨道交通1号线电客车轮对如图1-2-13所示。下面来分析轮对几何参数接触式测量原理。

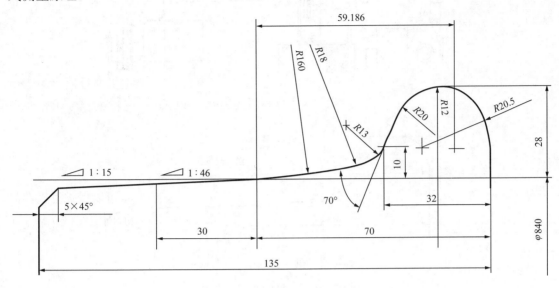

图1-2-13　1号线轮对磨耗型踏面

测量装置可用于基座定位和测量轮对的参数(轮对内测距、车轮直径、轮缘高度、轮缘厚度、半径跳动、QR值)。当进行轮径测量、径向跳动测量时,测量头与车轮踏面直径测量点接触,并随之转动;当进行其他参数测量时,测量头与轮对点对点接触完成测量。测量装置分别安装在刀架滑板上,是随着刀架行走带动测量装置移动的。测量头的伸出和退回、测量端盖的打开和关闭均为气缸驱动。

TUP650H型不落轮镟床轮对几何参数自动测量装置安装在刀架滑轨上,它通过气压系统实现其沿纵向(X轴方向)的伸缩功能,由伺服刀架滑轨系统实现其横向(Z轴方向)运动。这套测量装置主要包括左、右两套相同的测量轮组和一个红外线光电开关组成。测量轮组由测量支座及其支撑的大、小测量轮和旋转编码器组成,如图1-2-14所示。

测量头直径为80mm,测量精度为0.2mm。

1. 基座定位

基座定位是指测量头分别在轮对内侧面(Z轴基准点)、轮缘最高点(X轴基准点)、直径测量点,如图1-2-15所示。在测量轮确定Z轴基准点之后,沿Z轴方向移动至70mm滚动圆处,此点为直径测量点和径跳测量点,如图1-2-16所示。

图1-2-14　测量装置

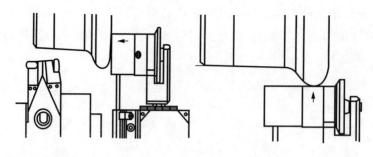

图 1-2-15 X 轴和 Z 轴基准面

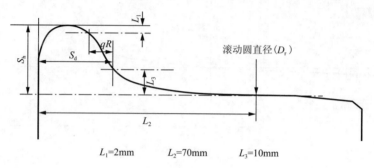

L_1=2mm　　L_2=70mm　　L_3=10mm

图 1-2-16 欧标轮对测量点示意图

2. 直径测量原理

直径的测量是通过测量装置中作用在车轮滚动圆 MKE 处的大测量轮和红外线光电开关完成。在进行测量之前,要贴一张反光标签到轮子前面正对着红外线光电开关的高度上,大测量轮与车轮 MKE 处的圆周线紧密接触,轮对通过驱动滚轮摩擦匀速转动,测量装置内部的旋转编码器记录下大测量轮转动的周长,并传送至 PLC/CNC 数据存储器中,由红外线光电开关接收反光标签反射光线检测轮对旋转的圈数,当轮对圈数到系统预先设定值时,测量装置沿 +X 轴方向收回,同时数据处理系统由 PLC/CNC 数据存储器中记录的数据自动推算出轮对踏面直径,由 $\pi dn = \pi DN$,得出轮径

$$D = \frac{dn}{N}$$

式中:D——轮对踏面直径;

d——测量轮直径;

N——轮对旋转圈数;

n——测量轮旋转圈数。

3. 径向跳动测量原理

在确定测量轮 Z 轴基准点后,测量轮组收回,并沿 +Z 轴方向移动到 70mm 滚动圆处,轮对开始转动,如图 1-2-17 所示,测量轮在滚动圆上采集到的不同数据传送至 PLC/CNC 数据存储器,数据处理系统将每侧测量轮径向跳动测量获得的非圆度数据,以最大值与最小值之间的绝对差值计算得到踏面径向跳动值,并在 CNC 显示屏上显示。

4. 轮缘高度

由图 1-2-18 中的 1 点来实现,在测量轮 Z 轴、X 轴基准点(Z 基、X 基)的基础上,测量轮向 +Z 轴方向移动 15mm 后,向 -X 轴方向移动找到轮缘最高点 1 测量点的机床机械坐标系 X 坐标值 X_1,并将 X_1 坐标值传送至 PLC/CNC 数据存储器,数据处理系统将计算出 X_1 到 X 基之间的距离为轮缘的高度值,并在 CNC 显示屏上显示。

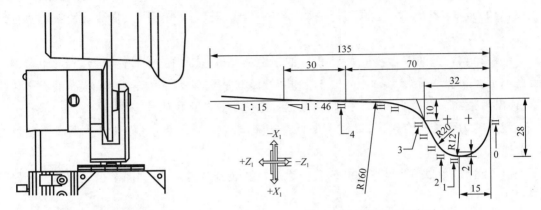

图 1-2-17 直径测量及径向跳动测量　　　　图 1-2-18 踏面及轮缘参数

5. 轮缘厚度及 QR 值

由图 1-2-18 中的 2、3 测量点实现,在测量轮找到 1 测量点 X_1 的基础上,沿廓形移动,当测量轮向 -X 方向移动到距离 X_1 点 2mm 时,记录下测量点 2 坐标(Z_2、X_2)。当测量轮向 -X 方向移动到距离 X 几点 10mm 时,记录下测量点 3 坐标(Z_3、X_3),并将测量点 2、3 的坐标值传送至 PLC/CNC 数据存储器,数据处理系统将计算出 Z_2、Z_3 之间的距离为 QR 值,计算出 Z_3 与 Z 基之间的距离为轮缘厚度,并将以上两个参数在 CNC 显示屏上显示。

6. 轮对内测距测量

由图 1-2-18 中的 0 测量点实现,测量程序开始后,测量轮组伸出并分别向左、右轮对内侧端面靠近,定位在 0 测量点后,测量装置记录下此点采集到的不同坐标传送至 PLC/CNC 数据存储器,数据处理系统将测量得到的左、右测量轮内部间距数据计算,得到最终的轮对内侧距,并在 CNC 显示屏上显示,如图 1-2-19 所示。

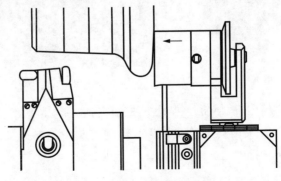

图 1-2-19 轮对内测距测量

（十）液压动力包

液压动力包主要部件有油箱、电动机、液压泵、过滤器、压力表、油管、液位观察窗等，如图 1-2-20 所示。

安装在油箱下部的主马达动力为 30kW，其驱动的液压泵是给四个驱动滚轮的液压马达提供动力。安装在油箱上部的马达动力为 7.5kW，其驱动的液压泵是给其他液压执行元件提供动力。

油箱和软管中油的总容量为 750L。油箱上最低位有专门的信号传感器控制，也可由安装在油箱上的观察窗查看。出油过滤器和回油滤器装配有反应污染物存放状态的电子传感器，传出污染物信号后的 80 个工作小时之后，应更换存放污物的盒子。

液压动力包配置有磁棒，磁棒用来吸收从液压装置中返回的油中所含的所有金属物质和杂质。

出现漏油后，必须通过注油孔或其他途径重新装到规定液位，油面至少达到总指示器范围的 3/4。

（十一）液压系统

TUP650H 不落轮镟床由液压动力包提供两套液压环路。

主驱动由液压站下部的 30kW 电机提供动力，电机带动五个液压泵，主电机如图 1-2-21 所示。其中四个液压泵分别驱动四个液压马达，另外一个液压泵作为四个液压泵的补偿，使驱动滚轮保持同步。

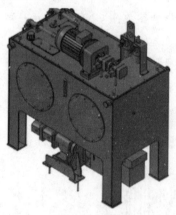

图 1-2-20　液压包

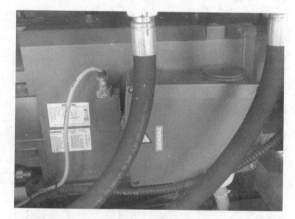

图 1-2-21　主电机

其余的液压设备（马达、液压缸）包括外轴箱支撑动作、压下装置动作等由两段泵供应。一个液压泵控制左侧的外轴箱支撑、压下装置、轴向控制轮等，另一个控制另外一侧，液压阀件如图 1-2-22 所示。

图 1-2-22　液压控制阀

(十二) 电气化控制系统

机床的控制系统应用西门子的 SINUMERIK 840D 系统，SINUMERIK 840D 数字 NC 系统用于各种复杂加工，它在复杂的系统平台上，通过系统设定而适于各种控制技术。840D 与 SINUMERIK_611 数字驱动系统和 SIMATIC7 可编程控制器一起，构成全数字控制系统，它适于各种复杂加工任务的控制，具有优于其他系统的动态品质和控制精度，分控柜如图 1-2-23 所示。

图 1-2-23　分控柜

机床的装载和卸载功能由可编程控制器控制，可编程控制器的 CPU 合成在 CNC 系统中，输入输出模块如图 1-2-23 所示。PLC 基于 PROFIBUS 系统，减少机床大约 50% 的标准布线。

与操作员的通信（用户界面）通过西门子制造的接触式操作盘完成，配备彩色 LCD CRT 显示器。这种方案可以完全取消对编程原则的高深知识（减少操作员的错误操作）。由于机床的控制是通过接触式方法完成的，综合的操作面板的使用，将按钮数量减少到最小，以便于后期的维修。

在数控机床中，CNC装置是发布命令的"大脑"，而伺服系统则为数控机床的"四肢"，是一种执行机构，它能够准确地执行来自CNC装置的运动指令。

（十三）气动系统

安装在机床上的气动系统用于测量头伸出退回、测量头端盖的动作和风枪的使用。机床配备专用空压机，空压机提供的压力在 0.53～1MPa。为使得空气中的水分在规定范围内，设备自带空气干燥机，连接在空压机与气动阀门之间。

该设备使用的气源装置为：静霸牌 WXA 系列涡旋压缩机，由两个复合函数方程型线的动静涡旋盘相互啮合而完成吸气、压缩和排气的工作过程。静盘固定在机架上不动，动盘由偏心轴驱动并由防自转机构制约围绕静盘基圆中心作很小半径的平面转动。气体由静涡旋盘的外围通过滤清器自由吸入、随着偏心轴旋转，气体在动静涡旋盘啮合所组成的若干对月牙形压缩室被逐渐压缩，然后由静涡旋盘中心部位连续排出。由于动涡旋盘转动过程中吸气、压缩和排气是连续的，转矩的变化幅度很小，因此机器振动小，噪声很低；由于零部件少且小，固机器非常紧凑，质量轻、体积小，故障率低，使用方便可靠。

系统包括配有过滤器的减压阀，启动电子继电器和五个阀门，固定在同一个阀门位置上，减压阀和接触器直接安装在测量头的液压缸上，如图 1-2-24 所示。设定在减压阀的有效压力到 0.45MPa，气动电子继电器在压力高于 0.35MPa 时自动关闭。过滤器过滤液体空气和杂质，提供的过滤系统所过滤的物质单位是 5μm，过滤器配置自动冷凝排放。减压阀允许调整风量，非接触式邻近吹风开关，气动换向阀如图 1-2-25 所示。

图 1-2-24　减压阀

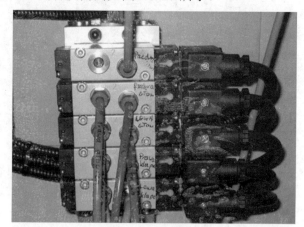

图 1-2-25　气动换向阀

（十四）控制板

标准控制板放置在车床前面，位于右手边固定轨道之下，可固定也可旋转。其配置西门子制造的操作盘（型号为 TP-015AT），带有彩色 15 寸液晶显示器和键盘。应用带有触屏式液晶显示器的 TP-015AT 操作盘,可以最大限度减少键盘按钮数量,如图 1-2-26 所示。

机床工作周期按序列在液晶 LCD 引导下,以屏幕和标志形式执行操作员的操作功能,从在镟床上装载轮对开始,通过定位,加工前测量,选择加工外形、直径和切割参数,加工后测量,把加工后的轮对从轨道上降低,从而完成整个加工过程。除此之外,在屏幕上显示机床参考点坐标、刀具起始点坐标、输入切削值、刀具补偿量、报警信息、自诊断结果、机床部位润滑提醒等。

图 1-2-26　主控制板

在右边和左边机床柱体安装有辅助盘,从此处可以控制辅助部件,同时方便定位的监视。

(十五)铁屑碎屑器

铁屑碎屑器是将长铁屑打碎成碎屑。根据不同的要求和目的,可能会用到不同类型的刀片和穿孔筛网。电机驱动机械切割,也就是通过传动器的两个齿轮。这个机械切割是通过驱动一种往相反方向旋转的切割页片转动完成。粗糙的零件可能导致机器容量减少,过早地磨损变旧,甚至损坏。因此,粗糙的零件不能放入铁屑粉碎器进行加工。

(十六)铁屑传输系统

TUP650H 装配有铁屑传输机,位于机床下面,在铁屑粉碎器的下方。通过一套运输器到达地基外面的铁屑箱。铁屑传输由两个电机带动,分别负责传送带的水平传输和向上传输。

第四节　驱动机构

一、主驱动机构

在不落轮镟床的设计中,主驱动有两种动力:液压驱动和电机驱动。TUP650H 型不落轮镟床采用的是液压驱动,四个驱动滚轮每个滚轮由一个液压马达带动。由广汉快速铁路设备有限公司生产的 CAK13[C]CNC 型不落轮镟床摩擦驱动滚轮由电机驱动。

(一)液压驱动

TUP650H 型不落轮镟床的液压系统主要可以分为液压站、液压管路及液压阀组。液压站布置有油箱、电机、液压泵、压力表及过滤器等,主驱动机构如图 1-2-27 所示。

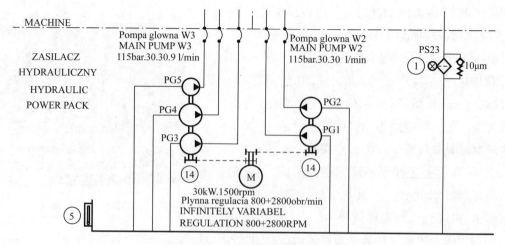

图1-2-27 主驱动机构

液压站下方功率为30kW的驱动电机为PG1～PG5五个单向定量液压泵提供动力。在液压站上有油位计,用以观察液压站的油位是否在允许范围内。同时,安装有带有旁通阀和污染指示器的过滤器,如PS23所示,过滤器并联一单向阀,起到旁通作用;当过滤器堵塞达到一定压力时,单向阀打开;其过滤精度为10μm。

四个驱动滚轮的旋转由液压马达驱动,PG1~PG4四个液压泵主要为这四个液压马达提供动力,PG5作为补偿泵,通过单向阀流向四个线管,为四个主液压泵提供补偿。

(二)电机驱动

CAK13[C]CNC型不落轮镟床主转动由摩擦驱动滚轮支撑装置完成,摩擦驱动滚轮支撑装置的动力装置为两台30kW伺服主轴变频电机,电机通过机械变速传动箱传递动力到驱动滚轮主轴,驱动滚轮主轴带动摩擦驱动滚轮。摩擦驱动滚轮有四个,同时与轮对踏面接触,分别由两个变频调速电动机经皮带轮、减速箱的齿轮等驱动摩擦轮,由摩擦轮带动轮对旋转。变频调速电机使轮对获得无级变速。

摩擦驱动滚轮支撑装置随动原理:机床左、右两侧各设有一套随动的摩擦驱动滚轮支撑装置作为机床的主传动。工作状态下,摩擦滚轮在液压力$F_{1,2}$作用下始终贴附在轮对踏面上,其接触长度为L_1,加工切削过程中使L_1逐渐缩短到L_2直至L_1长度消失;同时摩擦滚轮在液压力$F_{1,2}$作用下,跟随切削过程随动填充切削时留下的切隙,使整个轮对加工过程中摩擦滚轮自始至终紧紧贴附在轮对踏面上,满足了轮对加工切削所需要的传动转矩,如图1-2-28所示。

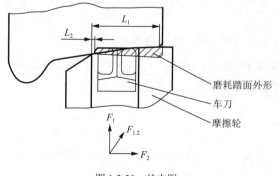

图1-2-28 状态图

摩擦驱动轮电机有两个,功率都为

30kW，其动作控制分为点动和运行两种状态，如图1-2-29所示。

（1）点动：点动信号输出到继电板，继电器1KA8吸合，通过变频器的控制端子DIN2输入信号，此时摩擦轮开始点动，如果摩擦轮处于运行状态，点动将不起作用。

（2）运行：运行信号输出到继电板，继电器1KA9吸合，通过变频器的控制端子DIN1输入信号，同时当系统发出M3指令时摩擦轮处于运行状态，其运行速度可由操作箱的"主轴调速"波段开关进行调节。

主轴编码器将转速信号传递至ADI4模块，以此实现主屏幕对于主轴速度的显示。

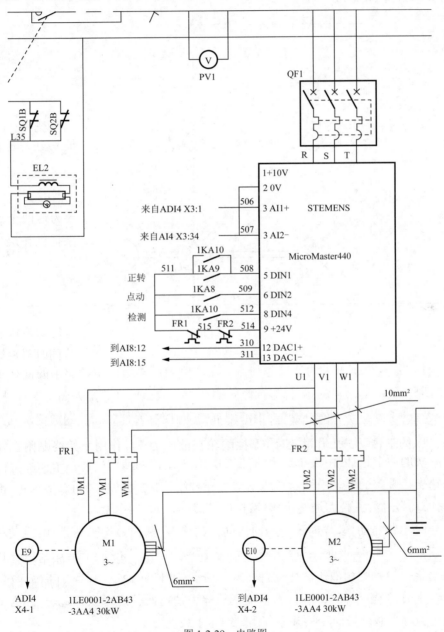

图1-2-29 电路图

二、辅助机构

不落轮镟床液压系统主要由动力元件、执行元件、控制元件、辅助元件和介质五部分组成。

动力元件为液压泵,执行元件为液压马达、液压缸,控制元件如各类阀件,辅助元件有油冷却器、过滤器、密封件、管路、压力表、油位计、金属磁棒等,介质为福斯 46 号液压油,辅助部分驱动机构如图 1-2-30 所示。

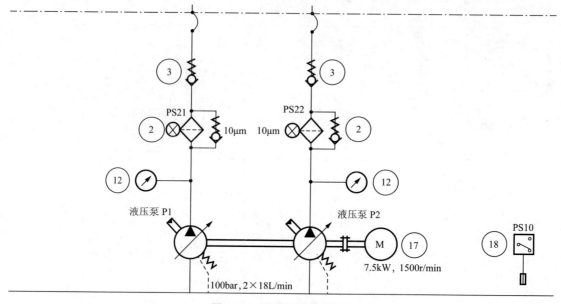

图 1-2-30 辅助机构驱动部分

液压站上方电机为三相交流电机,额定电压 380V,功率 7.5kW。电机主轴装设有两个单向变量液压泵,两个泵出来的油管分别通向左右侧液压阀组。由此驱动的部件主要有压下装置、活动导轨、驱动滚轮的抬升、导向滚轮的动作。液压原理总图如图 1-2-31 所示。

压下装置的上升下降、伸出收回都由液压缸驱动,控制元件为三位四通电磁阀及压力继电器。压下装置的旋转由液压马达驱动,在本设备上未安装。

活动导轨的伸出、收回由液压缸驱动,控制元件为三位四通电磁阀。

外轴箱支撑装置的驱动由液压马达带动丝杆,将圆周运动转换为直线运动,其液压回路上的元器件有减压阀、三位四通电磁阀、双单向节流阀、压力继电器。

对于导向滚轮的动作,导向滚轮的向内向外动作,左侧由液压马达带动丝杠驱动,右侧由液压缸驱动;液压回路上元件与外轴箱支撑装置相类似,不同之处在于减压阀和压力继电器的压力设定。抬升则由液压缸驱动,两位四通阀 S30 同时控制两侧,当电磁阀得电时,两侧导向滚轮上升,当电磁阀失电时,由于弹簧的弹力使得阀体进行换位,液压回力上还设有减压阀和压力继电器。导向轮抬升原理图如图 1-2-32 所示。

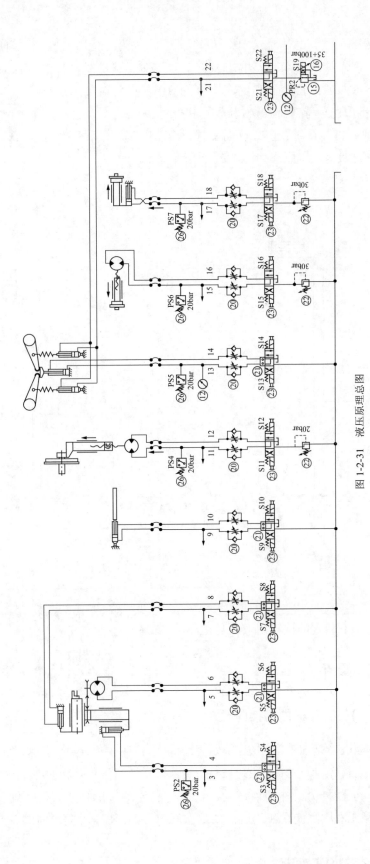

图 1-2-31 液压原理总图

提升缸用于轮对提升，液压回路上的元件为三位四通阀、双单向节流阀、压力表和压力继电器。弹簧液压缸的作用是为切削时轮对半径的跳动提供补偿，由三位四通阀控制。在两侧三位四通阀之前设有电液比例阀 S19。在轮对加工过程中，弹簧液压缸需对轮对产生持续不断的力。轮对轴重由双滚轮和外（内）轴箱支撑装置共同承担，其重量分配比例是（单侧）：压下装置 6t，轴重 7t；反向支撑：两个驱动滚轮各 3t，切削力 1t，外轴箱支撑 6t。轮对抬升与弹簧夹紧液压原理如图 1-2-33 所示。

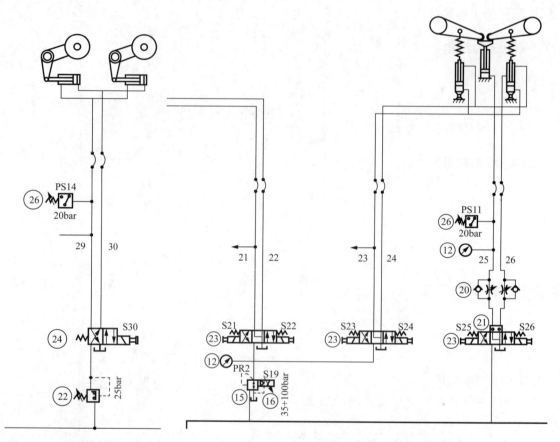

图 1-2-32　导向滚轮抬升液压原理　　　　图 1-2-33　轮对抬升与弹簧夹紧液压原理

三、阀件

（一）三位四通电磁换向阀

中位机能是 Y 型，它的结构是当处于中位时，P 口封闭，A、B 与回油口相连。机能：由于 P 处封闭，所以泵无法卸载载荷，活塞不受油压作用，可以自由移动。工作机构处于浮动状态，可随外力的作用而运动。但是一般控制液压缸的三位四通换向阀在中位端上有单向阀，保证液压缸能在我们所需要的位置，而保持不变。此换向阀带有手动功能。

(二)减压阀

压力控制阀,利用在阀芯上的液压力和弹簧力相平衡,用来降低液压系统中某一回路的油液压力,使用一个油源同时提供几个不同压力的输出。而进口压力大于上几种压力。保持出口压力比进口压力低,且出口压力保持恒定。与溢流阀的主要区别是:

(1)减压阀保持出口压力基本不变,而溢流阀保持进口处压力基本不变;
(2)在不工作时,减压阀进出油口互通,而溢流阀进出油口不通。

(三)压力继电器

压力控制阀,一种将油液的压力信号转换成电信号的控制元件。当油液压力达到设计压力时,发出电信号,以控制电磁铁动作。调节弹簧伸缩量。以左侧外轴向支撑为例,压力继电器一旦触发,开关信号反馈到PLC输入DI30(左上)的I30.2,指示灯会闪。

(四)双单向节流阀

作为流量控制阀,在液压系统中执行元件运动速度的大小,由输入执行元件的油液流量的大小来确定。依靠改变阀口通流面积的大小或通流通道的长短来控制流量的液压阀。在本设备中它的作用是保证液压油流向一个方向,又能调节流量的大小,达到节流的目的。

四、常见液压基本回路

任何一个液压系统,无论它所要完成的动作有多么复杂,都是由一些基本回路组成的。所谓基本回路,就是由一些液压元件组成的,用来完成特定功能的油路结构。例如:换向回路是用来控制液压执行元件运动方向的,锁紧回路是实现执行元件锁住不动的;调压回路是对整个液压系统或局部的压力实现控制和调节;减压回路是为了使系统的某一个支路得到比主油路低的稳定压力等等。这些都是液压系统常见的基本回路。本节所涉及的基本回路包括快速运动回路、调速回路、同步回路、顺序回路、平衡回路、卸荷回路。熟悉和掌握这些基本回路的组成、工作原理及应用,是分析、设计和使用液压系统的基础。

(一)快速运动回路

快速运动回路的功用在于使执行元件获得尽可能大的工作速度,以提高劳动生产率并使功率得到合理的利用。实现快速运动可以有几种方法,这里仅介绍液压缸差动连接的快速运动回路和双泵供油的快速运动回路。

1.液压缸差动连接的快速运动回路

如图1-2-34所示,换向阀2处于原位时,液压泵1输出的液压油同时与液压缸3的左右两腔相通,两腔压力相等。由于液压缸无杆腔的有效面积A_1大于有杆腔的有效面积A_2,

使活塞受到的向右的作用力大于向左的作用力,导致活塞向右运动。于是无杆腔排出的油液与泵1输出的油液合流进入无杆腔,亦即相当于在不增加泵的流量的前提下增加了供给无杆腔的油液量,使活塞快速向右运动。这种回路比较简单也比较经济,但液压缸的速度加快有限,有时仍不能满足快速运动的要求,常常要和其他方法(如限压式变量泵)联合使用,如图1-2-34所示。

2. 双泵供油的快速运动回路

如图1-2-35所示,由低压大流量泵1和高压小流量泵2组成的双联泵作为动力源。外控顺序阀3和溢流阀5分别设定双泵供油和小流量泵2单独供油时系统的最高工作压力。当换向阀6处于图示位置,并且由于外负载很小,使系统压力低于顺序阀3的调定压力时,两个泵同时向系统供油,活塞快速向右运动;当换向阀6的电磁铁通电,右位工作,液压缸有杆腔经节流阀7回油箱,当系统压力达到或超过顺序阀3的调定压力,大流量泵1通过阀3卸荷,单向阀4自动关闭,只有小流量泵2单独向系统供油,活塞慢速向右运动,小流量泵2的最高工作压力由溢流阀5调定。这里应注意,顺序阀3的调定压力至少应比溢流阀5的调定压力低10%～20%。大流量泵1的卸荷减少了动力消耗,回路效率较高。这种回路常用在执行元件快进和工进速度相差较大的场合,特别是在机床中得到了广泛的应用。

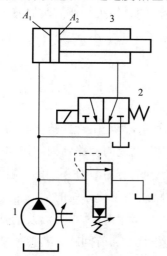

图1-2-34 液压缸差动连接的快速运动回路

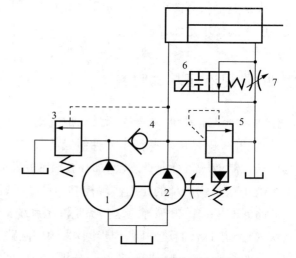

图1-2-35 双泵供油的快速运动回路

1-大流量泵;2-小流量泵;3-顺序阀;4-单向阀;5-溢流阀;
6-换向阀;7-节流阀

(二)调速回路

在液压系统中往往需要调节液压执行元件的运动速度,以适应主机的工作循环需要。液压系统中的执行元件主要是液压缸和液压马达,其运动速度或转速与输入的流量及自身的几何参数有关。要调节或控制液压缸和液压马达的工作速度,可以通过改变进入执行元件的流量来实现,也可以通过改变执行元件的几何参数来实现。对于确定的液压缸来说,通过改变其有效作用面积来调速是不现实的,一般只能用改变输入液压缸流量的方法来调速。对变量马达来说,既可以用改变输入流量的办法来调速,也可通过改变马达排量的方法来调速。

1. 进油路节流调速回路

如图 1-2-36 所示,将节流阀串联在液压泵和缸之间,用它来控制进入液压缸的流量从而达到调速的目的,称为进油路节流调速回路。在这种回路中,定量泵输出的多余流量通过溢流阀流回油箱。由于溢流阀有溢流,泵的出口压力为溢流阀的调定压力并保持定值,这是进油节流调速回路能够正常工作的条件。

2. 回油路节流调速回路

如图 1-2-37 所示,将节流阀串联在液压缸的回油路上,借助节流阀控制液压缸的排油量来调节其运动速度,称为回油路节流调速回路。

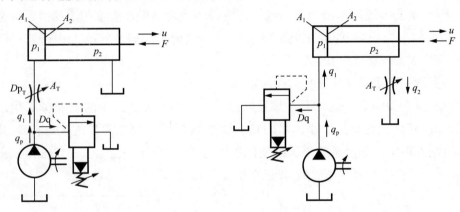

图 1-2-36　进油路节流调速回路　　　　图 1-2-37　回油路节流调速回路

虽然进油路和回油路节流调速的速度负载特性形式相似,功率特性相同,但它们在以下几方面的性能有明显差别,在选用时应加以注意。

(1) 承受负值负载的能力:所谓负值负载就是作用力的方向与执行元件的运动方向相同的负载。回油节流调速的节流阀在液压缸的回油腔能形成一定的背压,能承受一定的负值负载;对于进油路节流调速回路,要使其能承受负值负载就必须在执行元件的回油路上加上背压阀。这必然会导致功率消耗增加,油液发热量增大。

(2) 运动平稳性:对于回油路节流调速回路,由于回油路上存在背压,可以有效防止空气从回油路吸入,因此低速运动时不易爬行,高速运动时不易颤振,即运动平稳性好。

(3) 油液发热对回路的影响:进油路节流调速回路中,通过节流阀产生的节流功率损失转变为热量,一部分由元件散发出去,另一部分使油液温度升高,直接进入液压缸,会使缸的内外泄漏增加,速度稳定性不好;而回油路节流调速回路的油液经节流阀温升后,直接回油箱,经冷却后再入系统,对系统泄漏影响较小。

(4) 启动性能:回油路节流调速回路中若停车时间较长,液压缸回油箱的油液会泄漏回油箱,重新启动时背压不能立即建立,会引起瞬间工作机构的前冲现象,对于进油路节流调速,只要在开车时关小节流阀即可避免启动冲击。

综上所述,进油路、回油路节流调速回路结构简单、价格低廉,但效率较低,只宜用在负载变化不大,低速、小功率场合,如某些机床的进给系统中。

3. 旁油路节流调速回路

把节流阀装在与液压缸并联的支路上,利用节流阀把液压泵供油的一部分排回油箱,实现速度调节的回路,称为旁油路节流调速回路。如图 1-2-38 所示,在这个回路中,由于溢流功能由节流阀来完成,故正常工作时,溢流阀处于关闭状态,溢流阀作安全阀用,液压泵的供油压力取决于负载。

使用节流阀的节流调速回路,速度受负载变化的影响比较大,即速度负载特性比较软,改变载荷的运动平稳性比较差。为了克服这个缺点,回路中的节流阀可用调速阀来代替。由于调速阀本身能在负载变化的条件下保证节流阀进出油口间的压强差基本不变,因而使用调速阀后,节流调速回路的速度负载特性将得到改善。但所有性能上的改进都是以加大流量控制阀的工作压差,即增加泵的供油压力为代价的。调速阀的工作压差一般最小需 0.5MPa,高压调速阀需 1.0MPa 左右。

4. 变量泵—定量马达式容积调速回路

图 1-2-39 为变量泵—定量马达调速回路。回路中压力管路上的安全阀 4,用以防止回路过载,低压管路上连接一个小流量的辅助油泵 1,以补偿泵 3 和马达 5 的泄漏,其供油压力由溢流阀 6 调定。辅助泵与溢流阀使低压管路始终保持一定压力,不仅改善了主泵的吸油条件,而且可置换部分发热油液,降低系统温升。

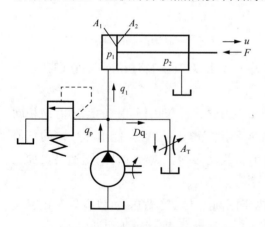

图 1-2-38 旁油路节流调速回路

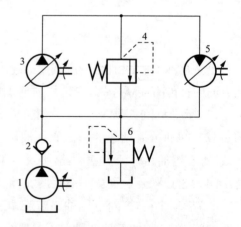

图 1-2-39 变量泵—定量马达容积调速回路

1-辅助油泵;2-单向阀;3-变量泵;4-安全阀;5-马达;6-溢流阀

在这种回路中,液压泵转速和液压马达排量都为恒值,改变液压泵排量可使马达转速和输出功率随之成比例变化。马达的输出转矩和回路的工作压力都由负载转矩来决定,不因调速而发生改变,所以这种回路常被称为恒转矩调速回路。

5. 定量泵—变量马达式容积调速回路

图 1-2-40 为定量泵—变量马达式容积调速回路，定量泵 1 的排量不变，变量液压马达 2 的排量的大小可以调节，3 为安全阀，4 为补油泵，5 为补油泵的低压溢流阀。

在这种回路中，液压泵转速和排量都是常值，改变液压马达排量时，马达输出转矩的变化与成正比，输出转速则成反比。马达的输出功率和回路的工作压力都由负载功率决定，不因调速而发生变化，所以这种回路常被称为恒功率调速回路。

6. 变量泵—变量马达式容积调速回路

图 1-2-41 为双向变量泵和双向变量马达组成的容积式调速回路。回路中各元件对称布置，改变泵的供油方向，就可实现马达的正反向旋转，单向阀 4 和 5 用于辅助泵 3 双向补油，单向阀 6 和 7 使溢流阀 8 在两个方向上都能对回路起过载保护作用。一般机械要求低速时输出转矩大，高速时能输出较大的功率，这种回路恰好可以满足这一要求。在低速段，先将马达排量调到最大，用变量泵调速，当泵的排量由小调到最大，马达转速随之升高，输出功率随之线性增加，此时因马达排量最大，马达能获得最大输出转矩，且处于恒转矩状态；在高速段，泵为最大排量，用变量马达调速，将马达排量由大调小，马达转速继续升高，输出转矩随之降低，此时因泵处于最大输出功率状态，故马达处于恒功率状态。

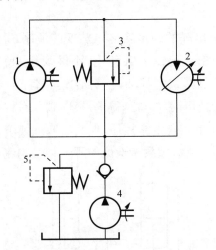

图 1-2-40 定量泵—变量马达容积调速回路

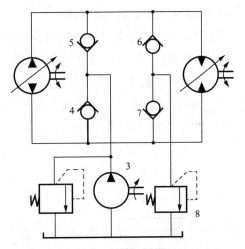

图 1-2-41 变量泵—变量马达容积调速回路

1- 定量泵；2- 变量液压马达；3- 安全阀；4- 补油泵；
5- 低压溢流阀

（三）同步回路

在多缸工作的液压系统中，常常会遇到要求两个或两个以上的执行元件同时动作的情况，并要求它们在运动过程中克服负载、摩擦阻力、泄漏、制造精度和结构变形上的差异，维持相同的速度或相同的位移作同步运动。同步运动包括速度同步和位置同步两类。速度同步是指各执行元件的运动速度相同；而位置同步是指各执行元件在运动中或停止时都保持相同的位移量。同步回路就是用来实现同步运动的回路。由于负载、摩擦、泄漏等因素的影响,很难做到精确同步。下面介绍的几种同步回路,只能做到基本上同步。

1. 液压缸机械连接的同步回路

这种同步回路是用刚性梁、齿轮、齿条等机械零件在两个液压缸的活塞杆间实现刚性连接以便来实现位移的同步。图 1-2-42 所示为液压缸机械连接的同步回路,这种同步方法比较简单经济,能基本保证位置同步的要求,但由于机械零件在制造,安装上的误差,同步精度不高。同时,两个液压缸的负载差异不宜过大,否则会造成卡死现象。

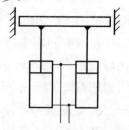

图 1-2-42 用机械连接的同步回路

2. 采用调速阀的同步回路

图 1-2-43 所示是采用调速阀的单向同步回路。两个液压缸是并联的,在它们的进(回)油路上,分别串接一个调速阀,调节两个调速阀的开口大小,便可控制或调节进入两个液压缸流出的流量,使两个液压缸在一个运动方向上实现同步,即单向同步。这种同步回路结构简单,但是两个调速阀的调节比较麻烦,而且还受油温、泄漏等的影响,故同步精度不高,不宜用在偏载或负载变化频繁的场合。

3. 用串联液压缸的同步回路

图 1-2-44 所示为带有补偿装置的两个液压缸串联的同步回路。当两缸同时下行时,若缸 5 活塞先到达行程端点,则挡块压下行程开关 1S,电磁铁 3YA 得电,换向阀 3 左位投入工作,压力油经换向阀 3 和液控单向阀 4 进入缸 6 上腔,进行补油,使其活塞继续下行到达行程端点。如果缸 6 活塞先到达端点,行程开关 2S 使电磁铁 4YA 得电,换向阀 3 右位投入工作,压力油进入液控单向阀控制腔,打开阀 4,缸 5 下腔与油箱接通,使其活塞继续下行达到行程端点,从而消除累积误差。这种回路允许较大偏载,偏载所造成的压差不影响流量的改

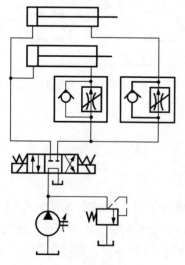

图 1-2-43 用调速阀的同步回路

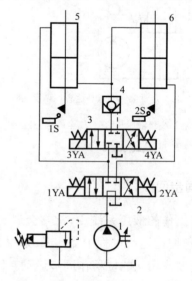

图 1-2-44 串联液压缸的同步回路图

变,只会导致微小的压缩和泄漏,因此同步精度较高,回路效率也较高。应注意的是这种回路中泵的供油压力至少是两个液压缸工作压力之和。

(四)顺序回路

当用一个液压泵向几个执行元件供油时,如果这些元件需要按一定顺序依次动作,就应该采用顺序回路。如转位机构的转位和定位,夹紧机构的定位和夹紧等。顺序动作回路,根据其控制方式的不同,分为行程控制、压力控制和时间控制三类。其中以前两种用得最多,这里只对前两种进行介绍。

1. 行程控制顺序动作回路

图 1-2-45 是一种采用行程开关和电磁换向阀配合的顺序动作回路。操作时首先按动启动按钮,使电磁铁 1YA 得电,压力油进入油缸 3 的左腔,使活塞按箭头 1 所示方向向右运动。当活塞杆上的挡块压下行程开关 6S 后,通过电气上的连锁使 1YA 断电,3YA 得电。油缸 3 的活塞停止运动,压力油进入油缸 4 的左腔,使其按箭头 2 所示的方向向右运动。当活塞杆上的挡块压下行程开关 8S,使 3YA 断电,2YA 得电,压力油进入缸 3 的右腔,使其活塞按箭头 3 所示的方向向左运动;当活塞杆上的挡块压下行程开关 5,使 2YA 断电,4YA 得电,压力油进入油缸 4 右腔,使其活塞按箭头 4 的方向返回。当挡块压下行程开关 7S 时,4YA 断电,活塞停止运动,至此完成一个工作循环。

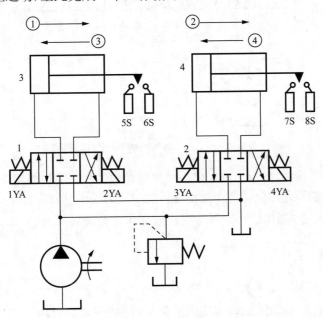

图 1-2-45 用行程开关和电磁阀配合的顺序回路

这种顺序动作回路的优点是:调整行程比较方便,改变电气控制线路就可以改变油缸的动作顺序,利用电气互锁,可以保证顺序动作的可靠性。

2. 压力控制顺序动作回路

如图 1-2-46 所示,利用压力继电器实现顺序动作的顺序回路。按启动按钮,使 1YA 得电,换向阀 1 左位工作,液压缸 7 的活塞向右移动,实现动作顺序 1;到右端后,缸 7 左腔压力上升,达到压力继电器 3 的调定压力时发讯,使电磁铁 1YA 断电,3YA 得电,换向阀 2 左位工作,压力油进入缸 8 的左腔,其活塞右移,实现动作顺序 2;到行程端点后,缸 8 左腔压力上升,达到压力继电器 5 的调定压力时发讯,使电磁铁 3YA 断电,4YA 得电,换向阀 2 右位工作,压力油进入缸 8 的右腔,其活塞左移,实现动作顺序 3;到行程端点后,缸 8 右腔压力上升,达到压力继电器 6 的调定压力时发讯,使电磁铁 4YA 断电,2YA 得电,换向阀 1 右位工作,缸 7 的活塞向左退回,实现动作顺序 4。到左端后,缸 7 右端压力上升,达到压力继电器 4 的调定压力时发讯,使电磁铁 2YA 断电,1YA 得电,换向阀 1 左位工作,压力油进入缸 7 左腔,自动重复上述动作循环,直到按下停止按钮为止。

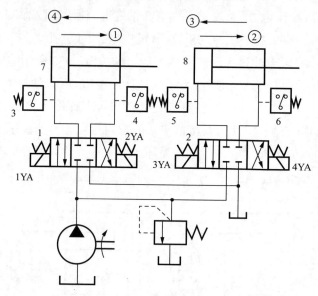

图 1-2-46　用压力继电器实现顺序动作的顺序回路

在这种顺序动作回路中,为了防止压力继电器在前一行程液压缸到达行程端点以前发生误动作,压力继电器的调定值应比前一行程液压缸的最大工作压力高 0.3～0.5MPa,同时,为了能使压力继电器可靠地发出信号,其压力调定值又应比溢流阀的调定压力低 0.3～0.5MPa。

(五)平衡回路

为了防止立式液压缸与垂直运动的工作部件由于自重而自行下落造成事故或冲击,可以在立式液压缸下行时的回路上设置适当的阻力,产生一定的背压,以阻止其下降或使其平稳地下降,这种回路即为平衡回路。

1. 用单向顺序阀的平衡回路

图 1-2-47 所示是用单向顺序阀组成的平衡回路。调节单向顺序阀 1 的开启压力,使其

稍大于立式液压缸下腔的背压。活塞下行时,由于回路上存在一定背压支承重力负载,活塞将平稳下落;换向阀处于中位时,活塞停止运动。此处的单向顺序阀又称为平衡阀。这种平衡回路由于回路上有背压,功率损失较大。另外,由于顺序阀和滑阀存在内泄,活塞不可能长时间停在任意位置,因此这种回路适用于工作负载固定且活塞闭锁要求不高的场合。

2. 采用液控单向阀的平衡回路

图 1-2-48 所示是用液控单向阀的平衡回路。由于液控单向阀是锥面密封,泄漏小,故其闭锁性能好。回油路上的单向节流阀 2 是用于保证活塞向下运动的平稳性。假如回油路上没有节流阀,活塞下行时,液控单向阀 1 将被控制油路打开,回油腔无背压,活塞会加速下降,使液压缸上腔供油不足,液控单向阀会因控制油路失压而关闭。但关闭后控制油路又建立起压力,又将阀 2 打开,致使液控单向阀时开时闭,活塞下行时很不平稳,产生振动或冲击。

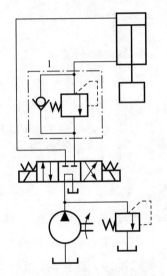
图 1-2-47 用单向顺序阀的平衡回路

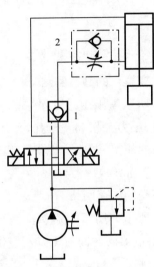
图 1-2-48 用液控单向阀的平衡回路

(六)卸荷回路

当系统中执行元件短时间工作时,使液压泵在很小的功率下作空运转,而不是频繁启动驱动液压泵。因为泵的输出功率为其输出压力与输出流量之积,当其中的一项数值等于或接近于零时,即为液压泵卸荷。这样可以减少液压泵磨损,降低功率消耗,减小温升。卸荷的方式有两类,一类是液压缸卸荷,执行元件不需要保持压力,另一类是液压泵卸荷,但执行元件仍需保持压力。

1. 用换向阀中位机能的卸荷回路

图 1-2-49 所示为采用 M 型(或 K 型,H 型)中位机能换向阀实现液压泵卸荷的回路。当换向阀处于中位时,液压泵出口直通油箱,泵卸荷。因回路需保持一定的控制压力以操纵执行元件,故在泵出口安装单向阀。

2. 用电磁溢流阀的卸荷回路

图 1-2-50 所示为采用电磁溢流阀 1 的卸荷回路。当执行元件停止运动时,二位二通电磁阀得电,溢流阀的遥控口通过电磁阀回油箱,泵输出的油液以很低的压力经溢流阀回油箱,实现泵卸荷。

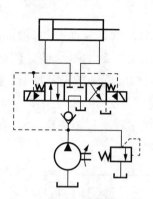

图 1-2-49 用换向阀中位机能的卸荷回路

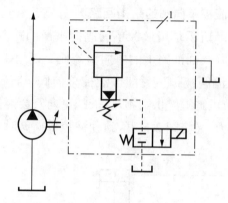

图 1-2-50 用电磁溢流阀的卸荷回路

3. 限压式变量泵的卸荷回路

图 1-2-51 所示为限压式变量泵的卸荷回路。当系统压力升高达到变量泵压力调节螺钉调定压力时,压力补偿装置动作,液压泵 3 输出流量随供油压力升高而减小,直到维持系统压力所必需的流量,回路实现保压卸荷,系统中的溢流阀 1 作安全阀用,以防止泵的压力补偿装置的失效而导致压力异常。

4. 用卸荷阀的卸荷回路

图 1-2-52 所示为用蓄能器保持系统压力而用卸荷阀使泵卸荷的回路。当电磁铁 1YA 得电时,泵和蓄能器同时向液压缸左腔供油,推动活塞右移,接触工件后,系统压力升高。当系统压力升高到卸荷阀 1 的调定值时,卸荷阀打开,液压泵通过卸荷阀卸荷,而系统压力用蓄能器保持。当蓄能器压力降低到允许的最小值时,卸荷阀关闭,液压泵重新向蓄能器和液压缸供油,以保证液压缸左腔的压力在允许的范围内。图中的溢流阀 2 是当安全阀用。

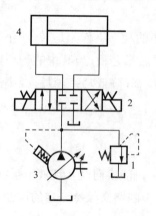

图 1-2-51 用限压式变量泵的卸荷回路

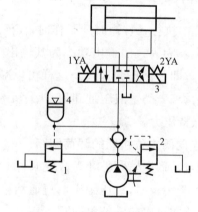

图 1-2-52 用卸荷阀的卸荷回路

第五节　电气原理图

下面以一号线 TUP650H 型不落轮镟床讲述机床的基本控制原理。

一、主控制电路

主控制柜面板上主要有总电源 CB1、断电延时指示灯 H0。控制柜内部主要元件有接触器、变压器、空气开关、继电器、变频器、控制单元等。主电源供电线路、交流电源供电线路、辅助电源供电线路、控制单元供电线路及安全主电路均在主控制柜内，如图 1-2-53 所示。

主供电线路中主开关为 CB1，设备上电时需先闭合该开关，在主控柜门上设有与开关互锁的行程开关，若电控柜门未闭合，则该开关闭合无效；断电时，断开该开关，H0 橘黄色灯亮，此时若需重新开机不能马上闭合该开关，须等 H0 等灭后再闭合。主供电线路包含主驱动电机供电、主驱动电机风扇供电、液压泵驱动电机供电、油冷却器供电。

交流供电线路中包含排屑装置两个电机、碎屑器电机、螺杆式空压机、除尘装置、滤尘器清洁电机、主控制柜空调供电，如图 1-2-54 所示。

辅助供电线路包括 SLM 电源供电、AC110V 供电、操作台照明、DC24V 供电、UPS 电源及工作灯等，其中 SLM 电源供电线路为 SLM 电源模块提供 AC380V 电压，进行交流—直流—交流的变换，由驱动模块输出交流电压，为 4 个刀架电机供电。AC110V 供电连接在机床后左右两个电气分柜中数字输出模块上（下端红色的线，即左边 L4，右边 L5），用于两边液压控制系统的各个电磁阀供电，控制电磁阀的动作，进而控制各液压回路的动作，如图 1-2-55 所示。

从左至右依次为 NCU 单元、电源模块（SLM）模块、驱动器（MM）模块、驱动器（MM）模块、主驱动电机功率模块（SMM3）。

二、安全回路

安全集成电路中，数字输入模块 DIF-02 中涉及八个输入点，其中 DI0、DI4 输入点与 3 个急停蘑菇按钮相关，主操作面板、两边控制面板上的 3 个急停按钮的常闭触点相互串联，当未有急停按钮按下时，此处有输入信号。DI1、DI5 输入点与面板上的启动按钮相关，DI2、DI6 与面板上的停止按钮相关。DI3、DI7 输入点与安全门有关，如图 1-2-56 所示。

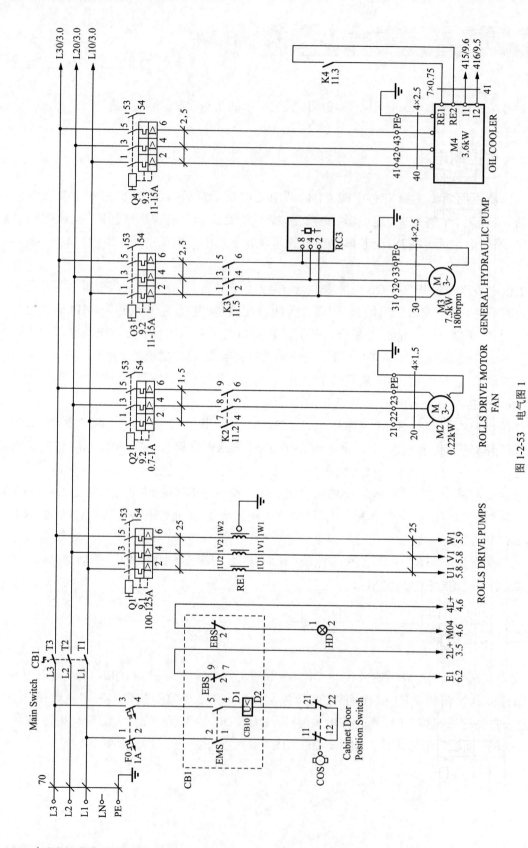

图 1-2-53 电气图 1

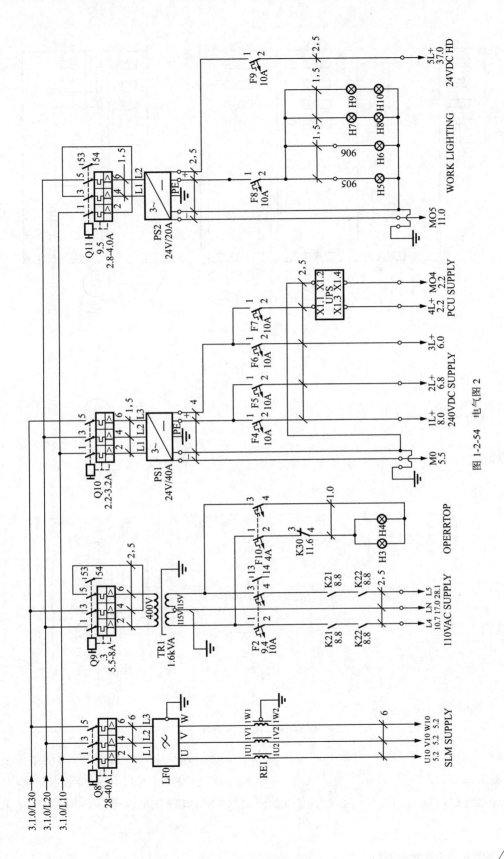

图 1-2-54 电气图 2

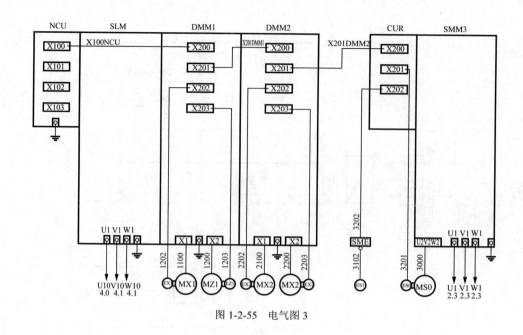

图 1-2-55 电气图 3

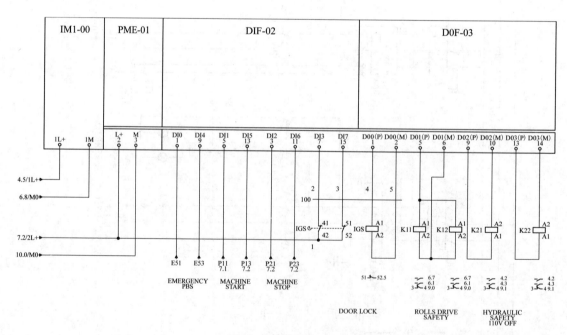

图 1-2-56 安全集成电路

数字输出模块 DOF-03 中涉及的输出控制着安全门锁继电器 IGS 线圈,驱动滚轮安全继电器 K11、K12 线圈,液压安全继电器 K21、K22 线圈。K11、K12 的两组触点分别串联,分别控制着数控单元(NCU)、主驱动电机功率模块(SMM3)的安全模块。如果 K11、K12

不能得电,则驱动滚轮不能旋转,数控单元不能工作。K11、K12 的触点控制着 AC110V 的输出与否。110VAC 控制着各个液压电磁阀。如果不能输出 110V,则机床液压部分不能工作。

三、辅助电路

辅助电路输入回路中,涉及驱动滚轮安全继电器 K11、K12 的常闭触点,液压安全继电器 K21、K22 的常闭触点, SMM3 超载保护 Q1、电扇过载保护 Q2、M3 液压过载保护 Q3、油冷器过载保护 Q4、铁屑传输过载 Q5 及 Q5B、AC110V 故障保护 Q9 及 F2、24V 传动过载保护 Q11 及 PS2、电气柜空调故障保护 Q6 及 Q7、碎屑器过载保护 Q13 的常开触点,碎屑器堵塞检测 CR13 的常闭触点以及安全门的行程开关等。辅助电路输入用于辅助实现镟床部件关于安全的互锁及警告。当操作台旁的安全门打开时,主轴不能旋转,碎屑器不能动作;当碎屑器堵塞时,系统自动输出电机反转信号,如图 1-2-57 所示。

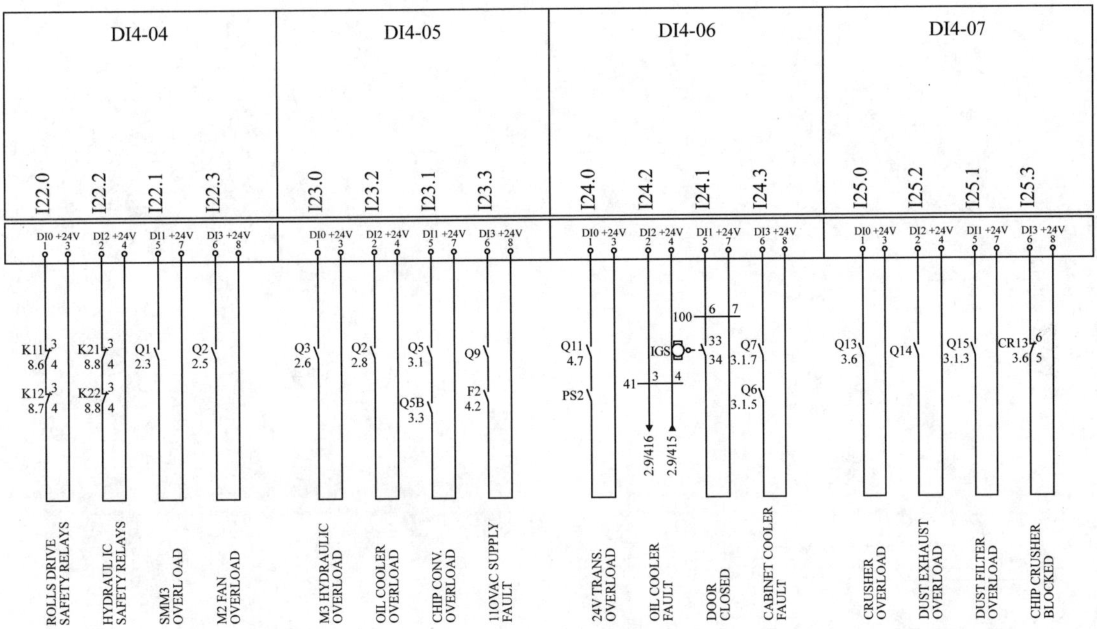

图 1-2-57 辅助电路输入回路

辅助电路输出回路控制着主驱动电机风扇接继电器 K2、油冷器继电器 K4、除尘电机继电器 K14、滤尘电机继电器 K15、操作台灯继电器 K30、碎屑器正反转继电器及铁屑运输相关继电器等线圈,如图 1-2-58 所示。

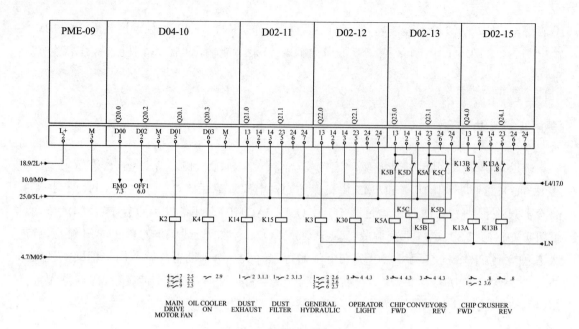

图 1-2-58 辅助电路输出回路

第三章　公铁两用车

岗位应知应会

1. 了解公铁两用车的技术参数。
2. 熟悉公铁两用车的主要部件的功能。
3. 了解公铁两用车的主要部件的功能。
4. 会识读公铁两用车的电气原理图。

重难点

公铁两用车的主要结构及功能。

本章的学习目的是让读者学习公铁两用车的主要技术参数、结构及功能、电气原理图；教学目标是读者学完本章后需熟知公铁两用车主要技术参数、主要结构及功能；公铁两用车是不落轮镟床配套的设备，车辆结构较为简单，所以本章学习起来较为容易，学习的重点应放在对设备主要结构及功能的理解上。

第一节　概　　述

公铁两用车是指可以在公路或轨道运行的专用牵引车，是不落轮镟床的配套设备。负责镟修电客车轮对前后对电客车近距离的牵引工作，在需要镟修轮对时，需要公铁两用车从镟轮库外牵引至镟床，进行镟修。公铁两用车的无级变速具备特殊蠕动速度功能，能够牵引电客车在机床上准确对位。公铁两用车采用蓄电池为动力电源，具备人工驾驶和无线遥控两种控制功能。公铁两用车具备与不落轮镟床互锁功能、公路铁路模式互锁功能、驾驶与遥控功能互锁功能，保证生产作业的绝对安全。目前相关城市轨道交通公司运用较多的是由大连铁丰轨道交通装备有限责任公司生产的 RTT-2000 型公铁两用车，下面以此型号为例进行讲解，如图 1-3-1 所示。

图 1-3-1　RTT-2000 型公铁两用车

第二节　主要技术参数

公铁两用车的主要参数如下：

（一）常规参数

型号：RTT-2000。

重量：8500（1±5%）kg。

额定牵引力：20kN。

启动牵引力：32kN。

摩擦系数：0.16～0.2。

牵引最大轨道车辆质量：350t（在水平直线轨道上）。

制动时间/距离：8s/3m。

轨道牵引速度：0～3.0km/h。

驱动轮（mm×mm）：ϕ660×140。

导向轮（mm×mm）：ϕ286/350。

长度（含两端车钩）（mm）：3500（4150）。

宽度（mm）：1790。

高度（包含驾驶室）（mm）：1250（2100）。

（二）蓄电池参数

蓄电池总电压：48V DC。

充电电源电压：AC，380（±10%）V，50Hz，32A。

蓄电池容量：920Ah。

蓄电池寿命：≥1500次充电循环或≥6年。

蓄电池容量保证每次充电后走行距离：空载运行≥10km。

第三节　结构及功能

操作面板及指示灯如图1-3-2所示。

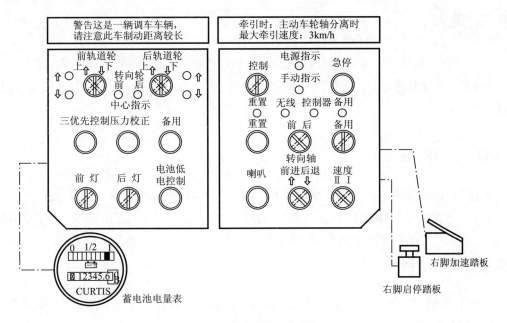

图 1-3-2 操作面板及指示灯

一、蓄电池主开关

蓄电池主开关位于座椅右侧,把蓄电池主开关钥匙由水平打到竖直位置,此时右仪表盘上的绿色 LED 电源指示灯(右操作面板上 48V DC 下方)亮起。为节省电量,牵引车使用完毕后请关闭蓄电池总开关,如图 1-3-3 所示。

二、钥匙开关

当操作面板上的钥匙开关(右操作板上控制下方)旋置左前方时,牵引车的所有控制功能关闭。将钥匙开关旋置"1"位,此时右仪表盘上的绿色 LED 手动指示灯亮起,如图 1-3-4 所示。

图 1-3-3 蓄电池开关

图 1-3-4 右侧操作面板

三、重置

打开主开关和钥匙开关,一切显示正常后,延时 3～5s,按动蓝色重置按钮,此时右仪表盘上的 LED 重置灯亮起,车辆自带的安全继电器自检一切正常后,右仪表盘上的 LED 控制器灯亮起。

四、压力校正

重置成功后,要按下压力校正按钮并持续 3s 以确保导向轮可靠压在铁轨上。

牵引车在轨道上行驶时,可能需要按几次此压力校正按钮用以保证轮子与轨面安全接触。

五、启停踏板

此牵引车配有一个左脚启停踏板。驾驶时需保持左脚启停踏板持续踩下,通过释放启停踏板,来快速制动,左侧操作面板如图 1-3-5 所示。

六、加速踏板

此牵引车配有一个右脚加速踏板,通过右脚加速踏板的踩下与释放来控制加速和常规减速制动。

七、主优先控制

当校正牵引车在铁轨上的位置时,需用到主优先控制按钮。当行走条件不满足时,牵引车将启动自动保护功能并停止接收运行命令。此时须按下主优先控制按钮来谨慎控制牵引车。当行走条件满足时,牵引车将恢复正常控制。

八、电量表

蓄电池电量表显示,如图所示。用十个 LED 指示灯显示电量状况,10 个 LED 显示蓄电池满电,3 个 LED 亮并闪动显示电量剩 30%,应立即充电,如图 1-3-6 所示。

九、蓄电池低电优先控制

当蓄电池电量低于 30% 时,为了防止蓄电池过度放电,牵引车的自动保护装置将会自动切断电源并停车。按住低电优先控制按钮会使操作员重新获得控制权,此时应立即将牵引车开往充电站。

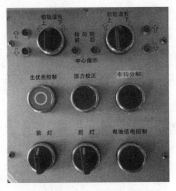
图 1-3-5　左侧操作面板

图 1-3-6　电量表

十、导向轮抬起/落下

首先,只允许在静止不动时抬起/落下导向轮。前后导向轮下落前,将牵引车行驶至轨道上并将前后驱动轮调整至中心位置,向右旋后导向轮开关至"下"并保持,直到相应的绿色 LED 灯亮表明导向轮下落完毕。如需继续操作,需按住主优先控制按钮,此时可调整车位至合适位置,下落前导向轮,绿色 LED 灯亮起表明前导向轮已落下。

十一、Ⅰ/Ⅱ挡速度开关

开关选择Ⅰ挡为牵引低速挡,选择Ⅱ挡为非牵引高速挡。

十二、急停按钮

公铁两用车上配有五个急停按钮,分别位于车体的四个角和操作面板上;遥控器上有一个急停按钮。当有任何紧急情况发生时,拍下急停按钮,公铁两用车断电。

第四节　电气原理图

RTT2000 公铁两用车电路中包含的电器元件主要有蓄电池、带直流电接头的充电器、电子控制器、熔断器、48V AC/80V AC 电机、变压器、PLC 控制模块、接触器、液压泵、电磁阀、转向助力装置和控制器、逆变器、及报警设备等。电路主要分为几部分,其中通常包含开机启动电路、安全电路、主供电回路、液压控制回路、辅助供电回路等。公铁两用车供电通常采用蓄电池供电。

公铁两用车电路中用于过载保护的主要的部件是熔断器。F1为逆变器48VDC供电电路上的熔断器，F2为液压逆变器供电电路保护，除此之外还有控制电源输入输出相关熔断器。不同的熔断器在使用时须注意额定电流，若使用不当可能会导致电子元件或线路的烧损。

开机启动时，主电池开关1s1闭合，此时右面板上的48V DC灯亮。闭合手控台或遥控器上的钥匙开关，按下重置。在此过程中，当主电池开关闭合，电池电量在正常使用范围内，则与低电量控制相关的1K6继电器线圈得电；反之，1K6线圈不得电，若要动车，须在电气系统启动后按下低电量控制才能动车。1K6继电器线圈得电与否与电量表相关，此项为保护蓄电池过量放电导致的损坏，安全回路如图1-3-7所示。

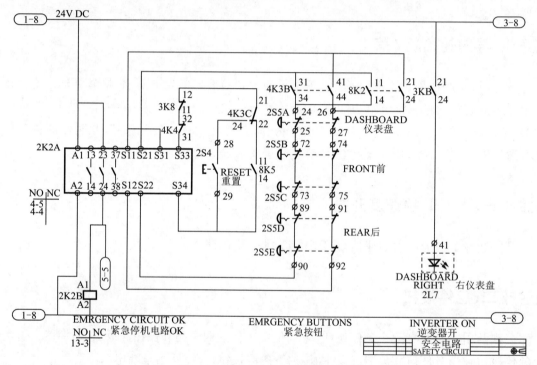

图1-3-7　RTT2000公铁两用车安全回路

安全回路中主要为安全继电器的供电与安全检测回路，供电路通，则继电器上power灯亮。安全检测回路中，其中一路包括钥匙开关与急停按钮的检测，当钥匙闭合，与此相关的常开触点闭合，五个急停按钮均未按下，急停按钮常闭触点的串联线路为通路，此回路通；另一路包括钥匙开关相关的触点，安全继电器的常开触点检测、逆变器未工作的检测，当按下重置按钮，此路为通路，继电器线圈得电吸合，继电器上两工作灯亮，13、14触点闭合，作用于左脚启停开关控制电路，23、24触点闭合，为重置LED灯供电、2K2B线圈供电及给PLC的CPU信号，37、38触点延时闭合，牵引逆变器得电，右仪表盘控制器灯亮。

钥匙开关分别用于手动控制及遥控控制，并分别设有指示灯。在安全继电器回路中设有手动与遥控控制的并联线路。喇叭的使用不受急停按钮的影响。

公铁车常见故障如下。

遥控器无效：

（1）检查遥控器电池是否未能充电；

（2）检查遥控器上天线、公铁车本地接收天线是否有松动、缺失。

（3）检查公铁车本地接收器与本地接收天线的连接，检查本地接收器下方与电气线路的连接；

（4）检查本地接收器上指示灯是否全亮；

（5）检查与镟床接口情况。

右侧面板控制器指示灯不亮：按下重置按钮，重置指示灯正常，控制器指示灯不亮。此时尝试动车，若可以动车，则检查指示灯供电线路及指示灯是否正常；若无法动车，则依次检查4K4继电器、3K8继电器是否得电吸合，4k4的11、14触点，21、24触点是否闭合，3K8继电器上与逆变器主供电线路相关的常开触点是否闭合，判断是否继电器故障。

第四章　固定式架车机

> **岗位应知应会**
>
> 1. 了解固定式架车机的技术参数。
> 2. 熟悉固定式架车的结构。
> 3. 掌握固定式架车机的各部分的功能。
>
> **重难点**
>
> 固定式架车机的各部分的功能。

本章的学习目的是让读者学习固定式架车机的主要技术参数、机械系统、电气系统及电气原理图；教学目标是读者学完本章后需熟知固定式架车机的主要技术参数、主要结构及功能；固定式架车机设备整体坐落在 12 个地坑内，地坑内结构全部相同且结构较为简单，所以本章学习起来较为容易，学习的重点应放在对设备主要结构及功能的理解上。

第一节　概　述

架车机分为固定式和移动式两种形式（两者结构类似），是一种在城市轨道交通车辆检修时实施架升作业的专用设备。架车机把城市轨道交通车辆举升到一定高度，以方便对列车车体下部的机械、电气部件进行拆卸、维修、保养和更换，该设备一般安装在车辆段与综合基地检修主厂房大修或架修库内。

每台架车机主要有架升支撑构架、丝杆螺母驱动装置、电气控制系统、润滑系统等，其中电气控制系统负责架车机同步升降的功能。一般采用可编程控制器 PLC 控制系统，自动计算各个丝杆的升降高度，并自动控制驱动电机启动或停止。将同步误差控制在一定范围内。电气控制系统还设置了多个安全防护装置，防止错误操作设备，并能在紧急情况下停止工作。

架车机常见国外厂家如德国 Windhoff、德国 Neuero、德国 Phaff 等，国内厂家有青岛四方车辆研究所有限公司、北京新联铁科技有限公司、唐山百川智能机器公司、中铁工程设计研究院等。广州城市轨道交通一号线、西安城市轨道交通 2 号线、深圳城市轨道交通 1 号线固定式架车机采用德国 Windhoff 铁路设备及技术公司的产品，广州城市轨道交通 3 号线采用德国 Neuero 技术公司的产品,广州城市轨道交通 4 号线采用德国 PHAFF 公司的产品,郑州城市轨道交通 1 号线采用的是青岛四方车辆研究所有限公司生产的 DJCJ-C-ZZ1 型固定式架车机,移动式架车机采用北京新联铁科技有限公司的产品。本章以青岛四方车辆研究所有限公司生产的 DJCJ-C-ZZ1 型固定式架车机为例进行讲解,第五章主要介绍移动式架车机。

DJCJ-C-ZZ1 型固定式架车机能够用于转向架的更换、车辆的拆卸、装配及维修,能满足对 6 辆编组列车在不解编状态下的同步架车作业,可以对整列编组列车中所有转向架同时进行更换,可以对整列编组列车中的任一个转向架进行更换,如图 1-4-1 所示。

图 1-4-1　固定式架车机

第二节　主要技术参数

DJCJ C-ZZ1 型固定式架车机主要技术参数如下。

一、基本参数

总功率:约 85kW。

工作电压:AC220/380 V。

控制电压:AC220V,DC24V。

设备最大噪声(1m 远处测量):< 60dB。

地坑盖板承重:可以承载 3t 全负荷叉车在上面运行。

举升轨、辅助轨与地面固定钢轨间隙:≤ 3mm。

举升轨与地面固定钢轨水平高度差：≤1mm。

二、转向架举升系统

（一）举升能力

1套转向架架升单元：240kN。
1个车位转向架架升单元：480kN。

（二）其他参数

有效提升行程：1700mm。
升降速度：360mm/min。
驱动功率：5.5kW。
丝杠型号：TR75×12。

三、车体举升系统

（一）举升能力

1套车体架升单元：240kN。
1个车位车体架升单元：480kN。

（二）其他参数

有效提升行程：2700mm。
升降速度：372mm/min。
驱动功率：3kW。
螺杆直径：TR75×12。

四、举升柱同步升降精度要求

同一车位转向架（车辆）举升柱之间高度差：±4mm。
同一车位车体举升柱之间高度差：±4mm。
任意两车位之间转向架举升高度差：±4mm。
任意两车位之间车体举升柱高度差：±4mm。

第三节 机械系统结构

一、总体概述

机械系统结构主要包括钢结构部分、转向架架车单元、车体架车单元、盖板部分等组成。各部分详细组成如图1-4-2～图1-4-4所示。

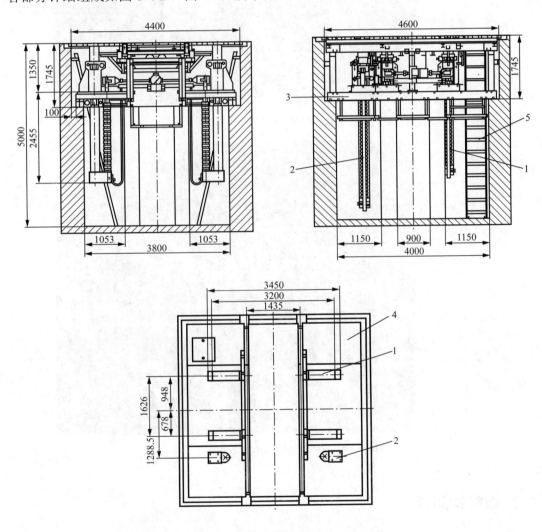

图 1-4-2 机械系统结构组成（尺寸单位：mm）

1-转向架举升单元；2-车体举升单元；3-钢结构；4-盖板；5-维修平台和梯子

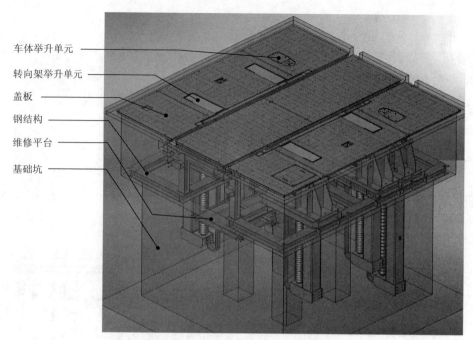

图 1-4-3　设备总体外观图一

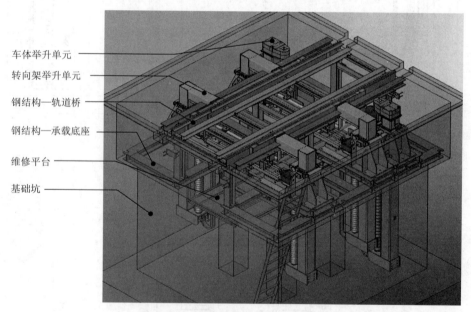

图 1-4-4　设备总体外观图二（去掉盖板）

二、钢结构部分

钢结构部分主要由架车单元承载底座、轨道桥（辅助轨）、举升单元安装座等组成。钢结构总体结构如图 1-4-5 所示。

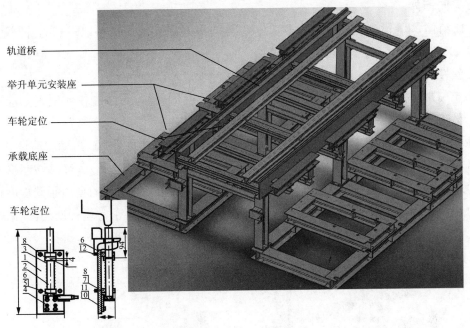

图 1-4-5 钢结构总体组成

（一）承载底座

承载底座是转向架架车单元和车体架车单元的安装和承载部件。

（二）轨道桥

轨道桥与库内的车间钢轨平齐，确保列车的顺畅通过。在轨道桥上装有车轮定位装置，用于判断车辆停放位置是否合适。只有车轮准确地停到该位置才允许进行举升作业，否则由于控制系统的电气连锁不允许进行举升作业，此功能的目的是确保架车绝对安全。

三、转向架架车单元

每套转向架架车单元主要组成包括：4个转向架举升组成，2条举升轨道梁，1套驱动系统及1套驱动系统安装座和1套跟随盖板，如图 1-4-6 所示。

（一）转向架举升

转向架举升组成主要由转向架举升柱、导向箱体及丝杠/螺母传动系统等部件组成。

1. 转向架举升柱

转向架举升柱设计为"⌐"形结构，其端部与举升轨道梁连接，确保转向架可以从轨道梁下方顺畅地通过。

2. 导向箱体

导向箱体是举升柱的导向部分,其上安装的导向轮确保举升柱可以垂直的升降,并用来承受载荷对举升柱产生的弯矩作用。

3. 丝杠/螺母系统

丝杠/螺母系统采用具有自锁功能的梯形螺纹机构,确保系统在任何位置均能可靠的自锁。丝杠/螺母传动系统采用承载螺母和安全螺母的双螺母设计。

每套丝杠/螺母传动系统均设有自动润滑装置,润滑装置采用单点自动注油设计(自动注油器100mL,内装高温合成脂),能根据设定的时间自动对系统进行润滑。该润滑器特点为主动式润滑管理,可任意安装在任何需要润滑的地方,可根据设备的使用频繁程度调整出油口的大小,自动润滑器共5挡,1挡最慢,5挡最快)。在设备正常运行期间,润滑器打到2挡上,也可根据使用情况调整出油口的大小。当油脂使用剩下20%时,维护人员可以从注油口用黄油枪打入油脂,如图1-4-7所示。

图1-4-6 转向架单元总体组成

图1-4-7 自动润滑装置

1-驱动系统;2-转向架举升组成;3-转向架举升梁;
4-转向架跟随盖板

(二)举升轨道梁

举升轨道梁是转向架的承载部分。采用箱形焊接、凹槽结构,主体结构为H型钢,此结构和材料具有足够的强度、刚度,确保在举升过程中车轮在轨道上的安全。轨道梁内侧装有工业型灯管,提高了转向架检修作业时下部空间的亮度,如图1-4-8所示。

图1-4-8 转向架举升梁结构

(三)驱动系统

驱动系统由1套安装座、1个驱动电机、4个伞齿轮减速箱、3输出换向器、联轴器等组成,如图1-4-9所示。

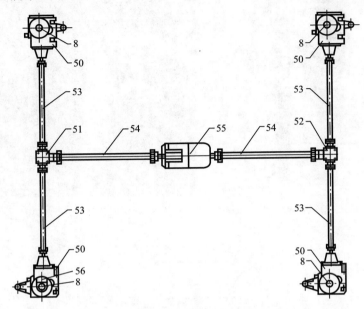

图1-4-9 驱动系统组成

8- 丝杠 Tr75×12;50- 伞齿轮减速箱 SK9032.1-AZD-W(47.7:1),分 M5 和 M6 两种安装方式;51- 换向器 KA9/1:1/C;52- 换向器 KA9/1:1/C;53- 柔性轴联轴器组成 2GX;54- 柔性轴联轴器组成 8GX;55- 电机 5.5kW,1450r/min,带制动功能;56- 凸轮开关

四、车体架车单元

车体架车单元主要由车体举升柱、导向箱体、托头、丝杠/螺母传动系统等组成。

车体支撑柱为方形结构,其下端的螺母箱为承载螺母的托架部分。导向箱体为抗扭转的箱形结构,侧面安装导向轮,用于承受立柱垂直升降过程产生的弯矩。导向轮处需定期注油,如图1-4-10所示。

丝杠/螺母传动系统是车体架车单元的传动机构,丝杠、螺母采用具有自锁功能的梯形螺纹。丝杠/螺母传动系统采用了包括承载螺母和安全螺母的双螺母设计,两螺母之间设定的初始为间隙 $X=10mm$,当两螺母之间距离减小到 7mm 时,这时必须更换承载螺母。如果继续磨耗,当承载螺母磨损极限时,系统可以自动报警并触发控制系统自动停机。为此,丝杠螺母之间的距离应每年测量一次,并填写记录表(见后面的维护章节),以便掌握螺母的磨耗情况,及时准备备件。每套丝杠/螺母传动系统均设有自动润滑装置,如图1-4-11、图1-4-12所示。

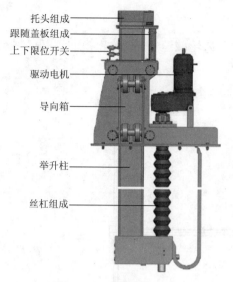
图 1-4-10 车体结构

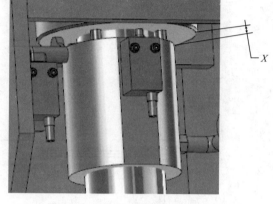
图 1-4-11 螺母间隙示意图

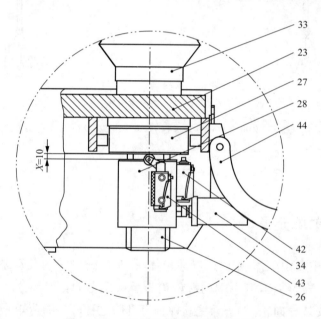
图 1-4-12 双螺母组成及间隙测量示意图

23- 螺母箱；26- 丝杠 Tr75×12；27- 承载螺母；28- 安全螺母；33- 丝杠护套；34- 润滑器；42- 螺母磨损监控；43- 障碍物监控；44- 电缆拖链

五、地坑盖板组成

地坑盖板组成主要包括固定盖板和活动盖板，如图 1-4-13 所示。

（1）所有盖板均采用防滑的花纹钢板及型钢焊接而成，具有足够的强度和刚度，能够确保3t叉车满载安全通过和作业人员的安全。

（2）固定盖板主要设置在设备的非活动区域，由多块盖板拼装组成。

（3）活动盖板包括举升轨道梁区域的跟随盖板和车体架车单元举升区域的跟随盖板。跟随盖板用于填补轨道梁和托头升起后的空缺区域。

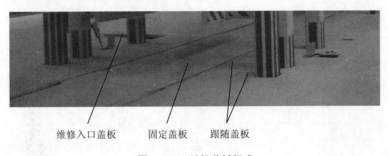

图 1-4-13　地坑盖板组成

第四节　电气控制系统

一、电气控制系统概述

固定式架车机电气控制系统主要由硬件和软件两大部分组成。其中，硬件系统主要包括主控柜、主操作台、分控柜、本地控制器和现场电气设备组成；软件系统主要包括工控机软件、触摸屏软件和PLC软件。

二、硬件部分

（一）主控柜及主操作台

设备设置1个主控柜，即主操作台。主控柜设置于6辆车的中部位置，靠立柱放置。主控柜内设有为各分控柜供电的电路、触摸屏电路、PLC控制电路、信号指示电路等。触摸屏作为PLC的人机界面，用于PLC参数的设置、架车机的操作与状态显示、报警提示等任务，如图1-4-14所示。

控制系统采用双PLC结构，其中主控PLC采用西门子S7-300系列产品作为控制系统的核心，用于完成整个系统的功能选择、位置检测及逻辑控制；监控PLC采用西门子S7-300系列产品作为监

图 1-4-14　主操作台

控系统的核心,用于对整个系统的升降状态及高度脉冲等进行监控。

架车机有两种工作模式和一种检修模式。

同步联控模式:用于操作整列转向架或车体架车单元,是系统的主要工作模式。

本地控制模式:用于操作单个转向架或车体架车单元,也可用于系统的检修及调试。

检修模式:用于系统检修。

(二)分控柜

分控柜设置在每个基础地坑中,内部设有为坑内电气设备供电的配电电路,主控 PLC 子站、监控 PLC 子站、柜内通风、除湿系统与坑内通风控制系统,如图1-4-15所示。

主控 PLC 子站和监控 PLC 子站采集坑内各信号的状态,通过各自的 Profibus 通讯电缆将其分别上传到主控 PLC 和监控 PLC,主控 PLC 和监控 PLC 再根据程序运算将坑内的各控制信号通过 Profibus 通信电缆下传到主控 PLC 子站和监控 PLC 子站,完成指定的控制动作。

图1-4-15 分控柜照片

(三)本地控制器

本地控制器设置在每个基础坑的两侧,在得到主控柜的授权后才具有本地控制权。通过柔性电缆与分控柜连接,使用时掀开地坑盖板即可拖出,使用后放回本地控制器盒内,如图1-4-16所示。

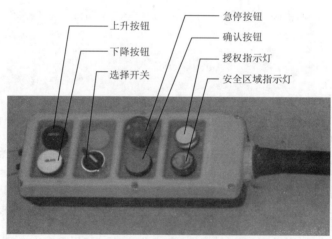

图1-4-16 本地控制器照片

主控柜侧的本地控制器具有选择按钮,可以选择本地控制的对象:车体举升单元或转向架举升单元,另一侧的本地控制器只能控制车体举升单元。

各按钮盒按钮定义和说明如下:

授权：蓝色指示灯。当主控台授予本地控制器操作权力灯亮时，本地控制器才有操作权限。

如果主控台授权某套转向架单元（或车体单元）单控，且在本地控制器将切换按钮上切换到转向架单元（或车体单元）上时，指示灯才会亮起。

120mm：红色指示灯。当架车单元升起（或落到）距离地面120mm的安全区域时，指示灯亮起，如果要继续下降，需要按住下降按钮和绿色的确认按钮。

急停：紧急情况下，按下该按钮，停止所有架车动作。当处理故障后需要解除急停状态时，急需旋转并拔出该急停按钮。

确认：绿色按钮开关。关键动作的确认及整列架车时现场人员的整列同步架车确认。

车体/转架选择开关：2位自保持型旋钮型选择开关。用于选择单控车体举升单元或单控转向架举升单元。（注：该开关只在主控台侧的本地控制器上有）

上升：通过该按钮控制车体或转向架举升单元上升。

下降：通过该按钮控制车体或转向架举升单元下降。

（四）现场电气设备

现场设备主要由驱动电机、限位开关、传感器、分线盒、电缆等组成。

电机主要包括转向架单元升降电机、车体单元升降电机以及通风机电机。

限位开关及传感器主要有以下类别：上/下工作限位、上/下安全限位、螺母磨损监控开关、障碍物监控开关、车体架车单元承载监测开关、同步检测开关、车轮定位开关等，各开关、传感器的设置功能及位置见表1-4-1。

架车单元开关、传感器的设置功能表　　　　　　　　　　表1-4-1

序号	名称/规格	功能描述	所属单元	所处位置
1	名称：障碍物监控开关 规格：XCKP2118P16	举升柱下降过程中遇到障碍物时触发该开关	转向架架车单元、车体架车单元	丝杠螺母位置
2	名称：螺母磨损监控 规格：XCKP2110P16	承载螺母严重磨损或破裂时触发该开关	转向架架车单元、车体架车单元	丝杠螺母位置
3	名称：同步脉冲传感器 规格：BI10U-M12-AP6X-H1141	用于各举升柱之间同步脉冲的获得及同步控制	转向架架车单元、车体架车单元	丝杠齿轮盘部位
4	名称：托头承载指示开关 规格：XCMD2102M12	车体架车单元托头承载时触发该开关	车体架车单元	托头承载点下方
5	名称：车轮定位开关 规格：XCKP2118P16	用于确认车辆是否在架车单元上正确就位	转向架架车单元辅助轨道上首车及尾车部位	轨道桥上
6	名称：车体上下限位开关 规格：XCKP2118P16	用于举升柱上下工作限位、上下安全限位	车体架车单元	车体举升单元导向箱

分线盒用于电缆的转接与分接，装设在各转向架单元和车体架车单元的螺母盒及举升

立柱的箱体位置。

(五)限位开关与传感器

1.脉冲传感器

每个车体举升单元上安装有两个同步脉冲传感器,用来进行同步数据的获得和同步的判定。两个传感器一个用来同步控制,另一个用来同步监控,以确保系统的绝对可靠和安全。

在架车机举升单元中每个减速机输出端设置有1个脉冲传感器(共4个,1个主控,3个监控),用来采集和监控举升柱的升降高度,用于同步控制、监控升降高度。

1)举升高度测量装置工作原理

架车机举升电机通过减速机带动丝杠转动,来升降举升单元。在减速机的下方安装有凹凸形状交替的圆盘,圆盘为金属结构,一共6个凸面,6个凹面。脉冲传感器固定于支撑座上。传感器前端距离凸面7.5mm。凸面在传感器的探测距离之内,而凹面不在。举升单元升降动作时,凹凸面交替从脉冲传感器前端面通过。脉冲传感器传递感应信号给控制系统来完成计数,进而得出举升柱的高度,如图1-4-17所示。

2)传感器工作原理

固定式架车机使用的脉冲传感器品牌为"德国图尔克",类型为电感式传感器。与其相似的还有洗车机接近开关。

电感式传感器主要针对金属目标,利用电磁感应把被测的物理量(如位移、压力、流量、振动等)由电路转换为电信号通过整形放大后再转换成二进制的开关信号输出。实现非电量到电量的转换,从而达到非接触式的检测目的,如图1-4-18所示。

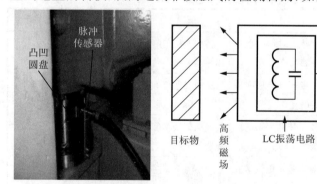

图1-4-17 同步脉冲传感器　　　　图1-4-18 原理图1

LC振荡电路能够产生高频正弦波信号,线圈L产生一个高频磁场。当目标物接近磁场,并达到感应距离时,电磁感应在目标物中产生一个感应电流(涡流)。随着目标物接近传感器,感应电流增强,金属中产生的涡流吸收了振荡器的能量,从而导致震荡器衰减,以至停止振荡。传感器利用振幅检测电路检测到振荡状态的变化,并输出检测信号(图1-4-19)。

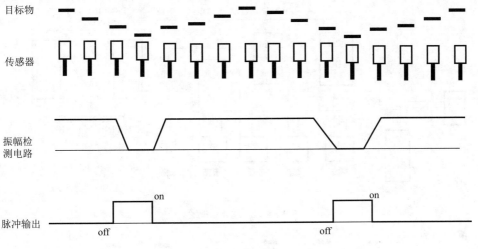

图1-4-19 原理图2

(1)技术参数

型号:Ni10U-M12-AP6X-H1141。

额定工作距离 S_n:10mm。

实际测量范围:≤（0.81× S_n）mm；实际测量范围是8.1mm，厂家通过实验确定安装合理距离为7.5mm，如图1-4-20所示。

工作电压:10～30VDC，架车机上工作电压:24VDC。

输出性能:3线直流，常开触点，PNP。

开关状态指示:LED指示灯，黄。

PNP和NPN型的差别只在负载的另一端在电源正端还是负端。

(2)接线图(图1-4-21)

图1-4-20 脉冲传感器放大图

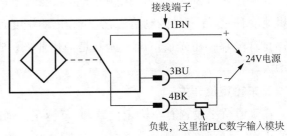

图1-4-21 接线图

(3)工作原理(图1-4-22)

丝杆的型号为Tr75×12，型号中的"12"表示丝杆每旋转一圈，升降的高度为12mm，如图1-4-23所示。在减速机的下方安装有凹凸形状交替的圆盘，一共6个凸面，6个凹面。丝杆旋转一周，经过6个凸面和6个凹面，共升降12mm。所以，脉冲每变化一次，举升单元升降1mm。

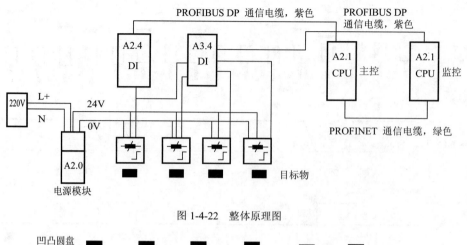

图 1-4-22 整体原理图

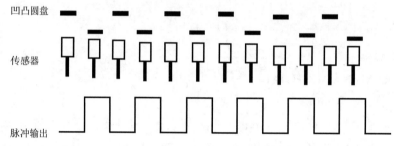

图 1-4-23 工作原理

PLC程序中设置举升高度超差报警值为：同一转向架超差5mm；不同转向架超差20mm；不同车体超差20mm。举升高度监控是通过脉冲传感器，将信号反馈给PLC，PLC计数来实现的。例如，某城市轨道交通一号线固定式架车机目前的举升高度超差报警的原因主要是因为脉冲传感器计数错误引起的，更换故障传感器后，此类故障很少再发生。

其他客观原因：一是驱动电机特性不一致，电机速度有快慢；二是单机负载不一致，导致电机速度有差异；三是因制造工艺影响，传动精度有差异；四是单机惯性不一致，电机在启动和停止阶段都存在先后情况。尤其是当作业人员在多次点动操作时，更容易造成同步误差的增大。

2. 车轮定位开关

在轨道桥上设置有车辆定位装置，车辆在正确的位置停止后，轮对的轮缘部分触发车辆定位机构。只有在车辆正确对位后，控制系统才允许架车机动作，如图1-4-24所示。

3. 托头承载指示开关

车体举升柱托头上部承载面上设置限位开关。车体举升柱上升到和车体上的抬车垫板接触并承载时，触发限位开关，车体举升单元自动停止上升，避免在车体举升柱上升时对车辆造成破坏。

4. 螺母磨损监控开关、障碍物监控开关

在车体架车单元和转向架架车单元双螺母安装位置，装有障碍物监控开关和螺母磨损

监控开关。

障碍物监控开关的功能是在举升柱下降过程中遇到障碍物时触发该开关。

螺母磨损监控开关的作用是在承载螺母严重磨损或破裂时触发该开关,系统可以自动报警并触发控制系统自动停机,如图 1-4-25 所示。

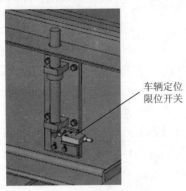 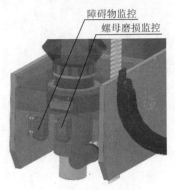

图 1-4-24　车辆定位限位开关　　　图 1-4-25　障碍物监控开关、螺母磨损监控开关

5. 车体上下限位开关

在车体和转向架导向箱上,有上上限位、上限位、下限位和下下限位。上上限位和下下限位也称为安全限位。上限位和下限位称为工作限位。安全限位在工作限位失效后,对设备和人身安全的保护,如图 1-4-26、图 1-4-27 所示。

图 1-4-26　上下限位开关实物图

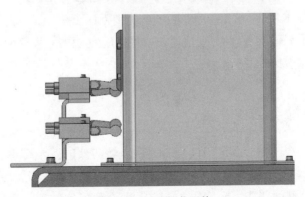

图 1-4-27　上下限位开关

第五节　电气原理图

固定式架车机的电气控制系统主要由 1 个位于地面的主控制柜、12 个位于地坑内的分控柜及部件上的各类电气部件组成。

一、安全回路

主柜控制回路中主要体现了安全继电器电气原理。在安全继电器的供电回路上，依次串联着钥匙开关 S0、系统运行旋钮 S1、主控台急停按钮 S11、各分柜急停按钮、PLC 急停继电器 11K1 常闭触点、相序保护继电器 NC 触点、1K1、1K2、2K1、2K2 的常开触点，串联的 1K1、1K2、2K1、2K2 常开触点与 S13 旁路钥匙开关并联；在安全继电器的工作回路上，依次串联着故障复位继电器 10K1 的 NO 触点、3K1、3K2、4K1、4K2 的常闭触点、各分柜运行接触器常闭触点。

其中，1K1、1K2、2K1、2K2 为升降急停检测继电器，线圈与各分柜的上升停止 KU1、下降停止 KL1 的常开触点串联，KU1 用于检测各分坑的上上限位、螺母磨损限位触发情况，KL1 用于检测下下限位、障碍物检测限位开关触发情况，上述所有限位未触发时 KU1、KL1 得电，1K1、1K2、2K1、2K2 的常开触点闭合；3K1、3K2、4K1、4K2 用于检测上升按钮、下降按钮是否触发，如按下车体升、转向架升则按钮则 3K1、3K2 线圈得电，如图 1-4-28 所示。

正常情况下，打开钥匙开关、系统运行旋钮，所有急停按钮未按下，所有安全限位未触发，PLC 急停及相序无异常，则供电回路接通；分柜运行接触器不得电、上升下降按钮未按下、开机后故障复位继电器 10K1 接收到 PLC 的信号，则安全继电器的工作回路接通。此时安全继电器 KS1 线圈得电吸合，POWER 灯亮。安全继电器 KS1 工作后，Y1、Y2 回路可以断开。此时 KSA1、KSA2 得电。KSA1，KSA2 控制的是 24V 电源 DC1（RCC1 图中，A3.0 发出）能否接通 PLC 输入模块，DC1 → KSA1/KSA2 → DC2 → PLC 输入模块。此路为分柜电源连锁，如果 KSA1，KSA2 不得电，系统则无法上电。

当发生转向架或车体触发上上限位时，用钥匙开关 S13 ＋故障复位按钮，使得系统上电。故障复位按钮使得 10K1 得电。

二、升降急停检测回路

上升急停检测回路中，转向架（CH1）上上限位、转向架的四个螺母磨损限位开关互相串联，再先后与两个车体举升的上上限位与螺母磨损限位开关串联，最后与 KU1 线圈串联构成回路。下降急停检测回路中，下下限位与障碍物检测限位开关互相串联，最后与 KL1 线

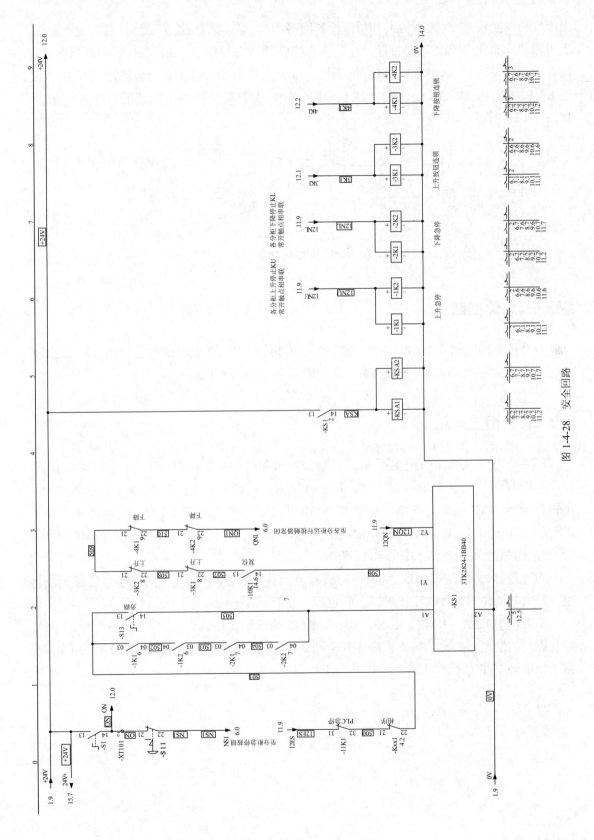

图 1-4-28 安全回路

圈串联构成回路,串联顺序与上升急停检测回路相似。从障碍物检测、螺母磨损、上上限位、下下限位均有进入PLC输入的信号,在操作屏硬件状态界面显示相应状态,状态指示在限位开关未触发时显绿、触发时显红,给予操作维护人员指示。若无安全检测限位开关触发,则KU1、KL1得电,1K1、1K2、2K1、2K2得电、接到安全回路中的辅助常开触点闭合,如图1-4-29所示。

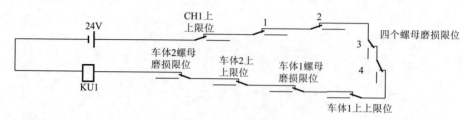

图1-4-29 升降急停检测回路

三、急停回路

各分坑本地控制器上均有急停按钮,所有急停按钮串联在安全继电器的供电回路上,并与相应的PLC输入点相连,可在操作屏硬件状态界面查看相应状态。

四、分柜主电路

以单坑为例,分控柜主电路主要为转向架电机和两个车体电机供电,如图1-4-30所示。其中,KM1为上升接触器;KM2为下降接触器;KM3为转向架电机接触器;KM4为车体1电机接触器;KM5为车体5电机接触器。当按下主控台上车体升、转向架升或者本地控制器上的上升按钮时,PLC输出模块输出信号,上升接触器吸合,车体或转向架升降接触器吸合,相应的举升单元动作,如图1-4-31所示。

上升接触器、下降接触器之间设有互锁,当上升接触器动作时,下降接触器线圈无法得电。转向架动作与车体动作接触器之间也设有互锁。

所有坑中KM1、KM2、KM3、KM4、KM5的常闭辅助触点相互串联,与上升、下降按钮状态检测继电器的常闭触点串联在安全回路中,开机后,架车机不动作,升降按钮未按下,常闭辅助触点都闭合。

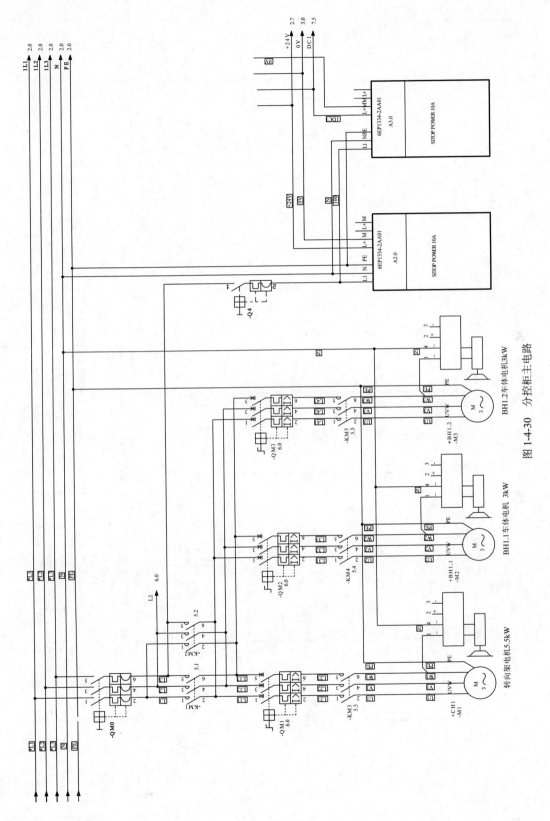

图1-4-30 分控柜主电路

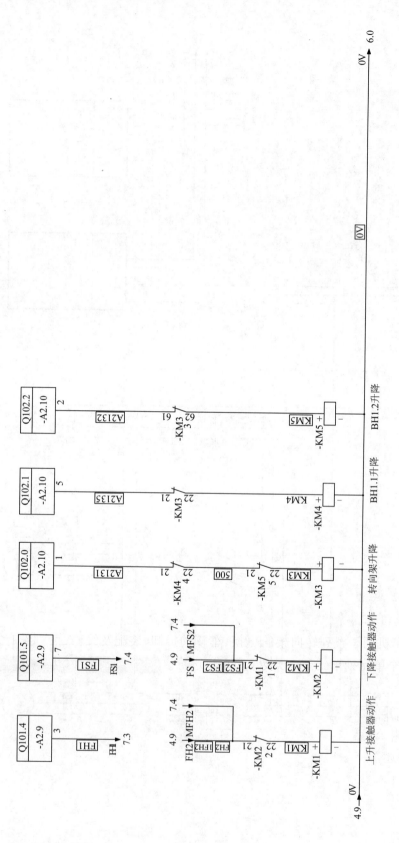

图 1-4-31 分柜主电路接触器线圈接线

第五章　移动式架车机

> **岗位应知应会**
>
> 1. 了解移动式架车机的技术参数。
> 2. 熟悉移动式架车的结构。
> 3. 掌握移动式架车机的各部分的功能。
>
> **重难点**
>
> 移动式架车机的各部分的功能。

　　本章的学习目的是让读者学习移动式架车机的主要技术参数、结构及功能；教学目标是读者学完本章后需熟知移动式架车机的主要技术参数、主要结构及功能；移动式架车机设备整体坐落地面上，每个举升柱结构全部相同且结构较为简单，所以本章学习较为容易，学习的重点应放在对设备主要结构及功能的理解上。

第一节　概　　况

　　移动式架车机因其能够在地面上移动而得名，它能够满足不同车型的城市轨道交通车辆的架车作业。移动式架车机种类比较多，主要有进口和国产两类。生产移动式架车机的国外厂家有德国 Windhoff、德国 Neuero，国内厂家有青岛四方车辆研究所有限公司、北京新联铁科技有限公司、唐山百川智能机器公司、中铁工程设计研究院等。

　　移动式架车机用于整列转向架的更换、车辆的拆卸、装配及维修，可对没有解钩的整列车(6节)、一个单元列车(3节)以及单节车辆进行架车作业。每套移动式架车机组由24台移动式架车机和一套电气及控制系统组成。本章以青岛四方车辆研究所有限公司生产的 YJCJ-C-HE1 型移动式架车机为例，阐述了移动式架车机的技术参数、结构与功能。如图 1-5-1 所示，移动式架车机正在架车作业。

图 1-5-1　移动式架车机

第二节 技术参数

YJCJ-C-HE1 型移动式架车机主要技术参数如下。

一、基本参数

额定功率：80kW。

工作电压：3 相 5 线制 380V，AC220/380V。

控制电压：AC 220V，DC 24V。

设备最大噪音：＜60dB。

设备整机寿命：30 年。

起重能力：单台架车机的起重量 100kN；整套设备总起重量 2400kN。

架车最高位置：2250mm。

升降速度：约 324mm/min。

整套设备升降同步误差：±3mm/m。

二、举升电机参数

型号：德国 NORD 生产的 SK4282AZG-100LA/4Bre40HLRGWE。

名称：平行轴斜齿轮减速电动机。

安装方式：M4。

电压/频率：3AC380V 50Hz。

额定功率：3.0kW。

输出转速：27rpm。

输出扭矩：1194N·m。

绝缘等级：F。

防护等级：IP55。

电机额定电流：8.3A。

润滑油：矿物油，ISOVG220。

制动力矩：60N·m。

制动电压/频率：220V 50Hz。

第三节 结构及功能

一、基本功能

（1）全套设备由 6 组移动式架车机组组成，每组移动式架车机组由 4 台移动式架车机组成,每组移动式架车机组可架起一节车。架车机组起升时均匀同步,能同时架起1节、一个单元或整列城市轨道交通车辆车体。

（2）设备设有单台架车机本地控制箱和总控制台。单台架车机本地控制箱控制单台架车机的升降,主要用在初始对位加载时使用。总控制台能控制1组、2组、3组或整列6组架车机的同步升降。

（3）单台架车机本地控制箱与总控制台具有动作互锁功能。在本地控制箱获得总控制台的授权后,才能控制单台架车机的升降。此外,在架车机组同步运行的某个阶段需要辅助人员按下本地控制箱上的确认按钮,主控台操作人员才能控制架车机组继续同步升降。单台架车机本地控制箱与总控制台之间电缆采用暗敷方式,并预留备用线路。

（4）移动式架车机设紧急停车就地控制按钮：当工作中的任一移动式架车机的急停按钮被按下时,所有协同工作的其他移动式架车机全部同时停机。

（5）每台移动式架车机的电动机规格、型号一致,各台移动式架车机电动机尽量采用同一批次产品,相对转差不大于10r/min。架车机组工作时,各台移动式架车机的电动机动作灵敏可靠,并有完善的同步控制和安全保护措施。

（6）每台移动式架车机均配有可伸缩走行轮,可在车间内地面上人工移动（不设走行轨）。每台移动式架车机还可通过起重机吊运。

（7）每台移动式架车机的升降高度可在规定范围内任意调节。

二、机械系统结构

机械系统结构主要包括机架、承载构架、托头、走行机构、驱动部分等组成。各部分详细组成如图1-5-2所示。

（一）机架

机架由型钢及钢板焊接加工而成,是承载构架和托头的载体。导向面经过精密加工并做防腐处理。在机架的两侧设置了叉车专用的吊装孔,方便移动和吊装作业,如图1-5-3所示。

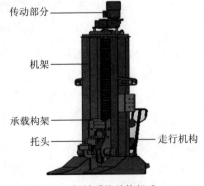

图1-5-2 机械系统结构组成

图1-5-3 机架

(二)承载构架

承载构架由构架、承载导向轮、托头导向轮、凸轮导向轴承和齿轮齿条调节机构组成,作为托头的载体,在丝杠丝母的驱动下和托头一起沿机架立柱垂向升降,如图1-5-4所示。

(三)托头

托头主要包括托头主体、挡块、齿条和承压板等。

托头的承压板下部安装有承载指示传感器,确保在对位时,托头和车体接触并承载后自动停机,如图1-5-5所示。

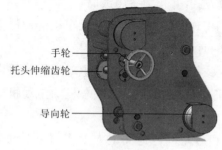

图1-5-4 承载构架

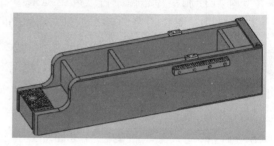

图1-5-5 托头

(四)传动部分

传动部分包括电机减速机、丝杠/螺母传动系统、轴承、润滑器、障碍物监测开关、螺母磨损监测开关等,如图1-5-6所示。

丝杠/螺母传动系统采用了包括承载螺母和安全螺母的双螺母设计,两螺母之间设定的初始为间隙$X=10mm$,当两螺母之间距离减小到7mm时,这时必须更换承载螺母。如果继续磨耗到螺母磨损极限时,系统可以自动报警并触发控制系统自动停机。为此,丝杠螺母之间的距离应每年测量一次,并填写记录表,以便掌握螺母的磨耗情况,及时准备备件。每套丝杠/螺母传动系统均设有自动润滑装置,维护方便,只需定期补充润滑油(见图1-4-11)。

每套丝杠/螺母传动系统均设有自动润滑装置,润滑装置采用单点自动注油设计(自动注油器100ml,内装壳牌高温合成脂),能根据设定的时间自动对系统进行润滑。该润滑器特点为主动式润滑管理,可任意安装在任何需要润滑的地方,可根据设备的使用频繁程度调整出油口的大小(共5挡,其中1挡最慢,5挡最快)。正常使用后打到1挡上,也可根据使用情况调整出油口的大小。油脂用完后从注油口用黄油枪打入油脂即可,也可用润滑器的备

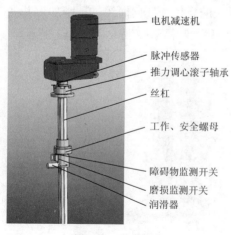

图1-5-6 传动部分

品备件注油后进行更换。此套自动润滑装置和固定式架车机类似。

(五)走行机构

图 1-5-7 搬运手柄

走行机构包括液压升降机构和走行轮及搬运手柄,如图 1-5-7 所示。

移动式架车机需要移动位置时,将控制把手压到最低位置,然后将搬运手柄往下压几次直到移动式架车机离开地面,然后将控制把手置于中间位置,拉动手柄进行移动,移动到位后,缓慢地将控制把手拉到最高位置,直到架车机底面和底面接触。

三、电气控制系统

(一)概述

移动式架车机电气控制系统主要由硬件和软件两大部分组成。其中,硬件系统主要包括主控柜、本地控制盒和现场电气设备组成;软件系统主要包括触摸屏软件和 PLC 软件。软件部分在这里不再一一讲解。

(二)硬件部分

1. 主控柜

设备设置一个主控柜(主操作台)和两个分操作台。

主控柜内设有为各架车机供电的电路、触摸屏、主控 PLC/监控 PLC 和控制电路、信号指示等。触摸屏作为 PLC 的人机界面,用于 PLC 参数的设置、架车机的操作与状态显示、报警提示等任务。

控制系统采用双 PLC 结构,其中主控 PLC 采用西门子 S7-300 系列产品作为控制系统的核心,用于完成整个系统的功能选择、位置检测及逻辑控制;监控 PLC 采用西门子 S7-300 系列产品作为监控系统的核心,用于对整个系统的升降状态及高度脉冲等进行监控。

架车机有联控模式、单控模式和检修模式。

联控模式:用于操作若干组移动式架车机同步升降,是系统的主要工作模式。

单控模式:用于操作单个移动式架车机,主要用来进行对位加载。

检修模式:主要在检修时解除各种连锁关系以便于排除各种故障,要求使用人员具有一定的权限。

2. 现场电气设备

现场设备主要包括驱动电机、限位开关、本地控制盒、电缆等组成。

限位开关主要有以下类别:上/下工作限位、上/下安全限位、螺母磨损监控开关、障碍物监控开关、承载监测开关、同步检测开关等,各限位开关设置功能及位置如图 1-5-8、图 1-5-9 及表 1-5-1 所示。

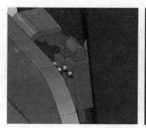  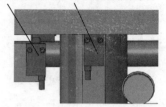

图 1-5-8　上下限位开关　　　　　　　图 1-5-9　螺母磨损监控开关、障碍物监控开关

限位开关功能表　　　　　　　　　　表 1-5-1

序号	名称 / 规格	功 能 描 述	所属单元	所处位置
1	名称：障碍物监控开关 规格：XCKP2118P16	举升柱下降过程中遇到障碍物时触发该开关	车体架车单元	丝杠螺母位置
2	名称：螺母磨损监控 规格：XCKP2110P16	承载螺母严重磨损或破裂时触发该开关	车体架车单元	丝杠螺母位置
3	名称：上下限位开关 规格：XCKP2118P16	用于举升柱上下工作限位、上下安全限位、	车体架车单元、	机架上部和中下部
4	名称：同步监控开关 规格：BI4U-M12-AP6X-H1141	用于各举升柱之间同步脉冲的获得及同步控制	车体架车单元	丝杠顶端
5	名称：托头承载指示开关 规格：XCMD2102M12	车体架车单元托头承载时触发该开关	车体架车单元	托头承载点下方

第六章 列车自动清洗机

岗位应知应会

1. 了解洗车机的技术参数。
2. 熟悉洗车机各部分的结构。
3. 掌握洗车机各部分的功能。

重难点

洗车机各部分的结构及功能。

第一节 概 述

城市轨道列车长期在隧道、地面或高架线路上高速运行,车体表面会吸附很多灰尘或油污,长期积累后影响车辆外表面美观性,应及时清洗车身两侧及端面。

列车自动清洗机(简称洗车机)适用于清洗城市轨道交通列车外表面的灰尘、油污及其他污渍。通过水、清洗剂及清洗刷的作用自动清洗列车的两侧、端部,包括车门和车窗玻璃。列车自动清洗机由刷洗系统、电控系统、监控系统、水供给系统、洗涤剂供给系统、水循环系统等组成。采用列车自行牵引、以 3km/h 的速度通过清洗线洗刷的形式,自动进行列车两侧及端部的刷洗和冲洗工作。清洗后车体外表面无灰尘、泥土和其他附着物。列车自动清洗机能够自动完成列车两侧及端部的清洗工作,能选择是否使用清洗剂清洗,同时具有工位选择功能。

城市轨道交通车辆段洗车机常见厂家有哈尔滨威克轨道技术开发有限公司(哈威克)和北京新联铁科技股份有限公司(新联铁)。两个厂家各有侧重,哈威克生产的洗车机在城市轨道交通市场占据份额较大,新联铁在铁路市场占据份额较大。两个品牌的洗车机功能大致相同,结构略有差别。下面以哈威克生产的型号为 VEIC-ZZ1ZD 的洗车机为例,对洗车机的结构功能、技术参数以及操作、维护进行介绍,如图 1-6-1 所示。

图 1-6-1 洗车机

第二节　主要技术参数

清洗能力：20min/列（可连续工作）。
总功率：80kW。
列车运行速度：3km/h。
压缩空气压力（设备自带空压机）：＞0.4MPa。
供给水压力：＞0.1MPa。
供水管径：DN65。
耗水量：500L/列。
洗涤剂耗量：0～4L/列。
洗涤剂种类中性洗涤剂：PH6-8。
电源（三相五线制）：AC 380V。

第三节　结构及功能

洗车线各清洗工位主要由预湿工位 PR1、洗涤剂涂抹工位 BS1、端洗工位 BE、初刷洗工位 BS2、侧顶弧刷洗 BA、次刷洗工位 BS3、初冲洗工位 R1、精刷洗工位 BS4、终冲洗工位 R2、冷风幕 N1、热风幕 N2 组成。

一、喷淋系统

（一）预湿工位

1. 结构

洗车机的预湿工位安装在车辆进库端的轨道两侧，在车辆进库时对车体进行循环水喷淋，立柱标准方钢焊接而成，经热浸锌防腐处理后表面喷日本关西涂料厂生产的重防腐底漆和面漆。喷嘴为专用不锈钢喷嘴。

2. 功能

夏季对车体外表面进行预冷，喷嘴喷出扇形水柱，以降低车体外表面的温度，使预湿系统喷出的洗涤剂不至于挥发；冬季对车体表面进行预热，增强了洗涤效果，喷嘴喷出的是循环水，预湿系统左右各放置一套。

（二）洗涤剂涂抹工位

洗涤剂喷淋工位 BS1 的作用是给车体涂抹洗涤剂，喷嘴喷出循环水与洗涤剂的混合物。

（三）冲洗工位

冲洗工位包括初冲洗和终冲洗两道工序。初冲使用循环水，终冲使用清水。清水终冲洗采用电软化水，去除车体残留的洗涤剂和污垢。清水通过干燥剂泵添加干燥剂，防止车窗玻璃上残留水渍（垢）。

立柱采用标准方钢焊接而组成，经热浸锌防腐处理后表面喷日本关西涂料厂生产的重防腐底漆和面漆，喷嘴为专用不锈钢喷嘴。

二、侧面刷洗系统

侧面刷洗系统包括初刷洗 BS2、侧顶弧刷洗 BA、次刷洗 BS3、精刷洗 BS4 四道工序。其结构和工作原理相同，初刷洗喷嘴喷出洗涤剂与循环水混合物，侧顶弧刷洗、次刷洗、精刷洗喷嘴喷出循环水，如图 1-6-2 所示。

1. 结构

立柱由标准方钢焊接而成，经热浸锌防腐处理后表面喷日本关西涂料厂生产的重防腐底漆和面漆。立柱上装有一个可转动摆臂，摆臂上装有一个垂直的刷体，顶部装有减速机。摆臂外侧装有气缸，内侧装有弹簧缓冲器，喷嘴为专用不锈钢喷嘴。

2. 功能

通过旋转的刷体让刷毛作用于车辆外表面，使涂抹工位的洗涤剂充分乳化，与车体污渍进一步反应，从而达到去除污渍的目的。刷子与车体的接触压力通过调整后固定，通过气缸与缓冲弹簧的相互作用，来调整刷毛的接触深度，既可保证清洗效果，又不损伤车辆表面油漆。

图 1-6-2　侧顶弧刷

三、端面刷洗系统

端面刷洗系统由端面刷洗工位组成。

1. 结构

列车自动清洗机端部刷洗机构由左右两个沿轨道纵向移动的龙门架、可垂直摆动 90°的刷组、驱动／传动机构、喷水装置等组成。通过 PLC 自动控制，使刷轴中心线运动轨迹拟合车体端部轮廓,来实现列车前后流线型车头两端表面的仿形刷洗,做到对流线型车头实施无死角刷洗。水平端刷置于可轨向行走的机架上。立柱和机架采用标准型钢焊接而成,刷轴采用铝合金拉成标准方管,其他件为不锈钢材质;刷毛的成分由 PE、PA 组成,断面呈 X 形,表面可含清洗液,耐磨损且不伤油漆。

2. 功能

列车走行至端部刷洗工位后,根据指示信号停车,系统检测到车辆停位是否准确。如果车辆停在允许范围之外(±1.0m),系统提示司机重新调整位置。当列车停止等待清洗端面时,刷轴旋转 90°呈水平状态,通过提升系统的匀速运动与经变频调速后的水平走行运动合成,使水平刷运动轨迹拟合车体端部轮廓,并通过功率传感器监控刷子旋转时刷毛与车体的接触压力,以达到最佳清洗效果。同时,刷子上带有的喷水支架上的喷嘴喷出洗涤剂和循环水,从而完成对端部表面的清洗。通过建立不同车头端面轮廓曲线的数据库,并存储在系统程序中即可实现多种不同流线型车头的端面刷洗功能。

在对列车端部进行仿形清洗时,如果压力传感器发生故障,刷头的走向不会造成车头的损伤。系统选用压力传感器带有通信功能(PROFIBUS)功能,控制中心时刻监控压力传感器的工作状态,PROFIBUS 网络亦会实时监测每个节点通信是否正常,如果压力传感器发生故障,系统将会停止工作,并触发报警。

四、水供给系统

水供给系统由循环水供给系统和清水供给系统组成,每个水泵在整个清洗过程中,对每个供水点的要求不同,分别维持稳定的压力和流量下工作,以提高洗车效果,要求每个供水点采用独立的水泵供水。出水管道安装有压力继电器和压力表,当压力低于 0.1MPa 时,系统报警,不能正常洗车。

清水供给系统由水箱(4m³)、离心水泵、管路、阀门、电子疏水器、压力表、压力继电器、液位计等组成。水泵选用丹麦 GRUNDFOS 水泵;阀门选用进口电磁阀及气控水阀。管路及阀门全部采用不锈钢和 PP-R,如图 1-6-3 所示。

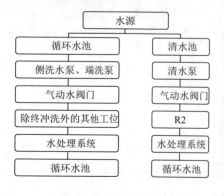

图 1-6-3 清水箱

循环水供给系统由循环水池、液位计、泵前补水箱、离心水泵、管路、阀门、压力表、压力继电器组成。离心水泵又分为侧洗水泵和端洗水泵。

泵前补水箱的作用是离心式水泵在启动前,如果不先将泵内和吸水管内灌满水,那么启动时,叶轮只是带动泵内的空气旋转。因空气的密度很小,由此产生的离心力也很小,不能把泵内和吸水管内空气全部排除,叶轮入口处就始终形成不了真空,因而水也就吸不上来。如果在启动前先将泵内及吸水管内灌满水,因为水的密度比空气大得多,叶轮旋转时就能产生较大的离心力,以便吸水和压水,如图 1-6-4 所示。

图 1-6-4　各类水泵

五、水循环系统

为提高洗车用水的利用率,实现节约用水的目的并实现多余的废水排放达到标准水平,洗车机采用一系列水处理措施对回收水进行处理。电客车被清洗后循环水通过地沟、集水坑、导流管依靠重力自流到回收池,慢流到沉淀池;循环水经过沉淀后经过滤网过滤,进入除油池。在除油池,循环水表面的油污、泡沫经过刮油设备被排到库外,循环水进入曝气生化池。在曝气生化池经过好氧细菌分解有机物后,循环水进入集水池。经提升泵提升到机械过滤器,在输送管内进行加絮凝剂,以加速水中杂质的絮凝,循环水再进入活性炭过滤器进行吸附,去除杂质。最后进入回用水池,洗车循环水水经过沉淀、除油、生化后,满足洗车用水标准,从而实现循环水再利用的目的,水处理设备的处理能力为 8t/h,回用率达 80% 以上,洗车废水排放符合郑州市生产废水排放标准,如图 1-6-5 所示。图 1-6-6 为过滤罐。

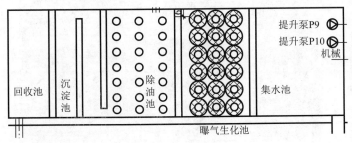

图 1-6-5　水处理示意图

图 1-6-6　过滤罐

六、洗涤液供给系统

系统由计量泵,管路、阀门(安全阀、止回阀、球阀)及洗涤剂罐组成,向主供水管路定量供给洗涤剂。洗涤剂为中性不含磷有机溶剂,不会损伤车体表面油漆,不会对车体结构、密

图 1-6-7 洗涤剂泵

封橡胶、轨道及相关设备造成潜在损伤,也不会对环境和水质造成污染。

计量泵及其附件选用德国 Prominent 的产品,计量泵可以起到泵、流量计和控制器的作用,计量泵是通过改变泵行程、泵速来两种方式调节流量的,在洗车机洗涤剂泵是通过前者来调节流量。计量泵可以从零流量至额定流量范围内任意调节,且排出流量不受排出压力的影响,如图 1-6-7 所示。

七、压缩空气供给系统

压缩空气供给系统由空气压缩机(空压机)、储气罐、气动两联件、气控电磁阀集成块、管路等组成,如图 1-6-8 所示。

空压机是气动系统的动力源,它把电动机输出的机械能转换成气压能输送给气动系统。洗车机的空压机为罗德康普生产的 LBB-1.1/0.8 型螺杆式空压机。空压机驱动电机功率为 7.5kW,型号代表排气量为 $1.1m^3/min$,排气压力为 0.8MPa。此空压机为风冷式双螺杆式压缩机。此压缩机设定的加载压力为 0.55MPa,卸载压力为 0.72MPa;风机启动温度为 78℃,风机停止温度为 73℃。

储气罐容积为 $0.6m^3$,是简单压力容器,上面装有安全阀,下面装有排气阀,如图 1-6-9 所示。

气动两联件由空气过滤器、减压阀组成,减压阀设置的压力为 0.4MPa,如图 1-6-10 所示。

图 1-6-8 空压机

图 1-6-9 储气罐

图 1-6-10 气动两联件及电磁阀组

八、WINCC 系统

在 WinCC 系统中,可监控洗车设备运行状态和实时监视洗车全过程。控制系统主机选用工业控制计算机控制,并具有设备选择显示洗车工序、水供给工序流程、工作状态、故障报警等显示功能;系统集成设备流程显示菜单,可显示洗车过程中刷组的旋转摆臂,水泵运行,喷嘴喷水、信号灯、光电开关、液位传感器等显示状态的信息,可以直观地了解洗车过程中各工位的工作状态。

九、控制系统

洗车机具有完备安全监控系统,有实时监控故障、报警、分析等功能。当清洗机主要部件失效,故障报警系统将及时提供声音、光、文字显示三种基本报警方式,避免造成不必要的损失。信息显示屏采用24寸液晶显示器。故障报警系统由声光报警器组成,在洗刷间前、后及控制室内各设一套蜂鸣器及黄色闪烁报警灯。控制系统由控制柜、配电柜、操作台、工控机等组成。

洗车机配备有两套PLC系统,主柜PLC和水处理PLC。水处理PLC采用西门子S7-1200,负责水处理流程的过程控制;主控PLC采用西门子S7-300,负责洗车流程的过程控制,如图1-6-11所示。

图1-6-11 水处理PLC

十、监控系统

监控系统由摄像头、网络交换机、刻录机、高清视频转换器、显示器等组成,能够满足20d的洗车录像的存储与调用,如图1-6-12所示。监控系统采用日本松下工业现场闭路监控系统。在洗车区域设置6个网络控制摄像单元,监控车辆入库、出库、前后端洗、侧面刷洗、喷淋等机构工作情况,如图1-6-13所示。

图1-6-12 入库摄像头

图1-6-13 监控画面

十一、信号灯

洗车机配备设有四组信号灯,分别为入库信号灯 F1(红、绿)、前端清洗信号灯 F2(红、黄、绿)、后端洗信号灯 F3(黄、绿、红)、禁止方向入库信号灯 F4(红、绿),如图 1-6-14 所示。清洗列车时,司机除了遵守线路上信号灯外,还要遵守设备信号灯,其中红灯代表禁止通行,绿灯代表允许通行,黄灯代表警示作用,提醒司机准备停车,为绿灯和黄灯之间的过渡灯。各信号灯的功能见表 1-6-1。

信号灯状态　　　　　　　　　　　　　表 1-6-1

挡位	F1	F2	F3	F4
停止	红	红	红	红
自动有端洗	绿	红	红	红
自动无端洗	绿	绿	绿	红
手动	不亮	不亮	不亮	不亮

十二、光电开关

洗车机光电开关发射端采用单个 LED 指示灯,指示灯为绿色,指示灯常亮代表光电开关供电正常;接收端采用双 LED 指示灯,指示灯分别是绿色灯和黄色灯;绿色灯闪烁代表输出电流过载,黄色灯常亮代表常开输出,黄色灯闪烁代表传感器光轴偏离,如图 1-6-15 所示。

图 1-6-14　F2 信号灯

图 1-6-15　光电开关发射端仰视图

光电开关在洗车机设备中起到至关重要的作用。光电开关有发射端和接收端,分别安装在轨道两侧的墙面上,当列车进入洗车库后,车体阻断光电开关发射端发出的红外光线,进而接收端产生开关信号。同时,将信号传输给 PLC 输入单元,经过 CPU 单元的逻辑分析,输出模块使相应的电磁阀得电,进而引起洗车机后续的动作。洗车机共配备 7 对光电开关。其中 TP1 位于入库端处,TP2～TP7 位于库内。下面讲述这 7 对光电开关的作用。

在有端洗的情况下,当车头经过 TP1 时,触发预湿工位喷水;洗涤剂涂抹工位摆出、旋转和喷水;前端洗信号灯 F2 绿灯灭、黄灯亮,提醒司机有端洗注意即将停车。

车头经过 TP2 后,触发预湿工位、洗涤剂涂抹工位恢复原位,前端洗信号灯 F2 黄灯灭、红灯亮,司机停车。此时触发 TP2 未触发 TP3,系统启动端洗机构进行前端洗。

前端洗过程结束后,前端洗信号灯 F2 红灯灭、绿灯亮,触发预湿工位喷水;洗涤剂涂抹工位摆出、旋转和喷水。

列车前行,车体触发 TP5,系统依次延时启动初刷洗、侧顶弧刷洗、次刷洗、初冲洗、精刷洗、终刷洗各工位。

列车前行,车体触发 TP6,系统依次延时启动冷风幕、热风幕工位。

列车前行,车体复位 TP2,系统使预湿工位、洗涤剂涂抹工位恢复原位,后端洗信号灯 F3 绿灯灭、黄灯亮。

列车前行,车体复位 TP3,后端洗信号灯 F3 黄灯灭、红灯亮。

此时停车,车体触发 TP4,复位 TP3,系统启动端洗机构进行后端洗。

后端洗过程结束后,后端洗信号灯 F3 红灯灭、绿灯亮,依次启动初刷洗、侧顶弧刷洗、次刷洗、初冲洗、精刷洗、终刷洗、冷风幕、热风幕各工位。

车体复位 TP5 后,依次延时关闭初刷洗、侧顶弧刷洗、次刷洗、初冲洗、精刷洗、终刷洗各工位。

车体复位 TP6 后,依次延时关闭冷风幕、热风幕工位。

车体复位 TP7 后,关闭全部工位,洗车结束。

光电开关有着比机械开关更可靠、使用寿命更长的优点,根据洗车机光电开关所处的工作环境及使用情况,目前主要存在以下问题。

1. 传感器光轴偏移

光电开关的安装座的松动会造成传感器光轴偏离的情况发生,开机后接收端接受不到发射端的光线,从而导致系统报警。

安装座的松动有可能是维护保养时人为或者是安装不牢固由于自重造成的偏移。当光轴偏移时,接收端的黄色指示灯不亮。经试验,两组人分别在发射端和接收端同时调整,较为容易调整到位。当调整到位后,接收端的黄色指示灯常亮。一旦调整到位后,无此类故障时,不要轻易去调整。另外在维保时要缓慢、轻轻地擦拭光电开关。

2. 环境干扰

首先,郑州的气候干燥、少雨,造成空气中粉尘颇多。由于 TP1 位于库外,粉尘更易聚集在传感器探头表面,阻碍光线对射。其次,当外界湿度较大时,在洗车前的试机过程中,水雾弥漫在洗车机库房内不容易扩散,这可能会阻碍光线对射。再次,冬季天气寒冷,TP1 的探头表面易凝结成霜。最后,各种异物附着在探头表面也会阻碍对光线的传输。

因此,对环境问题造成的影响采取了以下防范措施:

(1)在检修过程中,要对传感器探头表面进行擦拭,确保干净无污物。

(2)操作人员在使用洗车机前要按使用要求提前开机一段时间,并检查洗车机各工位是否正常,提前处置(如光电开关表面有异物及时清除)。

(3)检修人员定期对洗车区域内卫生进行打扫,如碎屑、树叶、动物羽毛等,排除光电遮挡异物来源。

第四节 常用电气元件

对电动机和生产机械实现控制和保护的电工设备叫做控制电器。控制电器的种类很多,按其动作方式可分为手动和自动两类。手动电器的动作是由工作人员手动操纵的,如刀开关、组合开关、按钮等。自动电器的动作是根据指令、信号或某个物理量的变化自动进行的,如中间继电器、交流接触器等。

一、刀闸开关

刀开关又叫闸刀开关,一般用于不频繁操作的低压电路中,用作接通和切断电源,或用来将电路与电源隔离,有时也用来控制小容量电动机的直接起动与停机。刀开关由闸刀(动触点)、静插座(静触点)、手柄和绝缘底板等组成,如图1-6-16所示。

刀开关种类很多。按极数分为单极、双极和三极;按结构分为平板式和条架式;按操作方式分为直接手柄操作式、杠杆操作机构式和电动操作机构式;按转换方向分为单投和双投等。

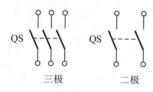

图1-6-16 刀开关符号

刀开关一般与熔断器串联使用,以便在短路或过负荷时熔断器熔断而自动切断电路。刀开关额定电压通常为250V和500V,额定电流在1500A以下。

安装刀开关时,电源线应接在静触点上,负荷线接在与闸刀相连的端子上。对有熔断丝的刀开关,负荷线应接在闸刀下侧熔断丝的另一端,以确保刀开关切断电源后闸刀和熔断丝不带电。在垂直安装时,手柄向上合为接通电源,向下拉为断开电源,不能反装。

刀开关的选用主要考虑回路额定电压、长期工作电流以及短路电流所产生的动热稳定性等因素。刀开关的额定电流应大于其所控制的最大负荷电流。用于直接起停3 kW及以下的三相异步电动机时,刀开关的额定电流必须大于电动机额定电流的3倍。

二、组合开关

组合开关又叫转换开关,是一种转动式的闸刀开关,主要用于接通或切断电路、换接电源、控制小型鼠笼式三相异步电动机的起动、停止、正反转或局部照明。

组合开关有若干个动触片和静触片,分别装于数层绝缘件内,静触片固定在绝缘垫板上,动触片装在转轴上,随转轴旋转而变更通、断位置。

三、按钮开关

按钮的触点分常闭触点（动断触点）和常开触点（动合触点）两种。常闭触点是按钮未按下时闭合、按下后断开的触点。常开触点是按钮未按下时断开、按下后闭合的触点。按钮按下时，常闭触点先断开，然后常开触点闭合。松开后，依靠复位弹簧使触点恢复到原来的位置，如图 1-6-17 所示。

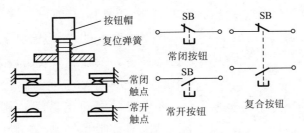

图 1-6-17　按钮开关电气符号

四、行程开关

行程开关也称为位置开关，主要用于将机械位移变为电信号，以实现对机械运动的电气控制。当机械的运动部件撞击触杆时，触杆下移使常闭触点断开，常开触点闭合。当运动部件离开后，在复位弹簧的作用下，触杆回复到原来位置，各触点恢复常态，如图 1-6-18 所示。

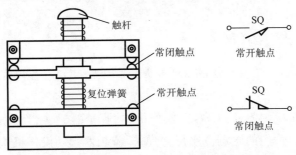

图 1-6-18　限位开关电气符号

五、熔断器

熔断器主要作短路或过载保护用，串联在被保护的线路中。线路正常工作时如同一根导线，起通路作用；当线路短路或过载时熔断器熔断，起到保护线路上其他电器设备的作用。

选择熔体额定电流的方法如下：

（1）电灯支线的熔体：熔体额定电流≥支线上所有电灯的工作电流之和。

（2）一台电动机的熔体：熔体额定电流≥电动机的起动电流 /2.5。如果电动机起动频繁，则为：熔体额定电流≥电动机的起动电流 /（1.6～2）。

(3) 几台电动机合用的总熔体:熔体额定电流 =(1.5～2.5)× 容量最大的电动机的额定电流,其余电动机的额定电流之和。

六、交流接触器

线圈通电时产生电磁吸引力将衔铁吸下,使常开触点闭合,常闭触点断开。线圈断电后电磁吸引力消失,依靠弹簧使触点恢复到原来的状态,如图 1-6-19 所示。

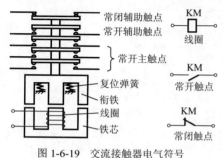

图 1-6-19 交流接触器电气符号

根据用途不同,交流接触器的触点分主触点和辅助触点两种。主触点一般比较大,接触电阻较小,用于接通或分断较大的电流,常接在主电路中;辅助触点一般比较小,接触电阻较大,用于接通或分断较小的电流,常接在控制电路(或称辅助电路)中。有时为了接通和分断较大的电流,在主触点上装有灭弧装置,以熄灭由主触点断开而产生的电弧,防止烧坏触点。

接触器是电力拖动中最主要的控制电器之一。在设计它的触点时已考虑到接通负荷时的起动电流问题,因此,选用接触器时主要应根据负荷的额定电流来确定。如一台 Y112M-4 三相异步电动机,额定功率 4kW,额定电流为 8.8A,选用主触点额定电流为 10A 的交流接触器即可。除电流之外,还应满足接触器的额定电压不小于主电路额定电压。

七、断路器

功能:用于线路保护,主要有短路保护、过载保护等,也可在正常条件下用来非频繁地切断电路。

断路器一般由触头系统、灭弧系统、操作机构、脱扣器、外壳等构成。当短路时,大电流(一般为 10～12 倍)产生的磁场克服反力弹簧,脱扣器拉动操作机构动作,开关瞬时跳闸。当过载时,电流变大,发热量加剧,双金属片变形到一定程度时推动机构动作(电流越大,动作时间越短),如图 1-6-20 所示。

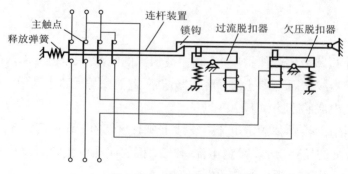

图 1-6-20 断路器电气原理图

低压断路器也称为自动空气开关,可用来接通和分断负载电路,也可用来控制不频繁起动的电动机。它功能相当于闸刀开关、过电流继电器、失压继电器、热继电器及漏电保护器等电器部分或全部的功能总和,是低压配电网中一种重要的保护电器。

主要参数:额定电流、框架电流、额定工作电压、分断能力等

八、继电器

继电器是一种根据特定输入信号而动作的自动控制电器,其种类很多,有中间继电器、热继电器、时间继电器等类型。

(一)中间继电器

中间继电器通常用来传递信号和同时控制多个电路,也可用来直接控制小容量电动机或其他电气执行元件。中间继电器的结构和工作原理与交流接触器基本相同,与交流接触器的主要区别是触点数目多些,且触点容量小,只允许通过小电流。在选用中间继电器时,主要是考虑电压等级和触点数目,如图1-6-21所示。

(二)热继电器

下层金属膨胀系数大,上层的膨胀系数小。当主电路中电流超过容许值而使双金属片受热时,双金属片的自由端便向上弯曲超出扣板,扣板在弹簧的拉力下将常闭触点断开。触点是接在电动机的控制电路中的,控制电路断开便使接触器的线圈断电,从而断开电动机的主电路,如图1-6-22所示。

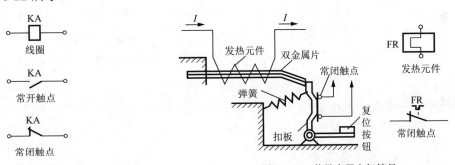

图1-6-21 继电器线圈及常开常闭触点电气符号　　图1-6-22 热继电器电气符号

(三)时间继电器

通电延时空气式时间继电器利用空气的阻尼作用达到动作延时的目的。吸引线圈通电后将衔铁吸下,使衔铁与活塞杆之间有一段距离。在释放弹簧作用下,活塞杆向下移动。在伞形活塞的表面固定有一层橡皮膜,活塞向下移动时,膜上面会造成空气稀薄的空间,活塞受到下面空气的压力,不能迅速下移。当空气由进气孔进入时,活塞才逐渐

下移。移动到最后位置时,杠杆使微动开关动作,如图 1-6-23 所示。

图 1-6-23　时间继电器电气符号

九、保护继电器

(一)相序继电器

功能:用于进线电源的缺相、错相保护。部分相序继电器还有过压、欠压等保护功能。

(二)过流继电器

功能:用于电路发生短路或严重过载时迅速切断电路。常规控制回路一般均加过流继电器做保护。

(三)欠流继电器

功能:剩余电流继电器是检测剩余电流,将剩余电流值与基准值相比较,当剩余电流值超过基准值时,发出一个机械开闭信号使机械开关电器脱扣或声光报警装置发出报警的电器。

用于中性点接地的系统,需要配置零序电流互感器。剩余电流动作保护器对被保护范围内相相,相零间引起的触电危险,保护器不起保护作用。

参数:额定电流、额定工作电压、额定脉冲剩余动作电流、分断时间、额定辅助电源电压等。

十、检测类元件

(一)电流互感器

用于检测线路电流,根据不同的型号可穿线或者穿排,二次侧要可靠接地。

(二)电流表、电压表、电度表等检测仪表

用于检测电流(一般要配电流互感器)、电压、电能等,要注意实际检测值和显示值之间的区别。

电度表要注意和互感器的匹配,以及单相、三相三线、三相四线的差别。

(三)计时器、计数器等

用于计量时间、和数量。要注意用户要求的位数和电压等级。

十一、变频器

功能:通过整流和逆变来实现对频率的控制,以实现调速。常用变频器均为交—直—交型。

常用的控制方式有 V/F 控制、矢量控制、直接转矩控制;调速方式主要有多功能端子调速、模拟量调速、通信调速。

变频器的过载能力,一般按 3min 过载 60s 来核定,过载倍数为 1.36 ~ 1.6 倍不等;要区分额定输出电流、轻过载额定输出电流、重过载额定输出电流、过载电流等参数。

十二、PLC 系统

PLC 的应用领域非常广,可以简单地这样描述:PLC 无处不在。PLC 具有容易使用、性能稳定、系统开发周期短、维护方便等优点。PLC 型号品种繁多,但实质上是一种工业控制计算机。

PLC 的结构大致上所示几部分组成。

(一)中央处理器(CPU)

CPU 进行逻辑运算及数学运算,并协调整个系统的工作,如图 1-6-24 所示。

图 1-6-24　洗车机 S7-300CPU

(二)存储器

用于存放系统编程程序及监控运行程序、用户程序、逻辑及数学运算的过程变量及其他所有信息。

(三)电源

电源包括系统电源、备用电源及记忆电源。

(四)输入/输出单元

输入单元用来进行输入信号的隔离滤波及电平转换;输出单元用来对 PLC 的输出进行放大及电平转换,驱动控制对象。输入单元接口是 PLC 获取控制现场信号的输入通道。输入接口电路由滤波电路、光电隔离电路和输入内部电路组成,如图 1-6-25 所示。

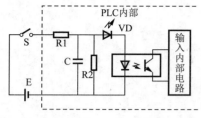

图 1-6-25　输入接入电路

光电耦合电路的核心是光电开关电路,由发光二极管及光敏三极管组成,工作原理描述如下。

当 PLC 外面开关 S 接通时,VD 及光电开关的发光管会发光,光敏三极管因得基极电流会导通,集电极电平变低;当 PLC 外面开关 S 不接通时,VD 及光电开关的发光管无电流流过而不发光,光敏三极管因无基极电流而截止,集电极输出高电平。图中 R1、C 及 R2 组成输入滤波电路,消除高频干扰。

输入接口电路由输入数据寄存器、脉冲选通电路及中断请求逻辑电路组成。当 PLC 扫描在允许输入阶段时,发出允许中断请求信号,选通电路选中对应输入数据寄存器,在允许输入后期通过数据总线把输入数据寄存器的数据成批输入至输入映像存储区,供 CPU 进行逻辑运算用。

PLC 通过输出接口电路向现场控制对象输出控制信号。输出接口电路由输出锁存器、电平转换电路及输出功率放大电路组成。PLC 功率输出电路有三种形式:继电器输出、晶体管输出和晶闸管输出,如图 1-6-26 所示。

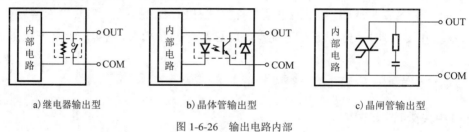

a) 继电器输出型　　　　b) 晶体管输出型　　　　c) 晶闸管输出型

图 1-6-26　输出电路内部

继电器输出型:负载电流大于 2A,响应时间为 8～10ms。根据负载需要可接交流或直流电源。内部参考图 1-6-26a)所示。

晶体管输出型:负载电流约为 0.5A,响应时间小于 1ms,电流小于 100 微安,最大浪涌电流约为 3A。负载只能选择 36V 以下的直流电源。内部参考电路图如图 1-6-26b)所示。

晶闸管输出型:一般采用三端双向晶闸管输出,其耐压较高,负载能力大,响应时间为微秒级。但晶闸管输出应用较少。内部参考电路图如图 1-6-26c)所示。

(五)PLC 工作过程

PLC 系统通电后,首先进行内部处理,包括:

(1)系统的初始化:设置堆栈指针,工作单元清零,初始化编程接口,设置工作标志及工作指针等。

(2)工作状态选择,如编程状态、运动状态等。至于 PLC 系统工作过程对用户编程来说影响不大。但是 PLC 在运行用户程序状态时的工作过程对于用户编程者来说关系密切,务必引起用户编程人员注意。

严格地讲,一个扫描周期主要包括为保障系统正常运行的公共操作占用时间、系统与外界交换信息占用时间及执行用户程序占用时间三部分。对于用户编程者来说，没有必要详细了解 PLC 系统的动作过程，但对 PLC 在运行状态执行用户指令的动作过程务必了解。

PLC 在运行状态执行用户指令的动作过程可分为三个时间段：第一阶段是输入信号采样阶段，第二阶段是用户指令执行阶段，第三阶段是结果输出阶段。

输入信号采样阶段又叫输入刷新(I 刷新)阶段。PLC 以扫描方式顺序读入外面信号的输入状态（接通或断开状态），并将此状态输入到输入映像存储器中。PLC 工作在输入刷新阶段，只允许 PLC 接受输入口的状态信息，系统程序态信息，PLC 的第二、三 PLC 的动作是处于屏蔽状态。

执行用户程序阶段：PLC 执行用户程序总是根据梯形图的顺序先左而右，从上到下地对每条指令进行读取及解释，并从输入映像存储器和输出映像存储器中读取输入和输出的状态，结合原来的各软元件的数据及状态，进行逻辑运算，运算出每条指令的结果，并马上把结果存入相应的寄存器（如果是输出 Q 的状态就暂存在输出映像存储器）中，然后再执行下一条指令，直至"END"。在进行用户程序执行阶段，PLC 的第一、三阶段动作是处于屏蔽，即在此时，PLC 的输入口信息即使变化，输入数据寄存器的内容也不会改变，输出锁存器的动作也不会改变。

结果输出阶段，也称输出刷新（O 刷新）。当 PLC 指令执行阶段完成后，输出映像存储器的状态将成批输出到输出锁存寄存器中，输出锁存寄存器一一对应着物理点输出口，这时才是 PLC 的实际输出。在 O 刷新时，PLC 对第一、二阶段是处于屏蔽状态的。

输入刷新、程序执行及输出刷新构成 PLC 用户程序的一个扫描周期。在 PLC 内部设置了监视定时器（平时说的看门狗），用来监视每个扫描周期是否超出规定的时间，一旦超过，PLC 就停止运行，从而避免了由于 PLC 内部 CPU 出故障使程序运行进入死循环（死机现象）。

第五节　电气原理图

一、电气原理总图

主控制柜面板上主要有总电源 Q0、急停按钮、温度控制器及各电压电流仪表显示。控制柜内部主要布置有接触器、变压器、空气开关、继电器、变频器、PLC 模块等；控制系统、刷洗系统、水供给、空气供给、主柜 PLC、温度传感器、水处理液位控制器、摄像头、遥控接收及电气柜内辅助器件等供电线路均布置于主控制柜内；此外，柜内还布置有至水处理控制柜、H3 分线箱、H4 分线箱及 PLC 继电器输出模块接触器线圈等供电支路的空气开关。

QF1~QF12 为刷洗系统各电机供电支路空气开关；QP1~QP6 依次为清水泵 P1、侧洗水泵 P2、端洗水泵 P3、端洗洗涤剂泵 P4、洗涤剂泵 P5、干燥剂泵 P6 的供电支路空气开关；QN1~QN4 为风幕供电支路空气开关；K1~K20 为侧刷洗系统各电机正反转控制继电器，电气原理总图如图 1-6-27、图 1-6-28 所示。

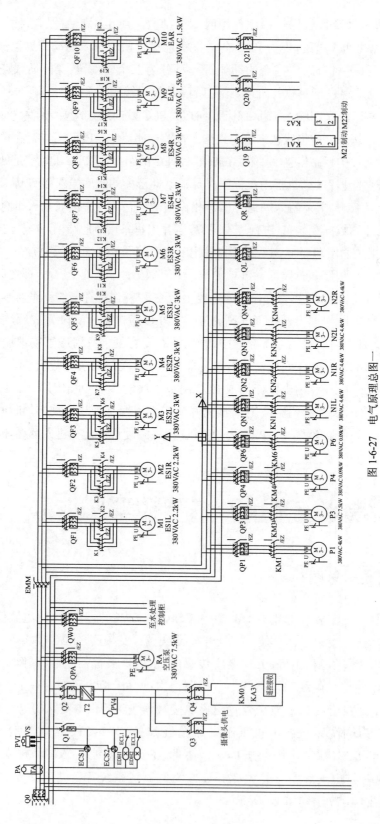

图1-6-27 电气原理总图一

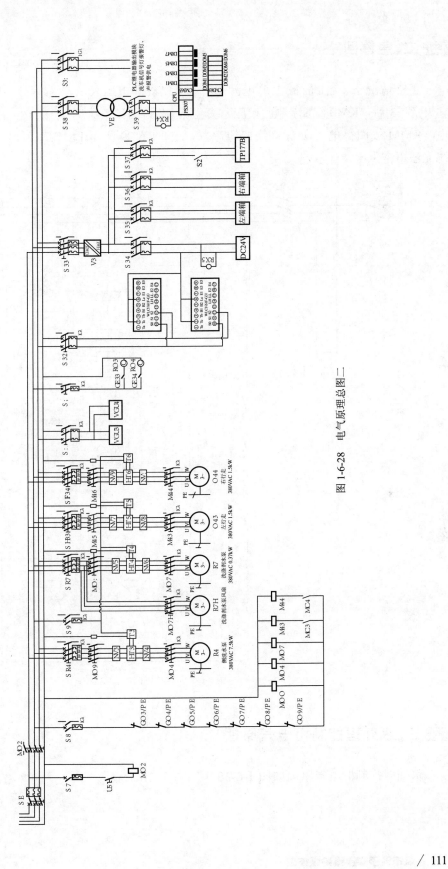

图 1-6-28 电气原理总图二

二、急停回路

正常情况下,合上面板上总电源 Q0 后可观察到电压表 PV1 显示 380V 电压。打开钥匙开关 S3 后,KM0 线圈得电,相应常开触点闭合,若所有急停开关未按下,则安全回路上电,KMM 线圈得电。所有急停按钮串联,如图 1-6-29 所示 EM1-7 串联,有一个按下则系统无法正常上电。

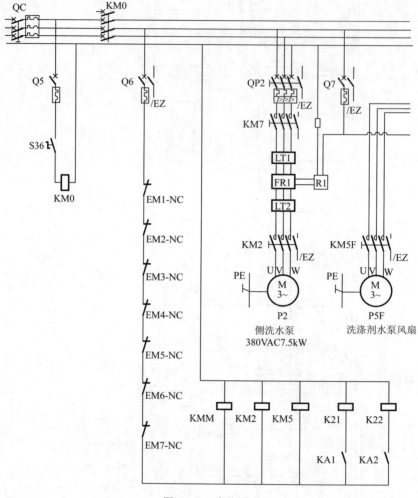

图 1-6-29 急停回路

三、水处理控制柜电气原理

水处理控制柜电气原理如图 1-6-30、图 1-6-31 所示。

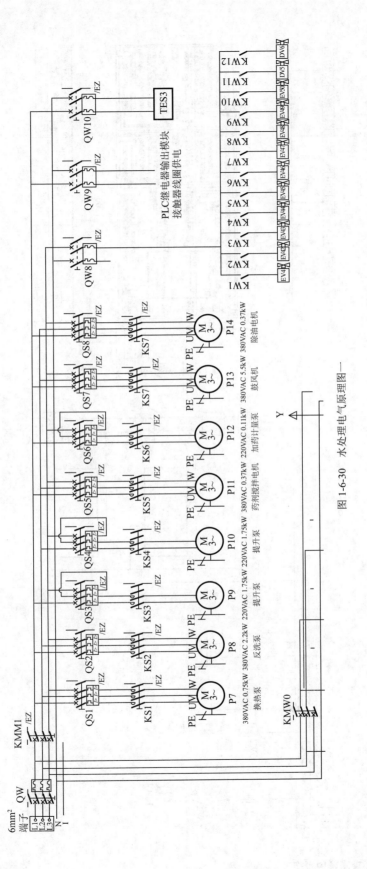

图 1-6-30 水处理电气原理图一

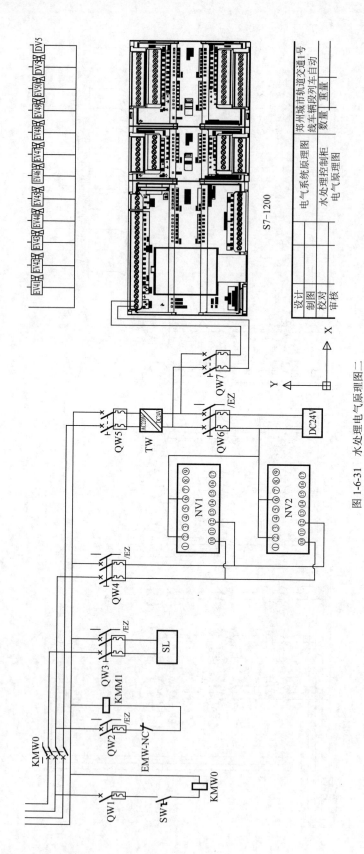

图1-6-31 水处理电气原理图二

水处理控制柜面板上布置有急停按钮、钥匙开关、温度控制器及指示灯。柜内布置有断路器、接触器、空气接触器、继电器及 PLC 模块等。水处理系统各泵、水处理液位控制器的供电线路布置于水处理控制柜内。

第七章 轮对受电弓检测设备

岗位应知应会

1. 掌握轮对受电弓检测装置整体的名称。
2. 熟悉轮对受电弓检测装置各部分的功能。

重难点

轮对受电弓检测装置的工作原理。

第一节 概 述

轮对受电弓检测设备由轮对动态检测系统和受电弓动态检测系统两部分组成。轮对动态检测系统用于车辆车轮擦伤(不圆度)、轮对外形尺寸(轮缘高度、轮缘厚度、Q_r值、车轮直径、轮对内侧距)等检测。当检测参数超出允许值时,在终端上会有系统报警。受电弓动态检测系统用于车辆受电弓及车顶检测,主要有受电弓滑板磨耗值、受电弓中心线偏差值、受电弓工作位接触压力值、弓网倾斜等。本章以南京拓控信息科技有限公司生产的轮对动态检测设备(图1-7-1),北京天佐天佑科技有限公司生产的受电弓动态检测设备为例进行阐述,如图1-7-2所示。

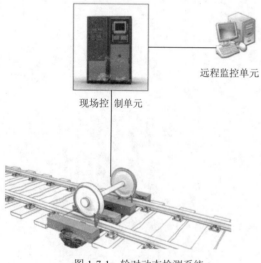

图1-7-1 轮对动态检测系统

图1-7-2 受电弓动态检测设备

第二节 受电弓检测设备

一、设备用途

"激光式受电弓在线检测设备"主要安装在机车、动车、城市轨道交通车辆入库线或正线上,利用基于三角测距法的线激光位移传感器,配合高速、高分辨率图像处理技术,实现车辆在5～300km通过时受电弓关键特性参数(碳滑板磨耗、受电弓前后倾斜、受电弓左右倾斜、受电弓偏移、接触网压力检测、车顶状态监控等)的实时动态检测,适用于各种电力机车、动车组、城市轨道交通列车的受电弓滑板检测。激光式的检测方法主要是通过对传感器输出的数字信号进行处理比对以辨别受电弓的实时状态是否正常。这种方法测量的结果精度高、安全性好,并且易操作易维护同时不受外部环境的影响。由公司自主研发的"激光式受电弓在线检测设备"取得了国家专利。这种检测方法的主要特点是安装方便、检测精度高、误差小、检测功能全、对车辆速度限制小、受外间环境影响小、实时性高、安全性好、成本低、易安装、易维护且使用寿命长,同时不受受电弓与碳滑板型号的限制,各种类型的弓与滑板都可正常检测,是目前受电弓检测最理想的检测方法。

二、设备主要功能

本激光式受电弓在线检测设备均适用于各型动车组、电力机车以及城市轨道交通车辆受电弓碳滑板自动检测的要求。

具体功能如下:
(1)利用线激光传感器对入库车辆受电弓外轮廓自动监测。
(2)自动检测受电弓中心线偏移。
(3)自动检测受电弓倾斜。
(4)自动检测受电弓滑块表面异常状态。
(5)自动记录车辆编号及分析受电弓滑板的历史磨耗数据。
(6)利用高速、高分辨、线扫描照相技术,实现列车受电弓状态的可视化。
(7)车顶状态观测,确保车顶无异常。
(8)受电弓与接触网压力动态检测。
(9)能以磨耗趋势预测滑板的更换时间,以便消耗品的正确计划管理。
(10)车辆车号和端位自动识别。
(11)提供检测项目的图像及数据报表输出。
(12)提供检测结果的查询、统计、综合分析、打印、故障预警及网络共享管理。
(13)具有网络功能,提供与车辆检修调度中心信息管理系统的接口。

（14）提供丰富的数据接口：基本信息输入接口、走行公里数输入接口、人工反馈信息输入接口、调度中心的网络访问接口等。

（15）车顶监控视频大屏幕实时显示、存储及不同速度回放。

（16）车顶异物及车顶关键部件状态室内可视化观测及判断。

三、主要技术参数

受电弓滑板磨耗检测精度：±0.5mm。

滑板有效测量长度：1000mm。

受电弓图像观测分辨率：3mm×3mm。

接触网接触压力检测范围：0～200N。

接触网接触压力检测精度：±5N。

车顶状态观测分辨率：2mm×2mm。

中心线偏移检测范围：±400mm。

中心线偏移检测精度：±5mm。

四、结构及功能

设备由三大模块组成，分别是初始化模块、前端检测设备、系统终端模块，如图1-7-3所示。

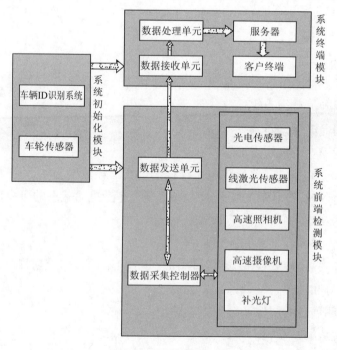

图1-7-3 设备组成框图

（一）初始化模块

初始化模块主要由车轮传感器（磁钢）与车号识别系统组成（图1-7-4、图1-7-5）。

图1-7-4　车号识别系统

图1-7-5　车轮传感器

（二）车号识别系统

车号识别系统的主要功能是自动获取车辆电子标签编号。

（三）车轮传感器

车轮传感器的主要作用是对整个系统初始化（总开关的作用）。

（四）前端检测设备

前端检测设备主要由指示灯、光电传感器、线激光传感器、高速摄像机、补光灯，高速照相机、压力传感器组成，如图1-7-6、图1-7-7所示。

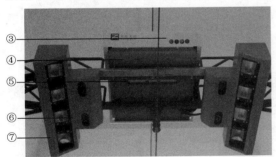
图1-7-6　正面照

图1-7-7　背面照

1. 指示灯

指示灯如图1-7-6正面照中3所示，指示灯分绿、蓝、黄、红四种，分别代表不同的功能状态。绿灯代表待机，蓝灯代表正在工作中，黄灯代表开始工作，红灯代表出现故障。

2. 光电传感器

光电传感器如图1-7-6正面照中4所示，主要功能是计算车速，用以照相机延时触发拍照，同时给线激光传感器发送采集数据信号。设计有两个光电传感器，其中只有一个工作，另一个备用。

3. 线激光传感器

线激光传感器如图 1-7-6 正面照中 5 所示，主要功能是用以采集碳滑板数据，来计算炭滑板磨耗剩余量、受电弓倾斜度以及受电弓偏移量。

4. 高速摄像机

高速摄像机如图 1-7-6 正面照中 6 所示，主要功能是对列车车顶进行录像监控，可实时的观看车顶状态。设计有四个监控终端，其中同时有两个终端在工作，其余两个终端备用。

5. 补光灯

补光灯如图 1-7-6 正面照中 7 所示，主要功能是给照相机与摄像机工作时光源补充。设计有八个照明灯，其中同时有四个在工作，其余四个备用。

6. 高速照相机

高速照相机如图 1-7-7 正面照中 8 所示，主要功能是对碳滑板高清拍照，当客户端系统给出故障提示时，可直观地查看滑板图片是否存在异常，起双保险作用。

7. 压力传感器

压力传感器如图 1-7-7 正面照中 9 所示，主要功能是用以检测受电弓与接触网压力。

（五）系统终端模块

系统终端模块主要由数据库服务器、监控服务器、控制程序服务器、Master、设备控制器、车号地面读出装置、客户端 PC 以及相关电源模块组成，如图 1-7-8 所示。

图 1-7-8 终端模块

1. 数据库服务器

数据库服务器如图 1-7-8 终端模块 10 所示，它的主要功能是安装有数据库系统，用以存储整个系统的所有数据。

2. 监控服务器

监控服务器如图 1-7-8 终端模块 11 所示，它的主要功能是安装有监控程序，控制车顶状态监控，并存储采集的视频。

3. 控制程序服务器

控制程序服务器如图 1-7-8 终端模块 12 所示，它的主要功能是安装有控制程序，控制整个系统的运行时序。

4. Master

Master 如图 1-7-8 终端模块 13 所示，它的主要功能是用于线激光传感器供电以及传输线激光传感器采集的数据。

5. 设备控制器

设备控制器如图 1-7-8 终端模块 14 所示，它的主要功能是整个系统的中央处理器，控制所有的硬件设备。

6. 车号地面读出装置

车号地面读取装置如图 1-7-8 终端模块 15 所示,它的主要功能是用于读取车号识别系统识别到的车号,并发送给服务器。

7. 客户端 PC

客户端 PC 如图 1-7-9 所示,它的主要功能是安装有"在线式受电弓检测系统客户端软件"用以显示系统检测到的所有参数结果(图 1-7-10)。

图 1-7-9 客户端 PC

列车编号	端位号	弓编号	检测时间	中心线偏移	左右倾斜	前后倾斜	弓网压力	滑板一	滑板二
0115	1A	1	2014-05-20 3:39:09	0.0	0.1	0.1	124.9	19.0	20.0
0115	1A	2	2014-05-20 3:39:22	0.0	0.1	5.4	125.8	20.0	20.0
0115	1A	1	2014-05-20 9:07:04	0.0	0.1	0.1	123.9	20.0	20.0
0115	1A	2	2014-05-20 9:07:14	0.0	0.1	5.8	122.5	17.7	18.0
0115	1A	1	2014-05-20 10:01:21	0.0	0.1	0.1	123.5	19.0	20.0
0108	1A	1	2014-05-20 20:42:07	0.0	0.1	0.2	123.5	20.0	20.0
0108	1A	2	2014-05-20 20:42:17	4.4	0.1	0.1	125.4	20.0	17.8
0106	1A	1	2014-05-20 21:17:44	0.0	0.1	0.1	125.8	19.0	20.0
0106	1A	2	2014-05-20 21:17:54	0.0	0.1	0.1	123.5	17.5	20.0
0123	1A	1	2014-05-20 21:34:54	-4.9	0.1	5.8	126.3	16.5	14.6
0124	1A	1	2014-05-20 21:54:26	0.0	0.1	0.0	123.5	17.8	20.0
0124	1A	2	2014-05-20 21:54:42	-29.8	0.1	0.1	122.5	18.3	20.0
0125	1A	1	2014-05-20 22:10:34	-29.9	0.1	5.3	123.5	19.8	18.5
0125	1A	2	2014-05-20 22:10:45	-19.5	0.1	5.9	123.5	20.0	20.0

图 1-7-10 查询界面

第三节 轮对动态检测设备

轮对动态检测系统采用非接触式图像测量技术、高精度位移测量技术,能准确检测车轮各相关部位的尺寸和踏面缺陷。适用于不同踏面形状的车轮。

轮对动态检测系统对车辆运行产生的振动以及接触网、受电弓和变压器等产生的电磁场具有抗干扰能力;能适应轨边的环境条件,保证测量精度。

一、主要功能

(1)轮对外形尺寸检测:轮缘高度、轮缘厚度、Q_r 值、车轮直径、轮对内侧距。

(2)车轮擦伤(不圆度)检测。

(3)视频图像擦伤监测。

(4)车号及端位自动识别(自动识别与手动输入车号功能能转换)。

（5）自动绘制车轮踏面外形曲线,并可实现超限报警显示。
（6）具有检测结果存储、查询、统计、对比、分析、打印功能,以及数据联网管理功能。
（7）提供检测轮对技术状态的综合评价,报告超限车轮的超限数据及顺位信息。
（8）提供数据输入/输出接口:轨道交通车辆基本信息输入接口、走行公里数输入接口、人工反馈信息输入接口、车辆基地网络访问接口等。

二、结构及功能

轮对动态检测系统由基本检测单元、设备间、控制室等组成。基本检测单元包括车号识别模块、轮对外形尺寸检测模块、车轮擦伤（不圆度）检测模块、视频图像擦伤监测模块；设备间包括现场控制系统、数据采集处理系统；控制室包括操作控制台、数据库、数据综合分析及管理软件、数据及信号传输系统,控制室设在DCC（车辆段控制中心）内。

（一）基本检测单元

基本检测单元的主要作用是获取轮对外形和踏面缺陷的原始检测数据,应包括车号识别模块、轮对外形尺寸检测模块、车轮擦伤（不圆度）检测模块及视频图像擦伤监测模块四个基本检测模块。为了辅助基本检测单元的工作,在基本检测单元的前后方应分别设置车辆接近检测单元和车辆离去检测单元。

（二）车号识别模块

用于识别轨道交通车辆车号,安装在轨道交通车辆上的电子标签由地面读出装置识别。

（三）轮对外形尺寸检测模块

用于检测轮对关键外形尺寸和踏面外形轮廓曲线。检测的轮对关键外形尺寸参数包括:踏面磨耗、轮缘厚度、Q_r值、车轮直径、轮对内距。

（四）轮对外形尺寸检测系统特点

采用第三代技术,可实现多幅激光图像对比计算。数据采集的先进设计使其能够实现对采集数据的快速实时分析和处理。分析的结果就是,只传输与测量相关的部分,大大减小了每个采集装置的传输量。这个过程使得帧速率大大增加,其中对于车轮应用,达到每秒450帧的速度。因此实现了多幅图形同时进行比对计算,精度更高。

轮对外形尺寸检测系统（WPMS）的主要特点如下。

1. 精度高,测量重复性好

WPMS测量原理以可靠的光学三角法为基础。每个激光发射器温度恒定,从而形成了一个厚度约为0.1mm的能量脉冲线,该脉冲线非常稳定、集中。这项技术是专门为铁路应用开发的。相机以全数字 CMOS 技术为基础,并在每一个相机上安装有特殊的干涉过滤器,消除了环境光线对测量值的影响。

2. 安装与维护

所有的测量单元安装在配有特殊枕木的盒子里,这种将测量单元安装在枕木盒子的方式,能够使现场安装过程更容易,能够方便快速地拆除或重新安装。

3. 系统稳定性及可靠性

对于重要测量参数,WPMS 采用冗余机制。例如,对每个车轮从两侧分别采集不同的外形信息。双重计算方法大大提高了整个系统的可用性及可靠性,这对于每天进行数千次测量工作的系统来说是十分重要的。

4. 机械结构可靠

机械结构设计合理,光学单元配有防冲板,不仅能达到防腐功能,而且能控制金属盒子中的温度,因此,测量单元实际上都是安装在密闭的金属镀锌温控箱中保证了精密仪器的可靠性。安装单元进行了减震设计,设备安装于减震单元,过车状态的震动对部件不产生影响,因此,这种设备机械结构保证不仅保证了能在较为恶劣的环境中也能够室外运行,而且还能保证作业的精度和可靠。

线路交通及运行速度的不断增长以及新执行的安全标准,要求对风险因素能够进行更为精确及频繁的控制。车轮及其与轨道的相互作用是风险的最关键因素,因此也就必须对其进行高精度、经常性监控,获得车轮、特别是接触面的各种参数。

轮对外形尺寸检测系统安装在轨道沿线,可以在城轨交通列车通过时检测所有轮对类型。

轮对外形尺寸检测系统检测车轮下列参数:轴号及速度、轮缘倾斜度、轮侧、轮缘角度、车轮外形及磨耗、轮辋厚度、车轮内侧距、空心踏面、轮径和轮缘调试及厚度。

每个车轮重要的测量参数都为冗余测量,因此保证了测量的高度可靠(MTBF)。所有的测量装置都安装在轨道沿线,直接与枕木相连。或者也可根据需要,配备特殊枕木,从而最大限度地减少对现有基础设施的改造。系统为全自动测量,能够满足每天检测的需要,因此能够实现对所有车轮的实时识别及监控。通过对测量参数的分析以及与标准和允许误差的比较,能够及时确定每个轮对的缺陷状况。

WPMS 由车轮外形测量模块、现场控制单元和远程监控单元三部分组成。车轮外形测量单元包括数据采集单元都安装在轨道沿线,现场控制单元则安装在轨道沿线的工作房中。现场控制单元通过网络与远程监控单元相连。

非工作状态下 WPMS 模块处于待机模式,防护门关闭,激光束不启动。发现车辆到达后,系统由待机模式切换为测量模式,防护门打开,激光束启动。

每个车轮的所有数据采集后,通过特制硬件进行实时预处理(包括三个等级,详见后文介绍),因此列车通过后只需很短的时间,所有车轮的全部信息即可进行诊断、生成报告或在监控室中打印。处理信息所需的时间主要取决于:列车车轴数量,通过 WPMS 时的行驶速度以及处理 PC 的计算能力。通常一列 16 轴列车的信息处理时间为 60s，如图 1-7-11、图 1-7-12 所示。

图 1-7-11　特殊枕木上车轮外形测量系统安装细节图

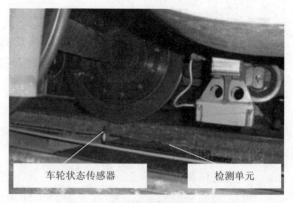

图 1-7-12　车轮外形测量系统安装细节图

轮对外形测量模块主要包括：

（1）两个室外安装设备箱体，包括 2 组三角法装置，分别配有 2 个相机。

（2）两个室外安装设备箱体，包括 3 组三角法装置（用于检测 3 个不同的外形截面），用于按照三点法计算轮径。

（五）系统描述及测量原理

测量原理：利用激光束、高分辨率数字相机、高频数字相机之间的关系，以光学三角测量法为基础。为了减小因机械震动导致的测量值之间的互相干扰，提高系统安全性，激光发射器与采集相机间实现高度同步。

相机是专门为轨道铁路领域的测量系统而研制。相机装置以数字 CMOS 传感器为基础，像素达到 1280×1024。

特制相机的先进设计使其能够实现对采集数据的快速实时分析和处理。分析的结果就是，相机只传输与测量相关的部分，大大减小了每个采集装置的传输量。例如，CMOS1280×1024 传感器每帧获取超过 1300000 个像素，而与外形测量相关的可评估像素仅不超过 1000 个。这个过程使得帧速率大大增加，其中对于车轮应用来说，实际上达到了每秒 450 帧的速度，如图 1-7-13 所示。

因为车轮外形尺寸检测系统使用了大量不同等级的的滤光及防护装置，所以由阳光照射或人造导致的环境光强度剧烈变化，并不会对检测图像的质量产生影响，详细说明如下。

机械设计：与传统的安装形式不同，新一代的设备防护窗位于箱体的侧面并配有特殊的防护罩，更

图 1-7-13　车轮测量站

好地降低了外界的干扰,如图 1-7-14 所示。

滤光性能:每个相机上都安装有光学干涉滤光器,滤光器带有一个狭窄的"带通滤波器"可调节激光波长,从而过滤检测图像。

电气设计:每个相机都能够自动检测光强度变化,调整传感器增益及积分时间,从而减小像素饱和的风险。

数字滤光器:图像采集时使用数学数字滤波器。

每个车轮参数的测量使用 4 个激光相机三角单元,上述配置也可测量轮对内侧距。第 5 套三角单元安装在轨道中间,用于作为轮径计算的第三点数据。

检测单元安装在轨道上滚动面以下,如图 1-7-15 所示。

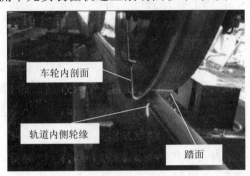 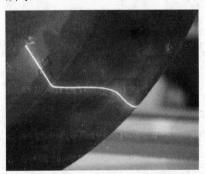

图 1-7-14　车轮外形、轨道表面采集细节　　　图 1-7-15　车轮表面及外形检测细节

综上所述,每条轨道的采集系统由 5 组三角单元组成,其中 4 组专门用于车轮外形数据采集,第 5 组则用于作为轮径计算的第三点数据。

(六)系统性能

1. 帧速及测量速度

每个测量单元包括一个激光光源及一个相机三角组。由于列车移动行驶效应,车轮外形是根据相机视野纵向长度上获得的一定数量的外形图像计算平均数获得的。在获得的所有外形图像中,系统自动筛选最佳图片。

WPMS 之所以能够在通过车速较快的条件下检测,是由特制相机的良好性能保证的,该相机能够达到每秒 450 帧速。

为了提高系统性能,长期保证激光强度位于国际安全标准允许的范围内,激光光源与采集相机的帧速保持高度同步。

2. 测量过程

所有测量过程为全自动,测量系统非工作状态下处于待机状态,激光单元和防护装置处于关闭状态。轨道上安装一个传感器,发现车辆到达后,将 WPMS 切换至服务状态。此时防护罩打开,激光启动,开始测量作业;测量结束后,WPMS 回到待机状态,激光关闭,防护窗关闭。

针对作业中可能发生的列车测量过程突然停车等情况，系统进行了自保护设计，即2min后激光束自动关闭，避免不安全因素影响设备。

激光防护在检修时可屏蔽，此时操作员只需按下锁定键。

WPM从列车前端开始计算车轴，向远程监控单元电脑传输测量参数时，同时车号识别系统提供的列车识别号。

如果主电源断电，UPS可保证系统在休眠状态下的安全及自动通过，主电源重新启动后可立刻自动恢复。

3. 轮径

为了提高检测系统对于车轮外形及轮径计算的可靠性，WPMS使用两种互相独立的测量方法：

相对测量方法：测量车轮与车轮结构上某一固定点之间的距离。

绝对测量方法：同时测量车轮圆周上三个不同的点。

详细来说，相对测量方法是以数学计算为基础，计算车轮滚动面与车轮上某一固定点的距离，如圆周结构上某一点、磨损标志或其他固定点。图1-7-16将对固定点选择进行详细解释。

车轮行驶表面与固定点同时被检测到，作为车轮外形的一部分。根据车轮前后两侧两个不同检测位置，可同时检测到两组车轮外形尺寸数据。

WPMS使用光学三角法则，获取高精度外形图片，从而保证了计算轮径及其他参数时也能获得较高精度的数据。

使用绝对测量方法测量轮径时，则在车轮上测量三个非同一圆周的点的尺寸，通过特殊计算方法确定轮径。由于安装了车轮识别传感器，保证列车通过时不同单元采集信息的同步，因此就保证了测量的准确性。

WPMS选取的三个点一般为车轮前部、后部及轨道接触部位。

确定三个测量点的方法如下：测量车轮前部及后部两个点尺寸，第三点则按照轨道水平选取车轮行驶面上的接触点（采集外部的轨道外形数据）。

图1-7-17清楚地显示了轮径测量选取的三个点。

图1-7-16 轮径直接测量

图1-7-17 三点测量法

两个测量单元必须同步，保证两个测量点同时采集数据。通常在轮缘内侧以下固定距离处测量轮径。

由于上述车轮参数冗余测量机制，WPM 测量系统具有很高的可靠性。双重外形数据采集及双重参数计算方法使得系统可靠性大大提高，同时也能够在车轮存在斑点、污物或油脂的情况下，保证测量的准确性。

（七）系统架构

WPMS 的设计配置使得零部件更少，连接长度更短，这些理念的广泛使用增加了系统的可用性和可靠性。在长期的试用期间，WPM 系统性能稳定，结构稳定，抗震性、抗电磁干扰性和抵抗外部大气环境（低温、风、日光、雨等）的性能优良。

光学三角集合体安装于防腐密封的箱体内，箱体的体积根据工况设计的较小巧，可直接安装于灰枕上，方便快捷，避免土建施工的烦琐。

处理系统有 3 个数据处理层次，系统有很高的可识别性和处理速度。

（1）第一个层次数据处理由数码相机直接完成。

（2）第二个处理层次由安装在每个识别单元的控制器板执行，并进行同步和检测数据的预处理。

（3）第三个处理层次通过安装在工控机的 PCI 总线上（数据处理）板执行。此工控机安装在轨旁的控制柜内，这个（数据处理）板对不同识别单元的检测数据进行同步。在传到工控机内部总线之前，对识别的数据进行处理。

最终的处理层次（车轮轮廓，直径和其他参数处理）由工控机执行。工控机也会将检测的参数送到遥控检测单元，将车辆识别信息、日期和时间、轴号和轮号等信息送到远程监控中心。

电源和数据传输这些辅助设施同 UPS 一同安装在轨旁的控制柜内，UPS 避免断电导致数据丢失。

电子子系统基于完整的数码技术，使用高度集成的 FPGA（可编程场门矩阵）装置。这样的配置使得所有的逻辑计算和测量单元的控制功能都可以集中在一个单一的可编程部件上，减少硬件的复杂性，提高系统的柔性和可靠性。测量单元内部硬件的复杂性是个重要的问题，尤其是当设备需要在恶劣的环境下进行操作时。由摄像传感器检测到的数据经过电子元件和集成在 FPGA 设备的固件进行过滤和预处理，数据已数码形式通过光纤传输到最终的处理单元。计算机的 PCI 总线有一个接口板，用于对来自测量单元的数据进行识别。在测量单元和计算机之间的数据通过光纤以 1G/s 的高频序列总线的方法进行传输。

识别单元上相关连接的逻辑方法：这个逻辑方法在每个识别单元上都在重复，识别子系统由各种平行的数据处理层次组成，确保其计算速度和精度。它有以下三个处理层次：

第一层：从摄像单元获得；

第二层：在每个测量单元内处理；

第三层：现场控制柜的处理系统。

(八)车轮擦伤(不圆度)检测模块

用接触式检测方法,在轨道两侧加装一定数量的位移检测单元与轮对接触,定量检测轮对滚动圆的不圆度和车轮圆周的擦伤缺陷,如图1-7-18所示。

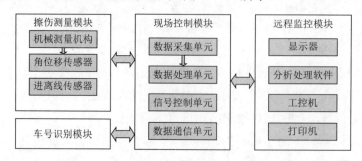

图 1-7-18　擦伤检测系统组成结构

南京拓控信息科技有限公司的擦伤(不圆度)检测系统是一套检测精度高、全自动化的在线式擦伤检测系统。该系统可以用于不同类型机车的擦伤检测,包括客车、货车、轨道交通车等。测量原理基于成熟可靠的接触式位移测量法。系统实现了机车低速在线擦伤检测,实现了从车轮测量到擦伤显示、打印的全自动化,极大地减少了人工的干预。系统主要由擦伤测量模块、现场控制模块、远程监控模块、视频图像模块和车号识别模块五个模块构成。

擦伤测量模块用于实时测量车轮擦伤深度和车轮不圆度,主要由多组机械传感机构及角位移传感器组成。精密可靠的机械传感机构以及高精度高响应频率角位移传感器保证了位移量测量的精确性和实时性。

现场控制模块安装在轨道旁,用于实时采集和处理各测量单元的车轮参数,负责整个系统的控制时序和流程。

远程监控模块用于车轮擦伤诊断、显示并打印报告,设置系统各参数,保存历史数据。

第八章　自动化立体仓库

> **岗位应知应会**
>
> 1. 了解自动化立体仓库的操作。
> 2. 熟悉自动化立体仓库的参数。
> 3. 掌握自动化立体仓库的结构与功能。
>
> **重难点**
>
> 自动化立体仓库的结构与功能。

第一节　概　　述

自动化立体仓库又称为立库、高层货架仓库,是一种用高层立体货架储存物资、用堆垛机和输送机进行存取、用计算机控制管理的自动化仓库设备。它由立体货架、堆垛机、输送机、搬运设备、托盘、管理信息系统及其他外围设备构成,能按指令自动完成货物的存储作业,并能对库存货位进行自动管理。自动化立体仓库的优点有以下三点:一是可提高仓库的管理水平;二是可提高仓库的出入库频率;三是可提高仓库单位面积的库容量。

自动化立体仓库设备用于车辆段物资总库内立体仓库区 1000kg 以下材料及零配件的存储、发放,以及全段物资的管理,使得材料及零配件的储运、领用、记转账、周转、点算、报废、报表等全部实现自动化处理,对材料及配件的流向进行全方位、全过程的质量跟踪,对检修质量和资金占用情况等做到精确的分析与考核。该项设备生产厂家较多,但结构功能类似,本章主要以北京康拓红外科技有限公司生产的设备为例进行阐述,如图 1-8-1 所示。

图 1-8-1　自动化立体仓库

第二节　主要技术参数

一、设备主要技术参数（表 1-8-1）

设备主要参数　　　　　　　　　　　　　表 1-8-1

项　目	1000mm×1200mm×160mm 托盘	800mm×1000mm×160mm 托盘 800mm×1000mm×400mm 货箱	
高层货架形式	横梁式		
巷道数	1	2	
单元货物高度	1130mm（含托盘）	550mm（含托盘）	770mm（含货箱）
单元货物重量	≤1000kg（含托盘）		
货架排数	2 排	4 排	
货架列数	30 列	30 列	
货架层数	8 层	12 层（其中 9、10、11、12 层为货箱区）	
货位总数（个）	960 个货位	2880	
货架总高度	11840mm		
堆垛机数量及形式	单立柱直轨堆垛机 3 台		

二、堆垛机基本参数（表 1-8-2）

堆垛机基本技术参数　　　　　　　　　　表 1-8-2

堆垛机基本技术参数	
形式	单立柱地面支撑
数量	3
额定起重量(kg)	1000
单元货物高度（含托盘及货箱）(mm)	1130、550（770）
堆垛机噪声(dB)	≤75
抗震要求	7 级
运行速度(m/min)	0～120m/min　闭环变频调速
提升速度(m/min)	0～40m/min　闭环变频调速
伸缩叉速度(m/min)	0～40m/min　闭环变频调速

第三节　结构及功能

一、总体

有轨巷道堆垛机由金属结构（包括上、下横梁及立柱）、载货台、运行机构、提升机构、货叉伸缩机构、超速保护装置、过载及松绳保护装置、电气控制装置等部件组成。它结构紧凑，充分利用了有限的空间，实现了立体存取。堆垛机能在三个相互垂直方向上按照一定的顺序组合进行往复运动，即行走、提升和货叉伸缩。通过这些运动，完成对单元货物的入、出库搬运作业。由于三个运动的速度采用变频器控制，同时位置是通过激光测距来进行判断，因此设备运行非常平稳，同时停准位置精度很高，可以根据管理者的不同指令，将货物准确地送到指定位置。这样既能按指定的地址将巷道口入库输送机上的货物存入货架的货格内，完成入库作业；也可从指定货格中取出货物运至道巷口出库输送机上，完成出库作业，如图1-8-2所示。

图1-8-2 总体

二、金属结构

金属结构是堆垛机的主要承载构件之一，它由立柱、上横梁、下横梁三部分组成。

（一）立柱

立柱是载货台垂直升降的支撑和走行部件，其两侧装有垂直导轨，以保证载货台平稳、灵活地升降；立柱上装有提升机构、过载松绳安全装置、限速防坠保护装置、载货台升降的上下极限限位开关等电气元件；动力电缆及控制电缆均通过立柱内腔，如图1-8-3所示。

（二）上横梁

上横梁由钢板焊接而成，它上部装有提升用的定滑轮和支撑堆垛机的上部导向轮组。钢丝绳通过这些滑轮及载货台上的动滑轮，使载货台能上升或下降。上横梁上还装有滑触线的集电装置，如图1-8-4所示。

图1-8-3 立柱

图1-8-4 上横梁

（三）下横梁

下横梁由钢板和型材焊接而成，是堆垛机的主要支撑部件。下横梁上装有运行驱动车轮组、从动车轮组、下部水平轮组及夹轨器等装置。还装有红外通讯、电气控制柜及运行限位开关组等电气装置，如图1-8-5所示。

三、载货台

载货台是堆垛机存取货物的重要部件，载货台由垂直框架和水平框架焊接成直角形结构件。提升机构上出来的钢丝绳通过上横梁上的定滑轮、垂直框架上的动滑轮带动载货台沿提升轨道上下运动，完成运送货物任务。载货台装有货叉机构、提升滑轮装置、导向轮组、升降限位撞尺以及光电探测装置等。安装在载货台两侧的导向轮其轴为偏心轴，可通过旋转轴来调节导轮与导轨之间的间隙，以保证载货台的平稳运行和货叉的水平，如图1-8-6所示。

图1-8-5 下横梁

图1-8-6 载货台

四、运行机构

运行机构是堆垛机水平运动的驱动机构。驱动单元采用德国SEW的电机减速机，其性能安全可靠。上横梁通过立柱连接于运行机构，并通过导向轮抱紧货架的天轨，从而使堆垛机在库内能沿着轨道行进，对货物进行存取和拣选作业。在运行机构上还安装了激光测距，保证了不同货位的停准精度，如图1-8-7所示。

五、提升结构

提升机构由电动机、减速机、卷筒或链轮以及柔性件组成，常用的柔性件有钢丝绳和起重链等。提升机构安装在立柱上，是堆垛机载货台进行升降运动的驱动部件，用钢丝绳连接定滑轮与载货台上的动滑轮以驱动载货台升降，配合垂直升降激光来实现对载货台的位置控制。

六、货叉伸缩结构

货叉机构是由货叉伸缩机构、传动轴装置以及驱动装置组成。货叉伸缩机构由上叉、中叉、下叉组成,是堆垛机存取货物的执行机构。下叉安装在载货台上,也称固定叉,上、中两层叉体通过链条驱动进行伸缩运动,完成取、送货任务。货叉伸缩机构上装有机械限位挡块。货叉机构上装有4个微动开关,用于检测货叉伸缩距离。同时上中下叉之间有许多导向滑块和导向轴承,这些部件要经常检查和保养,发现异常即时处理,从而保证设备安全运转。

另外货叉的动力部分也是采用德国SEW电机减速机进行驱动,同时还通过可调摩擦离合器和驱动链轮轴进行连接,防止货叉上的货物超重和一些意外事故的发生,减小或避免了对其他部件的损坏,如图1-8-8所示。

图1-8-7　运行机构

图1-8-8　提升机构

七、超速保护装置

限速防坠保护装置由钢丝绳,安全钳、限速器、电气开关和配重等组成。它的主要作用是当提升钢丝绳意外断裂等原因造成载货台超速下降时,限速器停止转动。此时钢丝绳即刻带动安全钳装置,自动将载货台夹在提升导轨上,防止其下滑,起到保护货物及设备的作用。

八、过载及松绳保护装置

过载及松绳保护装置由碟形弹簧、轴、撞尺、开关等元件组成。它的主要作用是:当载货台上的货物重量超过额定起重量的25%时,或载货台上的重量低于空载重量的75%时,撞尺均与开关接触发出信号,通过程序判断即时停止提升电机的运行,保证设备安全,如图1-8-9所示。

图1-8-9　过载及松绳保护装置

九、电气装置

电气装置由电气控制柜、行程开关、滑触线集电器、光电开关、撞尺、激光测距以及红外通信装置等组成。电气控制柜装设在立柱背面下横梁上。在控制柜的正面装有自动操作面板OP7。行程开关分别装在下横梁、立柱等位置,其作用是控制堆垛机提升上下极限位置及强迫换速;运行强迫换速及前后极限位置。光电开关装在载货台上,作用是探测货格内、载货台上、或出入库输送机上有无货物,以免堆垛机误操作或双重入库。载货台上四个微动开关用来确定叉体伸缩位置。激光测距配合提升和运行电机用于提升和运行定位,红外通信装置作用是接收监控机发出的信号,使堆垛机接受指令并完成自动作业,同时反馈堆垛机的工作状况。

十、控制系统

库内的堆垛机具备一套完整的电气控制系统,以控制堆垛机的正常工作。设备电源来源于货架顶端固定的三相五线制滑触线。

堆垛机控制系统分三种工作方式,即手动、单机自动、联机自动。

手动方式:工作人员站在电气柜前的踏板上,可以操作堆垛机随意停在巷道内的任意位置。手动控制主要用于堆垛机调试阶段或自动控制出故障时应急使用。

单机自动方式:工作人员在OP7上设定命令后,即可启动堆垛机,使其自动完成物品的存取工作。

联机自动:堆垛机接收管理机发给的命令,收到命令后,按命令自动进行作业。

第九章　起重机

> **岗位应知应会**
>
> 1. 了解起重机的技术参数。
> 2. 熟悉起重机的结构。
> 3. 掌握起重机的各部分的功能。
>
> **重难点**
> 起重机的各部分的功能。

第一节　概　　述

一、起重机械的用途

起重机械是用来对物料作起重、运输、装卸和安装等作业的机械设备,它可以减轻体力劳动,提高劳动生产率或在生产过程中进行工艺操作,实现机械化和自动化。

起重机械运送的物件可以是成件物品,也可以是散料或者是液态的。升降机还可以进行人员的输送。

起重机在搬运物料时,经历着上料、运送、卸料以及回到原处的过程。因此,起重机受到的载荷是变化的,是一种间歇动作的机械。起重机一般由机械结构和电气控制等两大部分组成。机械方面是指提升、运行、变幅和旋转等机构。大部分起重机是多动作的,而轻小型起重设备和升降机一般是单动作的。

人类在生产活动中,必然要进行物料搬运。一个现代化的大型钢铁联合企业或者现代化的港口,每年通过的各种物料有几千万吨乃至上亿吨。大量的物料搬运在建筑工地、铁路枢纽和工厂企业中存在。在一个水电站的闸门启闭或水轮发电机厂房内,都有强大的起重机械。各行各业的生产要得到维持和发展,就离不开起重机械。在很多场合下,如淬火起重机、安装起重机和炼铁厂装卸桥,它们不仅是进行装卸搬运工作,而且还进行工艺操作,实际上还是工艺机械的一部分。因此,起重机械在现代化的生产过程中不再只是在生产过程中起辅助作用,而是成了合理组织大批生产和流水作业的工艺过程的基础。此外,起重机械还可以用来满足人民物质和文化的需要,如在建筑物中装设的电梯或自动扶梯。

二、起重机械发展史及其发展动向

在古代已经有起升和移动重量较大的物品的需要,因此古人发明了一些简单的起重装置来进行起升和移动重物。在公元前五千年到四千年的新石器时代的末期,我国古代劳动人民已能开凿和搬运巨石到远处,砌成石棺石台等来埋葬和纪念死者。在商朝(公元前1765到公元前1760年),我国劳动人民就用了汲水的桔槔,这是一种用杠杆原理制造成的起重装置。以后在公元前1115年至公元前1079年,又有辘轳的发明。在古代埃及建造金字塔时,广泛采用滚子、斜面和杠杆来提升大石块、石碑和雕像,这些物品的重量有的甚至达到1000t。那时候起重机械都是人力驱动。公元前120年,在盖隆的著作中描述了幅度不变的起重机和幅度可变的起重机。在这些书籍中记载了自锁式蜗轮传动装置、齿轮、起重卷筒等起重装置,如图1-9-1所示。

在以后的一些年代里,陆续地出现了一些不同类型的起重机。例如在阿格里高拉(1490年到1550年)的著作中,曾经描述了旋转起重机,如图1-9-2所示。

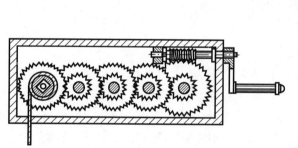

图1-9-1 公元前一个多世纪的起重机　　　　图1-9-2 十五世纪的旋转起重机

工业革命中蒸汽机的发明,大大地推动了超重机械的发展和改善。1827年,出现了第一台用蒸气驱动的固定式旋转起重机。1846年,第一次制成了用液力驱动的起重机。工业革命中电力驱动的出现,是起重机械进一步蓬勃发展的转折点。1880年,出现了第一台用电力驱动的载客升降机。1885年发明了电力驱动的旋转起重机。接着电力驱动的桥式起重机和门座起重机被研制成功。

随着冶金工业、煤炭和采矿工业,机器制造业、海港和内河码头的装备和建筑工程等发展,起重机械的品种和参数都大大扩大。起重机械制造已经成长成一门独立的机械制造部门。

第二次世界大战以后的几十年,起重机械获得了极其迅速的发展。由于机械制造技术的提高,起重机的质量、产量和品种得到大大的发展。例如,由于焊接技术的发展,箱形结构的桥式起重机得到广泛的应用,由于金属材料的改善和加工技术的改进,起重机零部件的寿命也提高,由于电机和控制技术的发展,大大提高了起重机电力驱动的品质和自动化水平。

我国的起重机械制造业由于长期受到封建主义、帝国主义和官僚资本主义的深重压迫，没有自己的机器制造业，没有起重机械制造业。中华人民共和国成立以来，在中国共产党的领导下，我国已经建立能独立制造各种起重机的工业体系。对桥式起重机、汽车起重机、门座起重机和塔式起重机等已具有一定的批量生产能力。但是，即使已经取得了很大的成绩，在今后相当长时期里，要抓好起重机的质量和产量，要抓好各个环节，如原材料、基本零部件以及生产管理等环节，使我国起重机质量和产量达到国际先进水平。

当前各国起重机械发展的重点大体为：

（1）大型起重设备的发展，其中以大型造船起重机、大型浮式起重机以及安装用的大型龙门起重机的研制为多，起重量可达 2500～3000t。

（2）大型装卸设备的发展，其中以港口的大型岸壁装卸桥、集装箱装卸桥以及斗轮和埋刮板等大型散料装卸设备为多。这是为了现代化港口和矿场有大量的散状、块状物料和集装箱运输的需要。

（3）减轻机器的自重，包括新材料的采用及结构形式的改进。例如，对于汽车超重机的臂架、门座起重机的象鼻梁以及大型装卸设备的关键部分采用高强度钢材和合理的结构形式，对提高机器的可靠性和减轻自重有很大的作用。

（4）提高起重机械的作业性能，应用自动控制及电子计算机技术，研究电力驱动。例如，在高效率的装卸设备上要求高的提升和运行速度，以及精密的自动控制在自动化的运输系统中要求起运的平滑性和保证停车的准确性、快速性。

（5）人体工程学的应用。例如，研究起重机司机室的合理布置，采取措施以减少司机作业强度，加强环境保护，减少振动和噪声，减少内燃机驱动的起重机的废气污染，使其符合健康规范的要求。

（6）新的搬运技术的研究，包括自动化仓库用自动堆存取料系统，气垫、水垫和油垫的搬运设备，以及放射性物料的特种搬运工艺。

三、运用情况

起重机是一种生产成熟的机械设备，其生产厂家颇多。河南新乡长垣县被誉为"起重机之乡"，生产起重机的企业达几十家。各类品牌型号的桥式起重机功能相同、结构类似，本章重点以卫华集团生产的桥式起重机为例，阐述起重机相关知识。

桥式起重机横架于车间、仓库，由于它的两端坐落在轨道梁上，而轨道梁坐落在高大的水泥柱或者金属支架上，形状似桥而得名。桥式起重机是设跨与厂房上空沿轨道方向运动，小车做横向运动，吊钩作升降运动的起重吊运设备，适用于工矿企业的仓库、车间、料场装卸吊运工作。

桥式起重机的主要类型有双梁桥式起重机、电动单梁起重机、电动单梁悬挂起重机，双梁起重机如图 1-9-3 所示。

图 1-9-3　双梁桥式起重机

第二节　主要技术参数

起重机的参数是表明起重机工作性能的指标，也是设计的依据。起重机的主要参数有额定起重量、跨度、幅度、提升高度、各机构的工作速度及起重机各机构的工作类型。此外，轨距、基距、外形尺寸、最大轮压等也是重要参数。

起重机的主要参数首先由使用单位根据生产需要提出，具体数字应按照国家标准或工厂标准来确定，同时也要考虑到制造厂的现实生产条件。

一、型号表示方法

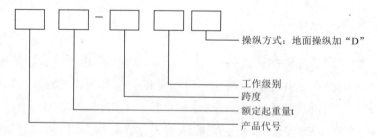

（1）起重机在轨道上方运行，小车在主梁下翼缘运行，电动葫芦布置在主梁下方的起重机，其产品代号为 LB。

（2）起重机在悬挂式轨道下方运行，电动葫芦小车在主梁下翼缘运行，电动葫芦布置在主梁下方的起重机，其产品代号为 LXB。

额定起重量 5t，跨度 16.5m，工作级别 A3，地面操纵的 LB 型起重机，标记为 LB 5-16.5 A3 D。

二、额定起重量

起重量按国际惯例定为吊重的质量,单位为千克(kg)或吨(t),起重量不包括吊钩,吊环之类的吊具的质量。

起重量较大的起重机常备有两套提升机构,起重量较大的称为主提升机构或主钩,较小的称为副提升机构或副钩,副钩的起重量为主钩的 $1/5 \sim 1/3$。副钩的提升速度较高,可以提高轻货的吊运效率。主副钩的起重量用一个分数表示,如 15/3 代表主钩的额定载重量为 15t,副钩的额定载重量为 3t。

国产的桥式起重机系列其起重量有 5、10(单钩)、15/3、20/5、30/5、50/10、75/20、100/20、125/20、150/30、200/30、250/30(双钩)等多种。桥式起重机按照起重量可分为三个等级,即 $5 \sim 10t$ 为小型,$10 \sim 50t$ 为中型,50t 以上为重型起重机。

三、跨度

起重机运行轨道轴线之间的水平距离称为跨度,单位是米(m)。桥式起重机的跨度和厂房的跨度一样。

国产桥式起重机的跨度有 10.5m、13.5m、16.5m、19.5m、22.5m、25.5m、28.5m、31.5m 等,每 3m 为一个等级。某城市轨道交通 1 号线起重机常见的跨度共有 13.5m、16.5m、19.5m 和 22.5m 四种规格。

四、幅度

对于旋转起重机来说,幅度就是起重机旋转轴线至取物装置中心线之间的距离,用 R 表示,单位为米(m)。对于某些小型旋转起重机,幅度通常是不变的。作为幅度,有最大值和最小值,但名义幅度是指最大幅度值。

对于非旋转起重机,则从取物装置中心线到臂架后轴的水平距离,或其它典型轴线的距离,称为起重机的幅度。

五、提升高度

提升高度是超重机取物装置上下极限位置之间的距离,用 H 表示,以 m 为单位。下极限位置通常取为工作场地的地面或运行轨道顶面,吊钩以钩口中心为准,抓斗以最低点为准。港口门座起重机的取物装置常需下降到船舶舱底,它的下极限位置在地面以下,因而需要分别标出轨面上与轨面下的提升高度。

在确定起重机的提升高度时,除考虑起吊物品的最大高度以及需要越过障碍的高度外,还应考虑吊具所占的高度。常用的提升高度有 12m、16m、12/14m、12/18m、16/18m、19/21m、20/22m、21/23m、22/26m、24/26m 等几种。其中分子为主钩提升高度,分母为副钩提升高度。

六、工作速度

(一)运行速度

运行机构在拖动电动机额定转速下运行的速度,以 m/min 为单位。起重机各机构的工作速度 v 根据工作要求而定。小车运行速度一般为 40～60m/min,大车运行速度一般为 100～135m/min。

一般用途的起重机采用中等的工作速度,这样可以使驱动电动机功率不致过大。安装工作有时要求很低的工作速度(达 1m/min 以下)。为此常备有专门的微速装置。工作速度的确定还要考虑到其行程的长短.行程短的取较低速度,行程长的取较高速。

(二)提升速度

提升机构的提升电动机以额定转速取物上升的速度,以 m/min 为单位。一般提升速度不超过 30m/min,货物性质、重量、提升要求来决定。

七、工作级别

起重机是间歇工作的设备,具有短暂而重复工作的特征。在工作时,起重机各机构时开时停,时而正转、时而反转。有的起重机日夜三班工作,有的只工作一班,有的甚至一天只工作几次。这种工作状况表明,起重机及其机构的工作繁忙程度是不同的。同时,作用于起重机上的载荷也是变化的,有的起重机是经常满载的,有的经常只吊轻载,其负载情况很不相同。此外,由于各机构速度不同,动力冲击载荷作用程度也不同。起重机的这种工作特点,在设计起重机零部件、金属结构和确定起重机动力功率时都必须给以考虑。当今,作为起重机的一个主要技术参数是起重机的工作级别,它代替了过去不合理的工作制度。

起重机的工作级别的大小高低由两种能力所决定。其一是起重机的使用频繁程度,称为起重机利用等级;其二是起重机承受载荷的大小,称为起重机的载荷状态。起重机在有效寿命期间有一定的工作循环总数。起重机作业的工作循环是从准备起吊物品开始,到下一次起吊物品为止的整个作业过程。工作循环总数表征起重机的利用程度,它是起重机分级的基本参数之一。工作循环总数是起重机在规定使用寿命期间所有工作循环次数的总和。

起重机工作级别是表明起重机工作繁重程度的参数,即表明起重机工作在时间方面的繁重程度和满载程度的参数,吊钩式共分为:A1～A3(轻级);A4～A5(中级);A6～A7(重级)三个级别七大项。

轻级(A1~A3):工作速度低,使用次数少,满载机会少,通电持续率为15%。多用于电站或其他工作场所安装和检修设备用,或工作不常用的车间和仓库。例如,水电站、发电厂中用作安装检修用的起重机。

中级(A4~A5):有时提升额定载荷,一般提升中等载荷,用于工作繁重的车间和车库,如一般的机械加工和一般装配车间使用。

重级(A6~A7):如常提升额定载荷,一般提升较重的载荷,用于工作繁重的工作车间和仓库,如长时间频繁吊运载重额较重的物品与冶金车间使用。

某城市轨道交通车辆段的起重机的工作级别为中级和轻级,分别是A3、A4和A5三种工作级别。19台起重机的具体参数情况见表1-9-1。

起重机相关参数 表1-9-1

编号	责任部门	设备名称	规格型号	安装地点
1	车辆部	QD型吊钩桥式起重机	G_n=10t,S=16.5m,A5级,司机室操纵	A跨北车
2	车辆部	QD型吊钩桥式起重机	G_n=10t,S=22.5m,A5级,司机室操纵	B跨车
3	车辆部	QD型吊钩桥式起重机	G_n=10t,S=19.5m,A5级,司机室操纵	D跨中车
4	车辆部	LD型电动单梁起重机	G_n=5t,S=19.5m,A4级,地面操作	D跨北车
5	车辆部	LD型电动单梁起重机	G_n=3t,S=16.5m,A4级,司机室操纵	定/临修库(A跨南车)
6	车辆部	LD型电动单梁起重机	G_n=5t,S=16.5m,A4级,地面操作	电机电气检修间(C跨中车)
7	物资部	LD型电动单梁起重机	G_n=3t,S=16.5m,A4级,地面操作	物资总库(南车)
8	物资部	LD型电动单梁起重机	G_n=3t,S=16.5m,A4级,地面操作	物资总库(北车)
9	物资部	LD型电动单梁起重机	G_n=3t,S=16.5m,A4级,地面操作	材料棚
10	设施设备部	LX型电动单梁悬挂起重机	G_n=3t,S=5.0m,A4级,地面操作	供电车间
11	车辆部	LD型电动单梁起重机	G_n=2t,S=19.5m,A4级,地面操作	转向架及轮对轴承检修间(D跨南)
12	车辆部	LD型电动单梁起重机	G_n=2t,S=16.5m,A4级,地面操作	空调机组检修间(C跨南车)
13	车辆部	LD型电动单梁起重机	G_n=2t,S=16.5m,A4级,地面操作	车钩缓冲器检修间(C跨北)
14	车辆部	LD型电动单梁起重机	G_n=2t,S=13.5m,A4级,司机室操作	调机/工程车库
15	车辆部	LX型电动单梁悬挂起重机	G_n=2t,S=8.0m,A4级,地面操作	镟轮库
16	车辆部	LX型电动单梁悬挂起重机	G_n=1t,S=8.5m,A4级,地面操作	制动检修间
17	车辆部	LX型电动单梁悬挂起重机(防爆)	G_n=1t,S=6.0m,A3级,地面操作	蓄电池间(1#)
18	车辆部	LX型电动单梁悬挂起重机(防爆)	G_n=1t,S=6.0m,A3级,地面操作	蓄电池间(2#)
19	设施设备部	LX型电动单梁悬挂起重机	G_n=2t,S=5.0m,A4级,地面操作	机电车间

第三节　结构及功能

起重机械是一种反复短暂工作的转载机械，一般有一个提升运动和一个或几个水平运动。例如，桥式起重机有三个运动，即提升运动、小车运动和大车运动，而门座起重机则有四个运动：提升运动、变幅运动、旋转运动和大车运行运动。最简单的起重机械则只有一个运动，即提升运动，如千斤顶与手拉葫芦等。

桥式起重机的运动形式有三种：起重机由大车电动机驱动沿车间两边的轨道作纵向前后运动；小车及提升机构由小车电动机驱动沿桥架上的轨道作横向左右运动；在升降重物时由起重电动机驱动作垂直上下运动。桥式起重机就可实现重物在垂直、横向、纵向三个方向的运动，把重物移至车间任一位置，完成车间内的起重运输任务。

起重机械除千斤顶、手扳葫芦等外，大都需要纵向运动，一般装设轨道与车轮，称为有轨运行装置。有些起重机械配有无轨运行装置，如汽车起重机，轮胎起重机配备橡胶轮胎，履带超重机配备履带，使其能在一般地面上运行。

桥式起重机整机主要由桥架、大车、小车（装有小车运行机构和提升机构）、电气设备组成，如图1-9-4所示。

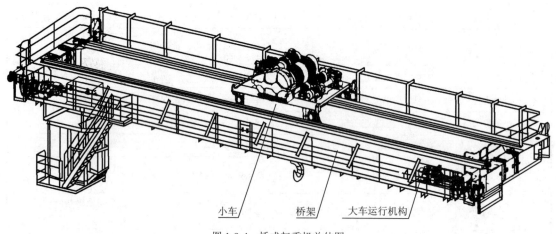

图1-9-4　桥式起重机总体图

一、桥架

桥架是起重机的主要受力构件，采用双梁双轨的结构形式，以主梁、端梁为主要受力件，辅以小车轨道、走台、栏杆、电缆滑线架、梯子等附属金属结构组成。主梁采用箱型结构，与中间带有接头的两端梁连接，主梁上铺设供小车运行的钢轨。两主梁的外侧装有走台，一侧为安装及检修大车运行机构和安放电气柜而设，另一侧为安装小车导电装置而设，如图1-9-5所示。

在主梁下面悬挂驾驶室，驾驶室内装有联动控制台或凸轮控制器等，驾驶室与走台之间装有直梯或斜梯。

操纵室是操纵起重机的吊舱,又称驾驶室。操纵室内有大、小车移行机构控制装置、提升机构控制装置以及起重机的保护装置等。操纵室一般固定在主梁的一端,也有少数装在小车下方随小车移动的。操纵室上方开有通向走台的舱口,供检修大车与小车机械及电气设备时人员上下用。操纵室设开式和闭式两种悬挂在桥架下面,内设电气设备供司机操纵。

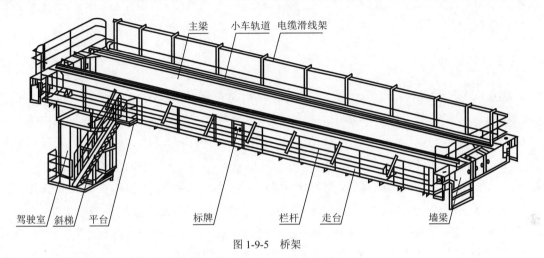

图 1-9-5 桥架

二、大车运行机构

大车移行机构由大车拖动电动机、传动轴、联轴器、减速器、车轮及制动器等部件构成。安装方式有集中驱动与分别驱动两种。集中驱动是由一台电动机经减速机构驱动两个主动轮;而分别驱动则由两台电动机分别驱动两个主动轮。后者自重轻,安装调试方便,实践证明使用效果良好。目前我国生产的桥式起重机大多采用分别驱动。

大车运行机构工作原理:机构通电后,制动器打开,电动机做功输出动力,经减速机变速,通过传动轴和联轴器驱动车轮,完成起重机的前进和后退动作,断电后,则制动器闭合,起重机运行停止。

大车车轮为 4 个或 8 个(特殊情况可更多),车轮与带有滚动轴承的角型轴承箱组装后安装在端梁或平衡台车上,如图 1-9-6 所示。

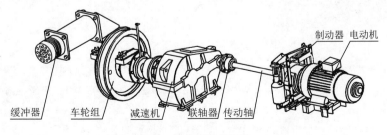

图 1-9-6 大车运行机构

(一)电动机

电动机主要采用三相交流异步电动机,并且主要是绕线式异步电动机。因为它的起动和控制性能较好,起动和调速过程中的发热大部分转移到起动电阻中,即使是在频繁正反转的条件下,电动机也不易过热。鼠笼式电动机起动电流大、起动猛,只用于功率不大、起动不频繁的场合。它的优点是构造简单、尺寸小、重量轻、价格低廉,常用在结构紧凑的电葫芦或单梁起重机中。

(二)制动器

起重机是一种间歇动作的机械,它的工作特点是需要经常起动和制动,因此在起重机中广泛使用各种制度器。制度器是依靠摩擦副间的摩擦而产生制动作用的,摩擦副中的一组与机构的固定机架相连,另一组与机构转动轴相连。当机构起动时,使摩擦面脱开,机构转动件便可运转;当机构需要制动时,使摩擦面接触并紧压,这时摩擦面能够产生足够大的摩擦力矩,消耗动能,使机构减速,直至停止运动。制动状态还能阻止机构在外载荷作用下运动。采用摩擦制动的优点是机构制动平稳,有时还可以根据需要调整制动力的大小。

常用起重机采用的制动器为电力液压鼓式制动器,由制动架和相匹配的电力液压推动器两大部分组成。当通电时,电力液压推动器工作,其推杆迅速升起,并通过杠杆作用把制动瓦打开(松闸);当断电时,电力液压推动器的推杆在制动簧的作用下,迅速下降,并通过杠杆作用把制动瓦合拢(抱闸),如图1-9-7、图1-9-8所示。

图1-9-7 电力液压鼓式制动器

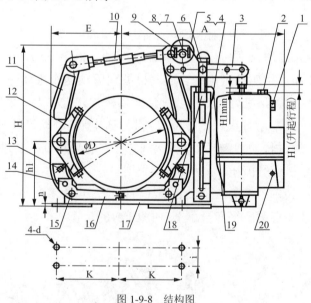

图1-9-8 结构图

1-溢油螺塞;2-注油螺塞;3-杠杆;4-弹簧下座;5-制动弹簧;6-弹簧拉杆;7-调整螺钉;8-调整板;9-拨杆;10-拉杆;11-制动臂;12-制动瓦;13-制动瓦随位调整装置;14-螺栓;15-销轴;16-退距均等装置;17-底座;18-撞板;19-手动置;20-推动器接线孔

(三)联轴器

在桥式起重机上,联轴器的功能是主要用来连接各机构的传动轴,把电动机的扭矩通过齿轮箱和联轴器传动到低速轴,以完成货物升降、大小车运行等工作。

三、小车

起重机小车由一套或二套(主、副提升)提升机构、小车运行机构和小车架等组成。小车安放在桥架导轨上,可沿着车间宽度方向移动。

(一)运行机构

小车运行机构采用集中(或分别)驱动形式,小车移行机构由小车电动机、制动器、联轴器、减速器及车轮组等组成。小车电动机经减速器驱动小车主动轮,拖动小车沿导轨移动,由于小车主动轮相距较近,故由一台电动机驱动。

小车运行机构工作原理:机构通电后,制动器打开,电动机做功输出动力。经减速机变速,通过传动轴和联轴器驱动车轮,完成起重机的前进和后退动作。断电后,则制动器闭合,小车运行停止。

小车车轮为四个(大吨位时可多于四个),车轮与带有滚动轴承的角型轴承箱组装后安装在小车架的端梁上。

(二)提升机构

提升机构由提升电动机、减速器、卷筒、制动器、吊钩等组成。提升电动机经联轴器、制动轮,与减速器连接。减速器的输出轴与缠绕钢丝绳的卷筒相连接,钢丝绳的另一端装有吊钩,当卷筒转动时,吊钩就随钢丝绳在卷筒上的缠绕或放开而上升与下降。对于起重量在15t及以上的起重机,备有两套提升机构,即主钩与副钩。

提升机构安装在小车架上,单钩设有一组提升机构,双钩设有两组提升机构,由电动机经齿轮联轴器传给减速机,再由减速机低速轴带动绕有钢丝绳的卷筒。只要控制电动机的正反转,就可到吊钩的升降。为保证工件的升降安全,减速机高速轴上装有制动器,卷筒一端的轴承座上装有提升高度限位器。

起升机构的工作原理:机构通电后,制动器打开,电动机做功输出动力,经减速机变速,通过传动轴和联轴器驱动卷筒,经过钢丝绳缠绕系统完成吊钩的升降。断电后,则制动器闭合,吊钩停止升降动作,并保持起吊的重物静止在空中。

1. 钢丝绳

(1)用途

钢丝绳由于它具有高强度、自重轻、耐磨损、弹性较好、极少骤然断折、能承受冲击载荷等优点,并在断丝或损坏后,易于发现和便于及时处理,广泛用于我国社会主义建设的各个方面,如机械、采矿、造船、冶金、林业、水产及农业等。

钢丝绳是起重作业的主要绳索,也是起重机械的重要零件,用于提升机构、变幅机构、牵引机构,有时还可用于旋转机构。起重机系扎物品也可用钢丝绳。此外钢丝绳还可用于桅杆起重机的桅杆张紧绳、缆索起重机与架空索道的支撑绳,如图 1-9-9 所示。

（2）结构

起重吊装作业中常用钢丝绳为多股钢丝绳,钢丝绳是由经过特殊处理的钢丝并由多个绳股围绕一根绳芯捻制而成。常用的钢丝绳由六束绳股和一根绳芯捻成。根据股的数目,有 6 股绳、8 股绳、18 股绳等。外层股的数目愈多,钢丝绳与滑轮槽或卷筒槽接触的情况愈好,寿命愈长。

按钢丝绳捻制的方法的不同,可分为同向捻、交互捻和混合捻三种,由钢丝捻成股的方向和股捻成绳的方向相同为同向捻钢丝绳。由钢丝捻成股的方向和股捻成绳的方向相反,如绳是右捻、股为左捻为右交互捻钢丝绳;如绳是左捻、股为右捻为左交互捻钢丝绳。在起重机上使用的都是交互捻钢丝绳,因其具有不易松散和扭转的特点。

绳芯的作用是增加饶性与弹性、润滑作用。在钢丝绳的中心布置一股麻芯,在制绳时绳芯浸泡润滑油,工作时润滑油流到各钢丝间,起到润滑作用。

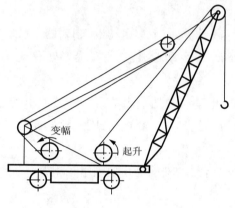

图 1-9-9　钢丝绳的应用

2. 参数

大型吊装应采用《重要用途钢丝绳》（GB 8918—2006）的钢丝绳。钢丝绳的选用主要考虑以下几点:

（1）钢丝绳钢丝的强度极限:起重工程中常用的钢丝绳钢丝的公称抗拉强度有 1570MPa、1670MPa、1770MPa、1870MPa、1960MPa 等数种。

（2）钢丝绳的规格:钢丝绳是由高碳钢丝制成。钢丝绳的规格较多,起重吊装常用 6×19+FC（IWR）、6×37+FC（IWR）、6×61+FC（IWR）三种规格的钢丝绳。其中 6 代表钢丝绳的股数,19（37、61）代表每股中的钢丝数,"+"后面为绳股中间的绳芯,其中 FC 为纤维芯、IWR 为钢芯。

（3）钢丝绳的直径:在同等直径下,6×19 钢丝绳中的钢丝直径较大,强度较高,但柔性差,常用作缆风绳。6×61 钢丝绳中的钢丝最细,柔性好,但强度较低,常用来做吊索。6×37 钢丝绳的性能介于上述二者之间。后两种规格钢丝绳常用作穿过滑轮组牵引运行的跑绳和吊索。吊索俗称千斤绳或绳扣,用于连接起重机吊钩和被吊装设备。例如,《重要用途钢丝绳》（GB 8918—2006）标准中 6×37S-FC（IWR）钢丝绳为点线接触,绳股为 1mm+6mm+15mm+15mm 结构,直径范围为 20～60mm,性能较好,在大型吊装中使用最为普遍。

(4)安全系数。

钢丝绳安全系数为标准规定的钢丝绳在使用中允许承拉力的储备拉力,即钢丝绳在使用中破断的安全裕度。

钢丝绳做缆风绳的安全系数一般不小于3.5;做滑轮组跑绳的安全系数一般不小于5;做吊索的安全系数一般不小于8;如果用于载人,则安全系数不小于12~14。

在起重机作业中,钢丝绳不停地通过滑轮和卷筒绳槽,不仅要收到拉伸、挤压和摩擦,还要收到扭转等作用,由于反复地受到弯曲和挤压,疲劳造成钢丝绳的断丝和发生和逐渐发展,加上磨损和腐蚀等因素的影响,加剧了断丝的发展,最终导致钢丝绳完全失效。因此必须对钢丝绳定期检查,发现有断丝或磨损的现象时,要根据其严重程度做出继续使用或报废的判断。对于初期出现的个别现象,要注意其发展情况,尽可能去除个别断丝毛刺,以免钢丝断茬在伸出绳股之外,产生有害影响。

3. 吊具

吊钩可以分为单钩、双钩和吊环三种,在结构吊装中,主要用单钩。起重机使用的吊钩是和多个动滑轮组合在一起使用的,滑轮组安装在两块钢板做得夹板中间,配有青铜轴套的滑轮装在轴上,并能自由旋转。在夹板下部固定一横梁,吊钩是用螺母固定在横梁上的。

吊钩应使用具有韧性的钢板锻制而成,其表面应光滑无裂纹和刻痕。每个吊钩上都有生产制造厂的铭牌说明其额定载重量,不得超载使用,吊钩在吊重物时,要将吊钩挂到钩低,以免吊钩产生变形或拉环。

起重机中 5t、10t 的额定起重量为单钩式(小车中仅装一套提升机构)。5/3.2t、10/3.2t、16/3.2t、20/5t、32/5t、50/10t 的额定起重量则为双钩式(小车装有两套提升机构)。主钩用来起吊重物,付钩除了起重轻物外,还可以协助主钩倾转或翻倒工作,但不允许主、付钩同时起吊两个物件,主、付钩独立工作时不得超过各自得额定起重量,同时工作时不得超过主钩的额定起动量。

4. 滑轮组

滑轮组是起重机的重要部件,既能省力,又能改变有力的方向,还能配合卷扬机等组成简单的起重机械。滑轮按照固定方式分为动滑轮和定滑轮;按照其作用特点可分为导向滑轮和平衡滑轮。

(1)定滑轮

定滑轮是位置固定用来支持钢丝绳运动的滑轮,它能改变钢丝绳的受力方向,而不能改变速度、力量,如起重机起重臂头部的滑轮属于定滑轮。

(2)动滑轮

动滑轮在使用过程中是随着重物移动而移动的,它可以用较小的拉力来吊起较重的物件。因为重物的重量同时被两根绳所平均分配,每根绳所承担的力是重物的一半。如和吊钩装在一起,随吊钩升降的动滑轮,它能省力,但不能改变力的方向。

（3）导向滑轮

它类似于定滑轮，作用于改变钢丝绳的运动方向，这种滑轮的夹板可以打开，以便钢丝绳的中段能从开口处放入，在起重机中用作钢丝绳的导向，小车运行机构如图1-9-10所示。

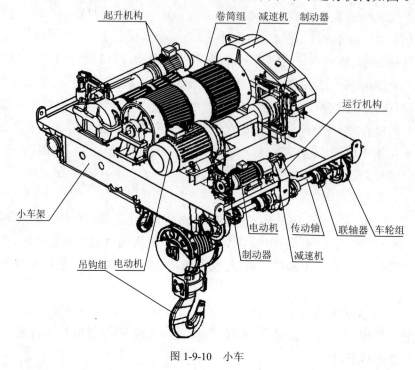

图1-9-10 小车

四、电气控制系统

（一）电源

1. 电源

起重机的电源采用三相四线（3P+PE）交流380V、50Hz供电。电源由滑触线引入起重机上的主电源配电箱内，再引出动力、照明、辅助电路等电源。

设有一台单独的照明变压器，变压器的原端及副端均设有断路器保护，为照明、维护插座及辅助电路提供220V、36V电源。

设有专用接电线PE，所有电气设备均有专用线及PE线相接，形成接地网，车体不作接地回路。

供电电压等级如下：

供电电源：三相四线 AC 380V（1±10%），50Hz。

动力回路电源：三相 AC 380V，50Hz。

照明回路：AC 220V，50Hz。

控制电源：AC 380V，220V。
电源插座：AC 220V，50Hz。

2. 大车供电及小车馈电方式

大车电源：滑触线供电或拖缆。
小车导电：移动电缆滑车。

（二）配电系统

配电系统由总断路器、总电源接触及过流保护组成，可以使发生故障的支路被隔离维修，而不影响其他支路的操作，从而把故障的影响压缩到最小范围。配电控制回路中，设有整机电源的起动、停止、紧急开关、电源指示、安全开关及紧急限拉开关等环节，设有短路、过流及失压保护。当供电电源中断时自动断开总回路。各机构设有零位保护，故障恢复后，如果操作手柄没有回零位，各机构不能自动起动。

照明通过专用照明变压器为整机桥架照明、室内照明、电铃警灯、电源插座等辅助线路及照明控制线路供电。起重机配电柜内设置220V、36V检修插座。

司机室设有脚踏开关，司机可通过脚踏开关发出运行报警信号。

（三）起升机构

起升机构控制方式通常有串电阻控制、变频调速控制及定子调压调速，在无指定要求情况下均为串电阻调速控制。

1. 串电阻控制

串电阻控制分两种控制方式，凸轮控制器控制、接触器切电阻控制。

凸轮控制器控制一般只针对电机功率≤26KW的司机室操作，是通过AC38（）V KT型5挡凸轮控制器、RT型电阻器配合分段切除电阻来抑制电机的启动电流，从而达到机构启动平稳。

接触器串电阻控制一般是通过LK型主令控制器、正反转接触器、切电阻接触器、时间继电器、转子电阻器配合实现起升机构在上升下降过程中改变电机转子串入的电阻值满足工作中的不同速度需要。

2. 变频调速控制

通过低压断路器、接触器与变频器组成控制回路驱动变频电机，利用电机轴端的增量编码器进行速度反馈，实现速度闭环控制，可以实现自定义速度控制，自定义启动停止的加减速时间设定，使机构运行更加平稳、可靠、准确。在下降过程中通过变频器制动单元、制动电阻保证电机下降时进行能量释放。

3. 定子调压调速控制

通过低压断路器、定子调压器、转子电阻组成控制回路驱动起升电机，通过控制定子回路晶闸管导通角来控制电机的定子电压，同时改变电机转子电阻来改变电机的机械特性。

（四）大小车平移机构

1. 串电阻控制

串电阻控制分两种，凸轮控制器控制及接触器切电阻控制。

凸轮控制器控制一般只针对电机功率≤26kW 的司机室操作，是通过 AC 380VKT 型 5 挡凸轮控制器、RT 型电阻器配合分段切除电阻来抑制电机的启动电流，从而达到机构启动平稳。

接触器串电阻控制一般是通过 LK 型主令控制器、正反转接触器、切电阻接触器、时间继电器、转子电阻器配合实现平移机构在运行过程中改变电机转子串入的电阻值满足工作中的不同速度需要。

2. 变频调速控制

通过低压断路器、接触器与变频器组成控制回路驱动变频电机，实现 V/F 速度开环控制，可以实现自定义速度控制，自定义启动停止的加减速时间设定，使机构运行更加平稳、可靠、准确。在减速过程中通过变频器制动单元、制动电阻保证电机能量释放。

3. 定子调压调速控制

通过低压断路器、定子调压器、转子电阻组成控制回路驱动运行电机，通过控制定子回路晶闸管导通角来控制电机的定子电压，同时改变电机转子电阻来改变电机的机械特性。

（五）操作保护及指示

所有机构均由司机室凸轮控制器或主令控制器操作，控制起升、大车、小车机构的运行。司机室安装有紧急停车按钮，按下此按钮，可供紧急情况下切断全车动力电源；

（1）起重机设有紧急断电开关，在紧急情况下，可切断起重机总电源，该开关设在配电柜内。

（2）电动机配置有功能齐全的保护装置，对电动机的过流、短路等故障可进行有效的保护。

（3）起重机设有零位保护，当机构准备运转或恢复供电时，必须先将控制器置于零位后，按下启动按钮，各机构电动机才能启动。

（4）各栏杆门均有安全电气联锁。

（5）设有示警电铃，通过脚踏开关进行工作提示。

（6）超载负荷限制器：起重机设有超载负荷限制器，当载荷到额定 90% 时，显示仪会自动报警；当载荷达到额定载荷 105% 时，起重机会自动切断起升机构的电源。

（7）上升极限位置保护装置：吊钩起升机构装置设有限位装置，当上升到极限位置时，自动切断起升的动力电源。

（8）行程限位器：大车、小车运行机构两侧均装有行程限位器，当大车、小车运行到极限位置时自动切断电源，可反方向运行。

（9）起重机设有失压和零位保护，司机能在方便操作的地方紧急断电。

（10）司机室及桥架上的仓门设有电气联锁保护装置。

五、安全防护装置

为了保证起重机的安全运行,在设计制造时已经为起重机配置了相应的安全防护装置,且灵敏可靠,为用户的安全使用,提供了可靠保障。

(一)安全制动装置

锥形制动器是与锥形电动机融为一体的机构,其制动原理为:当电动机接通电源时,电动机定子与转子之间产生电磁力 F,由于定转子为圆锥形表面,所以 F 力相对于圆锥面可分解为径向分力和轴向分力;转子与定子之间气隙均匀且磁力对称,径向分力相互抵消,如图 1-9-11 所示。

从图 1-9-12 中可以看出,在轴向力的作用下,电动机轴 11、轴端螺钉 7、螺母 6 及风扇制动轮 5 一起向右移动,同时压缩弹簧 1,此时制动摩擦环 9 与后端盖 10 的摩擦面脱离。当电动机断开电源时,磁力消失,轴向力也消失,弹簧 1 伸张,使电动机轴 11 向左移动,同时制动摩擦环 9 与后端盖 10 的摩擦面紧密接触,从而达到制动的目的。

制动器调整时,先将轴端螺钉 7 拆下,再旋转锁紧螺母 6,调整后要试车观察电动机轴的窜动量,窜动量以 1.5mm 为宜。当反复调整,载荷下滑距离仍达不到要求时,应检查制动摩擦环是否已达到报废标准。当制动摩擦环磨损达原厚度的 50% 或磨损量超过了电机轴允许的最大调整量时,即应更换锥形制动环 9。

起重机运行机构的制动器及电动葫芦的运行小车,一般也都采用锥形制动电动机,其制动原理、使用调整均与载荷制动器相同。

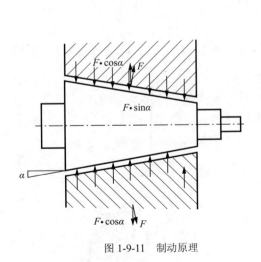

图 1-9-11 制动原理

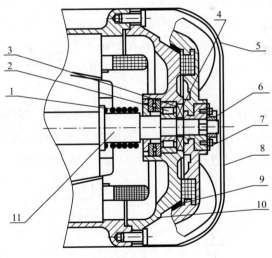

图 1-9-12 结构图

1- 制动弹簧;2- 缓冲碟形弹簧;3- 支承圈;4- 推力轴承;5- 风扇制动轮;6- 调整螺母;7- 螺钉;8- 风扇罩;9- 锥形制动环;10- 后端盖;11- 电动机轴

(二)轨道端部止挡及缓冲器

轨道端部止挡是为防止起重机从轨道两端出轨而设置的安全装置。轨道端部止挡要求安装必须牢固可靠,能有效防止起重机的脱轨。

电动葫芦运行的工字钢轨道的两端也设有端部止挡,其位置、高度与电动葫芦的运行小车相适应。小车端部止挡上装设有橡胶材料的缓冲器。

大车端梁的两端装设有聚氨酯或橡胶缓冲器,且端梁上设有行程开关,保证大车在切断电源的情况下与车挡相接触而停止运行。

(三)限位器

上升限位器是保证当吊具起升到上极限位置时,能自动切断起升电源,立即停止起升动作,然后只能向相反的方向运转。上升限位器对起重机的安全运行关系重大,一旦失灵将会导致严重事故,所以月检、年检以及日常检查都必须认真检查该机构。检查时,以空载状态起升吊具至上极限位置,电动葫芦能自动停止起升动作即为良好状态。平时使用时绝对不能用上升位置限制器作为停车开关使用。

(四)起重量限制器

起重机的载荷由传感器检测,并把重量信号转换成与重量成比例的电压信号,此信号非常微弱,在传感器内部将此信号放大,经信号线接到控制仪表内经过模拟/数字转换器变成数字信号,然后由单片机进行数据处理——数据显示、判断,根据重量信号控制声光报警及起重机起升控制回路。

当起吊重量达到额定置的90%(可设定)时,限制器发出预警信号:黄色指示灯亮,蜂鸣器发出断续声,工作原理图如图1-9-13所示。

当起吊重量达到额定置的105%(可设定)时,限制器发出报警信号:红色指示灯亮,蜂鸣器发出连续声。为避免冲击载荷引起的瞬间虚假超载,程序对数据进行滤波。如果连续超载时间超过2s,则判定是真正的超载,立即切断起升回路电源。当起吊重量达到额定置的110%时,继电器动作,立即切断起升回路电源同时红色指示灯亮,蜂鸣器发出响声,安装位置如图1-9-14所示。

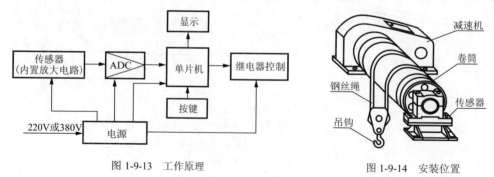

图1-9-13 工作原理　　　　　图1-9-14 安装位置

(五)安全

(1)司机室操纵的起重机,进入司机室的门和司机室到桥架上的门设有电气联锁保护装置,当其中任何一个门打开时,开关触头也打开,起重机断电停车。

(2)司机室内设有电铃或警报器。

(3)当采用联动控制台时,零挡位明显且备有零位自锁,其手柄的操纵方向与起重机和小车的运行方向一致,如图 1-9-15 所示。

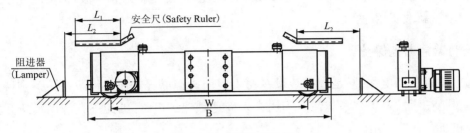

图 1-9-15　阻进器和安全尺

(六)运行极限限制器

运行极限位置限制器由行程开关与安全尺组成,行程限位开关安装在起重机上(大车行程开关安装在端梁上),安全尺则安装在承轨梁(主梁)或墙壁上,且不妨碍起重机运行。当起重机运行到离轨道端部止档一定距离时,若因某种原因没有断电制动,则安全尺碰上行程开关的触头,起重机会自行断电制动。

运行极限位置限制器是保证起重机安全运行的重要装置,不得自行拆除,必须保持其动作灵敏可靠。

(七)电动机安全保护

起重机的起升、运行电动机是采用带有法兰盘的鼠笼式全封闭电动机,大车运行电动机多数也采用鼠笼式电动机。通过按动按钮开关,使接触器的触点接通或切断电动机的电源。其主回路与控制回路电气元件少,线路简单,使用和维护也简单方便。操纵按钮开关具有机械联锁保护,保证按动起升时,不能按动下降开关,而控制回路的接线也有电气联锁,即保证不能同时接通上升和下降。由于有这样的联锁保护措施,电动机只能接通一个方向的旋转,因此是安全的。

(八)失压保护

起重机所使用的电动机均不能在电源电压低于额定电压值的 90% 以下使用。因为电动机的转矩与电压的平方成正比,当电压稍有下降,则转矩就降低很多。如果负载不变,电动机即是在超负荷情况下运转,时间一长有可能烧坏电动机。因此,电动机电源的接通与切断都要通过接触器来实现。接触器具有失压保护的作用,当遇有停电或电压过低时,接触器铁芯磁力过小,接触器合不上闸(或掉闸),从而达到自动停车。当电源电压恢复正常时,电动机不能自行起动,仍需按动按钮开关使接触器触点闭合才能起动电机。接触器的失压保护作用可防止意外事故的发生。

(九)错相保护

为了避免电动葫芦因维修后重新接线时错相相接,发生意外和事故,从而增加了综合保护器,提示重新改变相序。

(十)紧急断电保护

起重机紧急断电保护,是利用装设在司机室内操作位置方便的紧急开关来实现的。其作用主要是在事故发生或紧急情况下用来切断连锁保护电路,因此不允许用紧急开关代替正常操和断电开关使用。

(十一)过电流保护和零位保护

过电流保护中包括短路和过载保护,主要采用自动开关和电磁式过电流继电器动作等保护形式。

零位保护是指空操起重机各控制手柄不在零位时,各电动机均不能开始工作。

第十章　厂内机动车辆

> **岗位应知应会**
>
> 1. 了解厂内机动车的种类与技术参数。
> 2. 熟悉厂内机动车的结构。
>
> **重难点**
>
> 厂内机动车的结构。

第一节　概　述

厂内机动车是指在作业区域内行驶,由动力装置牵引或驱动,用于运输、搬运或工程施工作业的车辆。车辆段常用的有蓄电池叉车、蓄电池搬运车及内燃叉车。

厂内机动车属于常见设备,其生产厂家颇多,本章主要以安徽合力股份有限公司的产品为例进行阐述说明。

第二节　主要技术参数

一、合力 1~3t 蓄电池叉车

蓄电池叉车实物图如图 1-10-1 所示,参数介绍见表 1-10-1。

图 1-10-1　蓄电池叉车

参 数 介 绍　　　　表 1-10-1

设备名称		蓄电池叉车		
主要技术参数				
额定起重量	t	1	2	3
载荷中心距	mm	500		
最大提升高度	mm	3000		
门架倾角(前/后)		6°/12°		
提升速度(空载/满载)	mm/s	450/320	490/280	450/280
自由提升高度	mm	155	160	155
最大行驶速度(满载)	km/h	16	15	15.5
最小转弯半径	mm	1800	2050	2210
爬坡能力	%	20	16	15
门架高度	mm	1995	2000	2215
作业时最大高度	mm	4030	4330	4330
货叉长度	mm	770	920	1070
前悬距	mm	421	483	485
轴距	mm	1250	1500	1600
货叉间距	mm	200～950	250～1025	250～1090
离地间隙	mm	110	140	135
轮距	前轮	mm	890	970	1000
	后轮	mm	920	970	970
蓄电池	V/Ah	48/400	48/600	80/580
电机功率	行走	kW	8	11.1	16.6
	提升	kW	7.5	10.5	13
	转向	kW	0.55	0.75	
速度调制方式		SCR		
驾驶室		敞开式		

二、合力 2 吨蓄电池搬运车

蓄电池搬运车如图 1-10-2 所示，参数介绍见表 1-10-2。

图 1-10-2　蓄电池搬运车

参 数 介 绍　　　　　表 1-10-2

设备名称		蓄电池搬运车
主要技术参数		
额定起重量	t	2
最大行驶速度	m/s	16
最小转弯半径	mm	4300
最小离地间隙	mm	130
爬坡性能	%×m	10%×20m
驾驶室		敞开式
蓄电池	V/Ah	48V/280Ah
电机功率	kW	4
外形尺寸	mm	3615×1400×1350
自重	kg	1350
行驶控制方式		电子无级式
蓄电池重量	kg	550
驾驶员耳边噪音		<70
驱动方式		后轮驱动
电控		CURTIS 控制器
行车制动		液力制动与电制动
驻车制动		机械式

三、合力 5 吨内燃叉车

内燃叉车如图 1-10-3 所示，参数介绍见表 1-10-3。

图 1-10-3　内燃叉车

参 数 介 绍　　　　　表 1-10-3

设备名称		内燃叉车	
主要技术参数			
额定起重量	t	5	7
载荷中心距	mm	600	
提升高度	mm	3000	
自由提升高度	mm	200	200
最大提升速度（满载）	mm/s	530	510

续上表

设备名称		内燃叉车	
主要技术参数			
门架倾角		6°/12°	
最大行驶速度	km/h	26/30	26/30
满载时牵引力	N	53410	52410
满载时爬坡度	%	24	29
最小转弯半径	mm	3250	3370
最小直角通道宽	mm	2960	3040
最小离地间隙	mm	200	
发动机	型号	1104D-44TA 柴油机	
	额定功率 kW	67.7 或 83	
	额定功率时转速 rpm	2200	
	最大扭矩 Nm	418	
	最大扭矩时转速 rpm	1400 或 1600	
外形尺寸	全长 mm	4660	4800
	全宽 mm	1995	
	全高(门架缩进) mm	2500	
	全高(门架全伸出) mm	2500	
	门架高度 mm	4420	
	轴距(参考) mm	2250	
轮距	前轮 mm	1470	
	后轮 mm	1700	
前悬距	mm	590	
货叉横向调节量	mm	300～1700	
标准货叉长度	mm	1220	
自重	kg	7980	9350

第三节 结构及功能

一、搬运车

(一)系统配置

(1)配置先进的 EPS 电子助力转向系统,轻便、低噪声;
(2)驱动单元采用耐久、可靠的中间浮动机构;

(3)独特的增力油缸配置,确保车辆更强的地面附着力,有效防止轮胎打滑;
(4)配置交流驱动电机,无碳刷、免维护,有效降低维护成本;
(5)配置性能可靠的美国柯蒂斯控制器,具备无级调速及多项自动保护功能;
(6)标配提升电限位功能,减少能量浪费,延长液压系统及相关部件寿命;
(7)转向定位采用无接触接近开关,质量可靠、寿命长;
(8)采用蓄电池侧面拉出方式,使得更换电池快捷、方便。

(二)性能特点

EPS电转向系统操纵力轻、能耗低、高效静音,具备关机自动记忆、开机自动复位功能,手柄与驱动系统完全脱离,可以有效防止地面不平、驱动系统颠簸而造成的手柄打手现象。

驱动单元采用中间浮动机构,确保重心部分始终以最稳定的三角机构着地,提高了整车的稳定性,并有效减震,保护车内结构。

增力油缸在车辆重载运行及提升货物时,为驱动单元增加附着力,防止驱动轮打滑。

驱动系统具有再生制动功能,回收减速和制动过程中产生的能量,延长车辆工作时时间。

标配提升电限位功能,减少能量浪费,延长液压系统及相关部件寿命。

高耐磨聚氨酯轮胎,弹性好,承载力强。

转向定位采用无接触接近开关,质量可靠,寿命长。

采用可折叠、防滑踏板,配有弹簧减震系统,保证操作者的操作舒适性。

(三)安全防护

(1)驱动单元中间浮动机构,确保车辆具有可靠的稳定性,平稳运行、不倾翻。
(2)美国柯蒂斯控制器具备过压、低压、过流、高温、短路等多种保护功能。
(3)手柄紧急反向按钮,有效预防操作人员受到意外伤害。
(4)车辆具备坡道自制动功能,有效防止遛坡,使用时更加安全、可靠。
(5)可选配拐弯降速功能,确保车辆在大角度转弯运行时更加稳定和安全。
(6)遇到危险时按下红色紧急断电开关,可以迅速切断整车电源,确保安全。

二、蓄电池叉车

(一)系统配置

(1)配置大功率电机(16.6kW);
(2)配置低噪音齿轮泵;
(3)标准配置DC-DC电压转换器;
(4)标准配置正新充气轮胎;

(5)标准配置:接插件为进口安普防水接插件,三缸密封件为德国宝霞色板 B+S,等。
(6)设置蓄电池欠压点。

(二)性能特点

通过性好;爬坡性强;行驶速度快。

三、内燃叉车类设备

制动系统采用进口的全液压动力制动系统,比普通的真空增压器制动方式提高了制动的稳定性及安全性。

排气系统采用波纹管实现与车架的柔性连接,降低了整车的震动及噪声,噪声降低 1～2dB。

为了防止粉尘过多而造成发动机早期磨损,在进气系统采用二级精滤器,提高了空气的清洁度,另外,在燃油系统中增加了油水分离器,有效地防止由于燃油不纯导致发动机不能正常工作。

变速箱、变矩器、驱动桥、转向桥等关键零部件采用进口技术,采用专用的加工中心合力自己制造,可靠性高。

滚轮式油门操纵,动作更灵活、灵敏、可靠;油门踏板采取了防后翻设计,更安全周到。

打开内燃机罩采用手拉式,灵活方便。

接头形式为直角锥面密封,减少渗漏点。

油缸底部带有缓冲设置,减轻门架下降时对货物的冲击。

油缸内重要部分处的密封圈采用德国 NOK 进口件。

油缸缸盖内装有特别轴承,从设计上保证了活塞杆与缸筒同心度的要求,避免了漏油现象。

转向梯形采用优化设计程序设计,最大误差角小于 1°,减小轮胎磨损,提高使用寿命。

活塞杆与转向节间设置关节轴承,方便安装及使用过程磨损后的调节。

进气系统中空气吸入口安装在护顶架支柱上方并采用双进气口,弯头连接,降低进气阻力,增大空气流通面积,减少发动机的早期磨损。

图 1-10-4 结构图

叉车的种类:根据其(动力装置)的不同,可分为:(电瓶叉车)和(内燃叉车),其中内燃叉车的发动机又分为(汽油机)和(柴油机)两种。

性能参数:额定起重量、载荷中心距、最大提升速度、最高行驶速度等。

尺寸参数:外行长、宽、高、轴距、前后轮距最小离地间隙等。

重量参数:自重、空载前轴负荷、满载前轴负荷、满载后轴负荷等。结构图如图 1-10-4 所示。

四、基本知识

四冲程汽油机主要由曲柄连杆机构、配气机构和燃料供给系、点火系、润滑系、冷却系等组成。

（一）上止点

活塞离曲轴中心最远处,即活塞的最高位置叫上止点。

（二）下止点

活塞离曲轴中心最近处,即活塞的最低位置叫下止点。

（三）活塞行程

上止点到下止点间的距离。

（四）气缸工作容积

上止点到下止点之间的容积叫工作容积。

（五）燃烧室容积

活塞在上止点时,活塞顶上面的空间叫燃烧室,它的容积叫燃烧室容积。

（六）汽缸总容积

燃烧室容积与汽缸工作容积之和,为汽缸总容积。

（七）压缩比

汽缸的总容积与燃烧室容积之比叫压缩比。

五、气缸体的组成

气缸体是整体的躯干,是安装各个零部件及附件的基础和骨架;它由气缸体、曲轴瓦和瓦盖、凸轮轴瓦、气缸套等零件组成。气缸体是整体式铸件,由上半部的缸筒体和下半部的曲轴箱组成。缸体的夹层设有水套和主油道,以沟通整机的冷却水和润滑油的循环。缸盖部分安装在气缸体的上部,由气缸盖进排气门气门弹簧、分水管等件组成。

活塞由活塞、活塞环和活塞销等零件组成。

连杆组由连杆体、连杆盖又称连杆大端盖、连杆螺栓、连杆轴瓦等零件组成。

曲轴的基本组成包括曲轴前端（或称自由端）主轴颈连杆轴颈曲柄平衡重曲轴后端（或

称功率输出端）。

六、四缸四行程发动机

四缸汽油机曲轴每转两转就对外做功四次，为使曲轴的旋转比较平稳，需注意以下两点。

（1）其做功行程间隔应均匀布置，相邻做功的两个汽缸相对应的曲拐互成 720°/4=180°夹角。

（2）连续做功的两缸相隔尽量远些，最好是发动机的前半部和后半部交替进行，这样一方面可以减少主轴承连续载荷，另一方面可使各缸进气分配较均匀。

七、各系统组成

传动系统：从电机（发动机）到车轮的运动的传递是通过传动系统实现的，传动系统内部有减速齿轮，在内燃叉车的系统内部有变速齿轮。

后桥：后桥是转向桥，可能是3轮或4轮的。平衡重所有平衡重安装在以前轴为轴线的叉车上。它是叉车上最重的部件用来帮助叉车负载时保持平衡。电动叉车的电瓶重量是平衡重重量的一部分，这就是为什么内燃叉车的平衡重比电动叉车的重的原因之一。

门架：门架安装在叉车的前部。与叉车连接有两个部分，一个是固定的（与叉车的前桥相连），另一个是可移动的（通过倾斜油缸相连）。

液压系统：叉车的液压系统实现门架的运动（包括属具）以及转向的助力作用。

液压系统的主要部件有：泵、分配阀、安全阀（旁路阀）、油缸、油箱、液压油管，液压泵液压泵与发动机或电动马达相连，根据其转速相应地将液压油从油箱输出。

泵的特征数据是其流量，即泵每旋转一圈所送出的油的数量（cm^3/转）。

在电动叉车中，泵直接与电动马达相连，在内燃叉车中泵直接连接到发动机或传动系统。

转向系统：转向系统由转向分配阀来控制，这个阀直接由方向盘来控制，它根据方向盘旋转的速度和圈数分配相应数量的液压油给转向油缸。

倾斜系统：倾斜系统帮助门架实现前倾/后倾的动作。停止阀避免在载重状态下自动前倾。

第四节 车辆的维护

一、车辆的安全检查

车辆在使用中，由于忽视对车辆各部分技术状况的认真检查造成车辆带病运行而发生的伤亡事故比例较大,因此,驾驶员应做好出车前、作业中、收车后的检查。"三检"的重点是影响车辆安全运行的转向、制动、信号(灯光)、牵引装置、举升一机构等。对检查出的问题应按以下要求处理。

（1）出车前检查出对有碍于行车作业安全的隐患,应修复后方能运行,对强令冒险作业有权拒绝。

（2）对行驶中检查出有碍于行车作业安全的要解决后方能继续运行,不得带病强行作业或违反规定行驶。

（3）收车后应对车辆全面检查擦拭,自修或报修故障。转向、制动装置修复后应进行检验。

二、车辆维护

车辆在行驶作业中因受各种因素的影响,其机构、零件必然逐渐产生不同程度的松旷、磨损和机械损伤,如不进行必要的技术维护,车辆的动力性、经济性、可靠性会随之变坏。

车辆维护贯彻预防为主、强制维护的原则。保持车容整洁,及时发现和消除故障、隐患,防止车辆早期损坏。

车辆的技术维护与车辆修理是两种性质的技术措施。由于它们的目的不同,因此,执行的条件也不同。车辆技术维护的主要任务是:降低零件磨损速度,预防故障发生,为延长车辆使用寿命而采取预防性维护措施。车辆修理的主要任务是:在车辆达到允许工作极限后,修整出现的故障或失去工作能力的机件总成,为恢复车辆良好的技术状况而采取的技术性措施。所以,两者技术措施和目的均不同。如果片面地"以修理代替维护",不严格执行预防维护制度,那么给企业带来的恶果是很严重的。

车辆行驶作业到一定的里程或工作一定时间后进行一次技术维护称为维护周期。根据不同的维护周期而制定出不同的作业规范,称为维护分级。车辆的维护分为日常维护、一级维护、二级维护。各级维护的作业范围如下:

（1）日常维护:是日常性作业,由驾驶员负责执行,其作业中心内容是清洁、补给和安全检查。

（2）一级维护:由专业维修工负责执行,其作业中心内容除日常维护作业外,以清洁、润滑为主,并检查有关制动、操纵等安全部件。

（3）二级维护:由专业维修工负责执行,其作业中心内容除一级维护作业外,以检查、调整为主。并拆检轮胎,进行轮胎换位。

季节维护可结合定期维护进行。

车辆二级维护前,应进行检测诊断和技术鉴定。根据结果,确定附加作业或小修项目,结合二级维护一并进行。

各级维护作业项目和周期的规定,必须根据车辆结构性能、使用条件、故障规律、配件质量及经济效益等情况综合考虑,随着新工艺、新材料、新技术和新装备的采用,维护项目和周期要及时进行调整。

车辆修理贯彻视情节修理的原则,即根据车辆检测诊视和技术鉴定的结果,视情节按不同作业范围和深度进行车辆大修、总成大修。

由于厂内机动车辆种类较多,不便逐一叙述,故选取最有代表性的蓄电池叉车、装载机的维护规范进行介绍。

三、蓄电池叉车的维护

由驾驶员执行,其规范分出车前、作业中、作业后三个阶段。

1. 出车前

(1)检查报修项目是否完成、合格。
(2)检查行车、驻力制动是否良好。
(3)检查转向机构是否灵敏有效。
(4)检查起重链有无损伤,固定是否牢固。
(5)检查电动机固定螺栓及防护带是否牢固。
(6)检查减振板螺栓紧固情况。
(7)检查蓄电池组电解液是否充足。
(8)检查喇叭、照明及仪表是否正常。
(9)检查控制屏是否清洁、干燥。
(10)检查接触器分离情况及触头表面有无烧灼现象。
(11)检查主令开关对应小凸轮转动角的关合情况是否正确。
(12)检查蓄电池组各连接线卡头是否紧固。
(13)检查电气线路各接线有无磨损、短路和松动。
(14)检查各操作手柄是否处于零位或空挡。
(15)检查轮胎压力是否标准。

2. 作业中

(1)检查制动机构工作情况。
(2)检查转向机构工作情况。
(3)检查液压系统工作情况。
(4)检查电气控制系统工作情况。
(5)检查接触器有无粘连现象。
(6)听电动机有无异响。
(7)听减速器有无异响。
(8)听差速器有无异响。
(9)泵有无异响。

（10）机有无异味。
（11）气线路和各导线有无异味。

3. 作业后

（1）车外部清洁擦洗。
（2）清扫电气控制屏。
（3）用抹布蘸5%的碳酸钠或氢氧化铵溶液擦去蓄电池极柱及表面外溅电解液。
（4）检查有无渗漏电解液现象并及时排除。
（5）检查有无漏油现象并排除。
（6）检查起重链、货叉、门架、护顶架是否有裂纹及损坏。
（7）检查蓄电池组电压及电解液密度，并视需要进行充电。
（8）作业中发现的异常现象和检查中发现的故障报修。

第十一章　自动恒流充放电机

> **岗位应知应会**
>
> 1. 了解自动恒流充放电机的技术参数。
> 2. 熟悉自动恒流充放电机的结构及功能。
>
> **重难点**
>
> 自动恒流充放电机的结构及功能。

　　自动恒流充放电机适用于各种酸性、碱性蓄电池的充放电；采用微机技术，配有 LCD 液晶显示屏，全中文显示；充放电过程中，充放电机实时监控充电、放电全过程，不仅具有完好的人机界面、操作方便、显示清晰易懂，而且功能强大，集充电、放电、循环充放多种工作模式于一体。本章主要以株洲壹星科技有限公司的产品为例进行介绍。

第一节　主要技术参数

一、技术参数

(一) 型号

施能 HCF5-100A/210V。

(二) 技术参数

(1) 输入电压：三相 380V。

(2) 输出电流：0～100A（连续可调）。

(3) 输出电压：0～210V（连续可调）。

(4) 稳流稳压精度：≤±0.5%。

(5) 时间精度：<30s/24h。

第二节 结构及功能

一、设备功能

（1）采用电压法、时间法、容量法等多种方法综合性地判断充放电工作的完成，并自动关机。

（2）具有自动检测、延时启动、软启动、软关断的功能。

（3）具有开路、接反、过载、过热、电源缺相等的故障保护和报警功能。

（4）具有自动翻挡功能，本设备为了提高充电机效率，主变压器分为多路输出，并能根据用户所接蓄电池电压的大小，自动实现翻挡功能，无须人员操作。

（5）液晶屏实时显示工作模式和各个充放电参数及故障信息。

（6）高亮度 LED 指示设备的运行状态和故障报警。

（7）充电中途充电连接线脱落自动关机。

（8）对于用户设置的参数，系统可长久记忆，停电也不丢失，充、放电参数首次设置好后，如以后充、放相同的蓄电池，每次只需确认而无需重新设置。

（9）用户可在充、放电工作过程中对所有的参数进行在线设置或修改。

二、工作模式

（一）充电工作模式

采用恒流恒压控制方式进行工作；整个充电过程分恒流、恒压两个阶段进行。初期蓄电池接受能力较强，用较大的恒定电流充电，后期蓄电池接受能力减弱，自动转换为恒压方式充电，充电电压保持不变，充电电流随着蓄电池充电量的加深而自动逐渐减小。

（二）放电工作模式

采用恒流控制方式进行工作；在对蓄电池的放电全过程中，放电电流保持不变；并且放电于大功率电阻器，对电网无污染。

（三）循环充放工作模式

充电采用恒流恒压控制方式和放电采用恒流控制方式，并实现了充电与放电的自动转换以及允许用户设置循环充放的次数和充放转换的间歇时间。为用户进行蓄电池的维护保养等提供便利。

(四)初充电工作模式

初充电采用循环充放工作模式。其充电采用恒流二阶段控制方式,放电采用恒流控制方式。

三、主要技术要求

(1)采用电压法、时间法、容量法等多种方法综合性地判断充放电工作的完成,并自动关机,全数字控制,DSP 处理器。

(2)控制方式:可设置各类电池的充放电工艺程式及参数自动控制,也可单步控制。

(3)运行方式:恒流充电、脉冲充电、恒压限流充电、恒流限压放电、静电、循环等。

(4)保护:具有过流、过压、断流及掉电数据保存,上电自动恢复运行,超温保护等功能。

(5)记录:具有定时间,电压,安时等阶段转换工作方式;具有充放电过程数据、曲线记录存储功能,可存储 3000 条以上充电信息。

(6)整流方式:三相半控桥式整流。

(7)采用工业级触摸屏,汉字显示,实时状态,不仅具有完好的人机界面,人机对话,操作方便,显示清晰易懂,而且功能强大,集充电、放电、循环充放、脉冲、温度补偿等多种工作模式于一体,多款触摸屏 7 英寸、10 英寸等可选。

(8)对电网无相序要求,A、B、C 三相输入任意接线。

(9)充电中途充电连接线脱落自动关机,充、放电参数首次设置好后,如以后充、放相同的蓄电池,每次只需确认而无需重新设置。

(10)具有脉冲充电功能(能对落后蓄电池进行激活),脉冲宽度、幅度可变、可设置。

(11)具有温度补偿功能,即充电机可以根据环境温度变化和蓄电池特性曲线调整充电电压。

(12)采用大功率电阻器进行恒流放电,对电网无污染,安全性能高,系统可靠性高。

(13)用户可在充、放电工作过程中对所有的参数工艺参数进行查看,避免误操作。

(14)具有掉电存储功能,来电自动恢复到掉电前工作状态,实现无人值守。

(15)具有暂停功能,确保连续运行。

(16)采用工业级彩色触摸屏,通过触摸屏进行各种操作,实时显示充、放电参数和状态,显示故障信息和充放电曲线等信息,人机界面新颖、操作简便直观。

四、故障处理及原因(表 1-11-1)

常见故障原因及排除方法　　　　　　　　　　表 1-11-1

序号	故障	产生故障原因	检查与排除方法
1	蓄电池未接	蓄电池未连接好	检查蓄电池连接线
		所接蓄电池电压低于 2V	蓄电池已坏,更换蓄电池

续上表

序号	故障	产生故障原因	检查与排除方法
2	蓄电池接反	充放电线"+"、"-"接反	正确连接充放电线
3	电流过载	模块击穿	调换模块
		线路板上部分元件损坏	调换或修复线路板
		一般有烧熔断丝现象	调换同规格熔断丝
4	机内过热	散热风机坏,停转	更换风机
5	输入电源缺相	设备外部电源问题	查外部电源
		本设备内输入熔断丝坏	调换同规格熔断丝
6	运行电源缺相	设备运行过程中引起的电源缺相,如"复位"后没有出现"输入电源缺相"故障,主要原因如下	
		电源线接触不良	查找并修复接触不良的地方
		电网电源不稳定,电压过分偏低	进行稳压处理

第十二章　固定式空压机

> **岗位应知应会**
>
> 1. 熟悉固定空压机的技术参数。
> 2. 熟悉固定空压机的结构及功能。
>
> **重难点**
>
> 固定空压机的结构及功能。

第一节　概　　述

在城市轨道交通车辆段内，固定式空压机提供压缩空气，压缩空气经过管道输送到各个检修库房，供电客车检修使用。

以某城市轨道交通 1 号线为例，空压机库房位于工程车库内。本章主要以世界知名空压机厂商——阿特拉斯科普柯生产的 GA 55 ＋型空压机为例，对空压机进行介绍。GA 55 ＋型空压机是由电动机驱动的单级喷油螺杆压缩机，如图 1-12-1 所示。

各代码含义见表 1-12-1。

代码含义　表 1-12-1

参考	名称
AV	空气出口阀门
Ca	空气冷却器
Co	油冷却器
CV/Vs	单向阀／断油阀
Da	自动冷凝水出口
E	压缩机机头
Ml	驱动电动机
UA	卸载装置
VP	通风孔闷头

图 1-12-1　正视图

第二节 结构及功能

一、结构图

空压机内部结构图如图 1-12-2 所示。各代码的含义见表 1-12-2。

代码含义　　表 1-12-2

参考	名称
1	电柜
AF	空气过滤器
AR	贮气罐（油气分离器容器）
AV	空气出口阀门
Ca	空气冷却器
Co	油冷却器
Da	自动冷凝水出口
Da1	自动冷凝水出口,干燥机
DR	干燥机
ER	Elektronikon ⑧ Graphic 控制器
FN	风扇
M1	压缩机驱动电动机
VP	通风孔闷头（油冷却器）
S3	紧急停机按钮
OF	油过滤器壳体

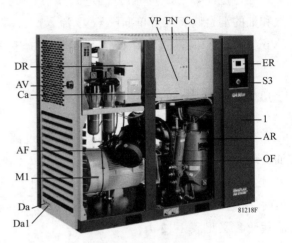

图 1-12-2　内部结构图

二、气流

气流图如图 1-12-3 所示。

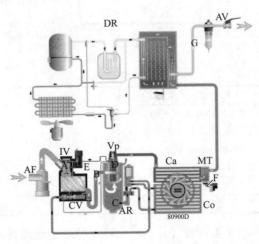

图 1-12-3　气流图

代码含义见表 1-12-3。

代码含义 表 1-12-3

参 考	说 明	参 考	说 明
A	进口空气	D	湿压缩空气
B	空气/油混合物	F	冷凝水
C	油	G	干压缩空气

通过过滤器（AF）和打开的进气阀（IV）进入压缩机主机（E）的空气将被压缩。压缩空气和油的混合物将经过单向阀（cv）流入贮气罐/油气分离器（AR）。空气通过最小压力阀（Vp）、空气冷却器（Ca）和排气阀（AV）排出。空气冷却器配有水分收集器（MT）。

三、润滑系统

在贮气罐/油气分离器（AR）中，通过离心运动分离除去空气/油混合物中的大部分油。剩余的油通过油气分离器（OS）除去。油收集在贮气罐/油气分离器（AR）的下半部分，这可以充当一个油箱。润滑油系统装配了一个温度调节旁通阀（BV）。当油温低于设定值时，旁通阀（BV）将切断油冷却器（Co）的供油并旁通油冷却器，如图 1-12-4 所示，图中的代码含义见表 1-12-4。

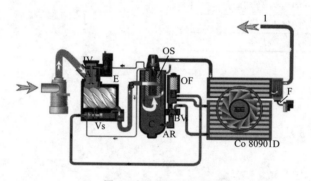

图 1-12-4　润滑油流程图

代码含义 表 1-12-4

参 考	说 明	参 考	说 明
1	对于 Workplace 机组，压缩空气将流向空气出口阀门对于 Full-Feature 机组，压缩空气将流向空气干燥机	C	油
A	进口空气	D	湿压缩空气
B	空气/油混合物	F	冷凝水

空气压力推动油从贮气罐/油气分离器（AR）经过油过滤器（OF）和断油阀（Vs），到达压缩机机头（E）及其润滑点。

四、冷却系统

冷却系统流程图如图 1-12-5 所示,代码含义见表 1-12-5。

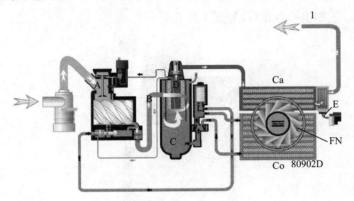

图 1-12-5　冷却系统(风冷式)

代码含义　　　　　　　　　　　　　　　　表 1-12-5

参　考	说　明	参　考	说　明
A	进口空气	D	湿压缩空气
B	空气/油混合物	E	冷凝水
C	油		

五、调节系统

(一)加载

当净压力低于加载压力时,电磁阀(YI)将通电。

卸荷阀/放空阀(UV)上方的空间将通过电磁阀与油气分离器/油箱压力(1)连接。

卸荷阀/放空阀(UV)会向下移动,阻塞与通道(2)和(3)连接。

压缩机机头中的真空会使得加载柱塞(LP)向下移动,进气阀(IV)完全打开。

恢复空气输出(100%),压缩机加载运行。

(二)卸载

如果耗气量少于压缩机的空气输出,则管网压力会增加。当管网压力达到卸载压力时,电磁阀(YI)就会断电。

卸荷阀/放空阀(uv)上方的压力将被释放到大气中,阀门(uv)上方的空间将不再与油气分离器/油箱压力(1)连接。

卸荷阀/放空阀(UV)会向上移动,将油气分离器/油箱压力(1)与通道(2)和(3)连接。

通道(2)中的压力使得加载柱塞(LP)向上移动,导致进气阀(IV)关闭,同时使压力逐步释放到大气中。

分离器/油箱中的压力稳定在较低的数值内。

少量空气将被吸入以保证卸载运行期间润滑所需的最小压力。

空气输出停止,压缩机卸载运行,如图1-12-6所示。

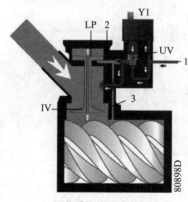

调节系统(加载条件下)

图1-12-6　调节系统

六、空气干燥机

(一)压缩空气回路

压缩空气进入热交换器1,并由排出的干燥冷空气进行冷却。流入的空气中的水分开始凝结。

空气随后将流经热交换器/蒸发器2,在此处制冷剂将蒸发,从而使空气被进一步冷却,以接近制冷剂的蒸发温度。空气中的更多水分会凝结。冷空气随后将流经分离器3,在此处所有的冷凝水将与空气分离。冷凝水自动通过出口4排放。

干燥冷空气随后将流经热交换器1,在此处通过流入的空气重新加热。

(二)制冷剂回路

压缩机5传输流经冷凝器6的高压热制冷剂气体,在冷凝器中,大部分制冷剂将凝结。

液体制冷剂将流经液体制冷剂干燥机/过滤器7进入热力膨胀阀8。制冷剂在蒸发压力下离开热力膨胀阀。

制冷剂进入蒸发器2,在此处制冷剂在恒压下经过进一步的蒸发吸收压缩空气中的热量。热的制冷剂离开蒸发器,然后被吸入压缩机5。

旁通阀9调节制冷剂流量。根据制冷剂回路的载荷等级,通过开关11来打开或关闭风扇10,如图1-12-7所示,代码含义见表1-12-6。

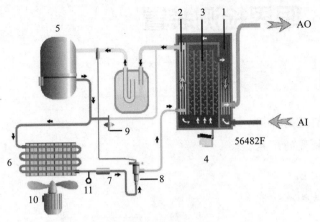

图 1-12-7 空气干燥机

代码含义　　　　　　　　　表 1-12-6

参　考	名　称	参　考	名　称
AI	空气进气口	6	制冷剂冷凝器
AO	空气出口	7	液体制冷剂干燥机/过滤器
1	空气/空气热交换器	8	热力膨胀阀
2	空气/制冷剂热交换器/蒸发器	9	热气旁通阀
3	冷凝水分离器	10	冷凝器冷却风扇
4	自动排污/冷凝水出口	11	压力开关,风扇控制
5	制冷压缩机		

第十三章　限界检测装置

> **岗位应知应会**
>
> 1. 熟悉限界检测装置的作用。
> 2. 熟悉限界检测装置的结构。
>
> **重难点**
>
> 限界检测装置的结构及功能。

第一节　概　　述

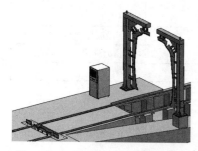

图 1-13-1　DT-XJZZ-M01 型限界检测装置外形图

限界检测装置用于检查修理后的城市轨道交通车辆外部轮廓是否超出限界，主要由上部限界、下部限界、采集信息系统、超限报警计算机记录系统组成。本章主要以新联铁科技有限公司生产的 DT-XJG-M01 型限界检测装置为例进行介绍。限界检测装置固定安装在车辆段三月检库内标准轨距平直线路（平直线路长度为 50～100m）的中央，在标准轨距 50m 长度的平直线路，两轨水平高度差不大于 1.0mm，纵向高度差不大于 5.0mm，限界检测装置检测记录管理系统安装在平直线路边检查室内，检修完成交付使用前的列车，按照《标准轨距铁路机车车辆限界检查第一部分：检查方法》(GB/T 16904.1—2006) 的要求，在 AW0 载荷条件下，以 3～5km/h 的速度缓缓通过限界检测装置。本限界检测装置具有车体上部、车体下部的限界检测功能。如发生超限，监视装置将记录超限的部位，计算机屏幕上就自行发出声光报警，显示超限部位，并记录时间。检测人员通过读取智能化管理系统记录，能正确判断城市轨道交通车辆车体上部、转向架下部等各部件轮廓是否超出限界，如图 1-13-1 所示。

第二节　主要技术参数

一、结构特点

（1）该限界检测装置具有操作简单、高可靠性和高性价比等特点。

(2)该限界检测装置为静态设备,结构简单,维护方便。两门框立柱通过螺栓与过渡板连接,过渡板又牢固焊接在基础预埋钢板上,整个设备安装牢固,安全可靠。

(3)具备车辆轮廓(包括上部车体和转向架下部)超限检测、报警、计算机显示、记录管理等功能。

(4)通电后,系统即处于待机状态,随时监测触发信号,一旦出现超限,钢结构门框立柱顶部报警灯和计算机屏幕上同时出现声光报警,并对相关车号、时间等参数详细记录,直至所有车辆推出结束检测。

(5)全程数据均建立数据库,可以随时按照时间、车号、报警号等对历史数据进行检索。

(6)待交付使用的新造列车或检修后的车辆在 AW0 载荷条件下,通过调车机车推送以 3～5km/h 的速度通过限界门,车辆轮廓线与检测模板不发生接触,则为合格。车辆轮廓线任意部位与检测装置模板发生接触或碰撞,则为超限。对超限部位作记录并进行整改。整改后的车辆应再次通过限界门的检测,直到检测合格,如图 1-13-2 所示。

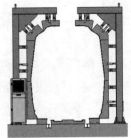

图 1-13-2　正视图

二、主要技术参数

(一)上部限界检测装置

(1)上部限界检测装置中心线与线路中心线偏移量不大于 1mm。

(2)上部限界检测装置测量平面与线路中心线的垂直度,在上部限界检测装置内轮廓折线内不大于 5mm。

(3)上部限界检测装置测量边直线度不大于 0.3mm。

(4)上部限界检测装置框架横梁与钢轨平面的平行度,在总长度内不大于 5mm。

(5)立柱与钢轨平面的垂直度在总长度内不大于 5mm。

(二)下部限界检测装置

(1)下部限界检测装置中心线与线路中心线偏移量不大于 1mm。

(2)下部限界检测装置测量平面与线路中心线的垂直度,在下部限界检测装置内轮廓折线内不大于 5m。

(3)下部限界检测装置测量边直线度在镶块全长内不大于 0.2mm。

第三节　结构及功能

限界检测装置主要由上部限界检测装置、下部限界检测装置、计算机管理系统组成。

作为车辆限界检测装置,在其立柱上安装有检测模板;一对对称的立柱,按车辆限界,固定安置于车辆行驶轨道的两侧。本限界检测装置的检测模板与线路垂直。

每一块检测模板均安装有复位元件和对应的位置传感元件。当车辆行驶经过时,若超限,至少检测模板中的某一块必将偏离其原始位置,从而有相应的信息传送给监视装置,监视装置感知相应的信息并发出声光警示信号并发出声光警示信号。同时监视装置将记录超限的状况。

一、上部限界检测装置

上部限界检测装置由钢结构门框立柱,双向摆动复位装置,槽型光电开关、声光报警灯、叶板、橡胶护板及压条等组成。上部限界检测装置通过双向摆动复位装置悬挂有8片叶板,设有8个槽型光电开关,叶板上用压条压有橡胶护板,如图1-13-3所示。

(一)钢结构门框立柱

钢结构门框立柱由250×5冷弯空心方钢管与钢板焊接而成,是上部限界检测装置的主体支架,其上通过双向复位装置安装悬挂检测叶板、槽型光电开关。钢结构门框立柱通过螺栓与过渡板连接,过渡板焊接在基础预埋钢板上,如图1-13-4所示。

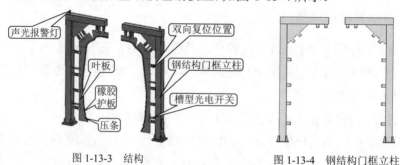

图1-13-3 结构　　　　　　　图1-13-4 钢结构门框立柱

(二)双向摆动复位装置

双向摆动复位装置由铰接板、弹簧、螺栓等组成。其功能保证各叶板在被超限轮廓碰撞后能柔和让位和自动恢复初始位置,而不伤害车辆本身,如图1-13-5所示。

(三)槽型光电开关

槽型光电开关检测感应叶板摆动信号,如图1-13-6所示。

图1-13-5 双向摆动复位装置　　　图1-13-6 槽型光电开关

(四)声光报警灯

声光报警灯在通过车辆超限时,及时报警,如图 1-13-7 所示。

(五)叶板

叶板由 Q235A 钢板制成,通过连接双向摆动复位装置悬挂在钢结构门框立柱上,叶板内侧通过压条压有防护橡胶板,避免划伤车辆,如图 1-13-8 所示。

图 1-13-7　声光报警灯

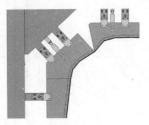

图 1-13-8　叶板

二、下部限界检测装置

下部限界检测装置安装在地坑内,由安装板、双向摆动复位装置、槽型光电开关、叶板、橡胶护板及压条等组成。安装板与过渡板螺栓连接,过渡板与基础预埋板焊接连接,在安装板与叶板之间,用双向摆动复位装置连接,对车辆转向架下部进行限界检测。功能及动作原理同上部限界检测装置。另外,下部限界装置还设有地坑盖板,不进行检测时,下部限界检测装置隐与地坑内,上有盖板防护,如图 1-13-9、图 1-13-10 所示。

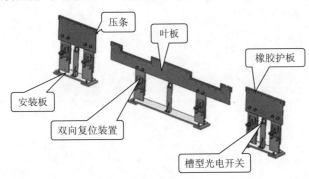

图 1-13-9　下部限界检测装置部件

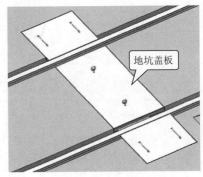

图 1-13-10　地坑盖板

三、计算机管理系统

计算机管理系统记录超限的部位,屏幕上自行发出声光报警,显示超限部位,并记录时间。检测人员通过读取智能化管理系统记录,能正确判断城市轨道交通车辆车体上部、转向架下部等各部件轮廓是否超出限界,如图 1-13-11 所示。

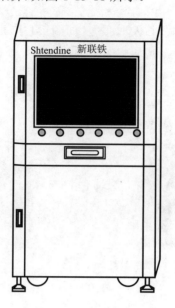

图 1-13-11　计算机管理系统

第十四章 移车台

> **岗位应知应会**
>
> 1. 熟悉移车台的作用。
> 2. 熟悉移车台的结构及功能。
>
> **重难点**
>
> 移车台的结构及功能。

本章的学习目的是让读者掌握移车台的主要技术参数、结构及功能;教学目标是读者学完本章后需熟悉移车台的结构及功能;移车台的结构简单,原理也不复杂,学习的重点应放在对设备功能的理解上。

第一节 概 述

移车台是指用于城市轨道交通车辆单节车厢在大架修库不同股道之间的转轨作业的专用设备。本章主要以新联铁科技股份有限公司生产的 YCT-48T-M01 型移车台进行介绍。该设备用于车长不超过 19m、车重不大于 40t 的各种铁路车辆横移换轨作业。

浅坑式移车台在传统的移车台基础上,考察吸收国内外最新技术开发研制的新一代产品,性能先进、结构简单、维修便利、质量稳定、运行可靠、外形美观、新颖,如图 1-14-1 所示。

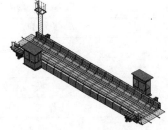

图 1-14-1 移车台

第二节 主要技术参数

一、设备功能和特点

(1)移车台走行与渡桥电动缸有联锁保护功能,在渡桥电动缸未抬起的情况下,移车台不能启动运行。

（2）移车台走行具有极限位置保护功能,即当移车台运行到极限位置时,保护装置使其自动停止运行。

（3）具有各走行电机任意两相间的短路保护和A、C两相的对地短路保护功能。

（4）移车台具有自动对位装置及停车后锁死定位功能,且锁死与运行连锁。

（5）移车台具有各走行电机相序保护功能。

（6）具有快进、慢进及点动功能,起动停止平稳。

（7）移车台在走行时,具有声光提示功能。

（8）在移车台司机室对侧设有紧急停车按钮。

二、主要技术参数

主要技术参数见表1-14-1。

主要技术参数　　　　　　　　表1-14-1

载质量(t)	60
运行速度(m/min)	4.8～48
牵引力(t)	2
牵引速度(m/min)	50
迁车台上钢轨轨距(mm)	1435
自动对轨精度(mm)	±2
外型尺寸(长×宽×高)(m×m×m)	25.5×7.6×5.9
轮径(mm)	ϕ600
运行轨面高(m)	−0.26
运行轨道轨距(m)	6.2×7.6×6.2
运行电机功率(kW)	2×15
牵引钢丝绳长度(m)	80
牵引功率(kW)	22
工作电压(V)	交流380
受电方式	安全滑触线、三相五线制
总装机容量(kW)	56
运行轨道型号	P50

第三节　结构及功能

浅坑式移车台主要由车体、渡桥、司机室、驱动及从动车轮组、安全滑触线供电装置、电气控制等部分组成,如图 1-14-2 所示。

一、车体

车体是移车台的受力载体,整个运载车辆的质量全部由车体承担,因此,要求车体具有足够的强度及刚度。车体主梁采用整体箱形梁焊接结构,横梁采用变截面箱形梁,结构合理;钢梁结构材料均在焊前进行预处理。车体上铺设有供车辆通过的轨道,轨距为 1435mm。轨道单侧设有走台,宽度 500mm;在车体横梁上部铺有面板,面板下部为型钢框架结构,顶部铺有花纹钢板,便于其他车辆和行人通过,可满足 10t 以下的轮胎车辆通过,保证无塑性变形。由于采用合理的结构设计,各构件的受力分配合理,使组成车架的各梁处于等强度受力状态。

二、渡桥

该机构是车辆上下移车台的过渡机构。上部布置与通过轨道结构相同的动轨,下部为斜坡结构。渡桥在对 40t 车辆通过有足够的刚度和抗变形能力,并可满足 10t 以下的轮胎车辆通过。渡桥采用电动推杆推动,结构紧凑,使用可靠。当牵车时,电动推杆伸出,放下渡桥,使渡桥落至地面,作为牵车引轨。当车辆通过后,电动推杆收回,渡桥离开地面,移车台运行。渡桥配置与地面等高的固定走台板,便于行人及车辆通过,并且外形美观,桥式对接轨道与车体铰接,如图 1-14-3 所示。

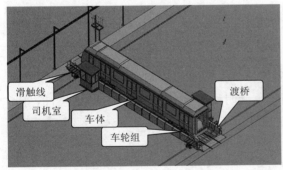

图 1-14-2 整体结构

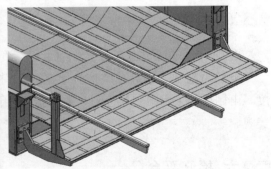

图 1-14-3 渡桥

三、行走机构

该机构由主动车轮装置、从动车轮装置构成(图 1-14-4)。主动车轮分别由两台减速机驱动,每台减速机由一台变频器控制,通过 PLC 自动调整变频器的频率来保证各主动车轮的同步运行,如图 1-14-5 所示。

图1-14-4 行走机构

主动车轮　　从动车轮
图1-14-5 主、从动车轮

主、从动车轮装置均由车轮、角型轴承箱、轴承、轴、轴承盖等组成。车轮轴采用合金钢制造,车轮采用合金锻钢,强度高,耐磨性好,使用寿命长。

三合一减速机集电动机、制动器、减速箱及编码器为一体,具有结构简单、维修方便、使用可靠、体积小等特点。选用国际名牌产品SEW的三合一减速机。

四、司机室

司机室为操作人员操控迁车台及牵引车辆上下迁车台的场所。司机室设置在移车台装有渡桥侧的端部,以便操作人员在对轨时观察动轨和地面轨道的对接状况。司机室为全封闭结构,室内设有控制台、空调装置及照明设备,并配有舒适可靠的座椅。司机室有足够的净空高度,且有适当的操作空间,使操作人员有个舒适的工作环境。司机室整体结构采用塑钢型材制作,四周设有透明窗,外形美观,视野好。

五、雨棚

雨棚能全部覆盖住移车台工作台面,包括渡桥上部,保证了移车台在整个牵车过程中的防雨。雨棚为整体型钢焊接结构骨架,骨架焊接到移车台两侧的主梁上,有足够的强度和刚度。雨棚顶部采用中空彩色阳光板,两侧采用无色透明耐力板,采光效果好,透明度高,外形美观。

六、检修平台

该移车台设有爬梯及检修平台,便于受电器及滑触线的检修、维护。

七、电气控制部分

(一)电气控制部分组成

本移车台电气部分包括视频监控系统,对轨照明系统,位置检测系统以及司机控制系统几部分组成。

视频监控由两台摄像头和四台监视器组成。两台摄像头分别位于两侧渡桥上空,实时监控移车台对轨及渡桥运行情况。四台监视器分别两两位于两间司机室内,分别显示两台摄像头的检测画面从而保证操作人员在司机室内就可以精确控制移车台对轨运行。

对轨照明系统主要是由两盏照明灯组成,以方便移车台的使用及摄像头监视照明。

位置检测系统主要由位于移车台下沿侧的接近开关和位于地面轨道的感应装置组成。当移车台运动时,靠接近开关反馈位置信息,以对车体运行进行合理控制。

司机控制系统主要是指两间司机控制室,里面包含电控柜和操作台。电控柜包含PLC、空气开关、中间继电器、变频器和遥控接收处理装置,实现对移车台的命令执行和驱动控制。操作台主要包含控制按钮、指示灯以及触摸屏,实现对移车台的控制命令输入。两间司机室均可以对移车台进行控制。司机室操作台控制面板如图1-14-6所示。

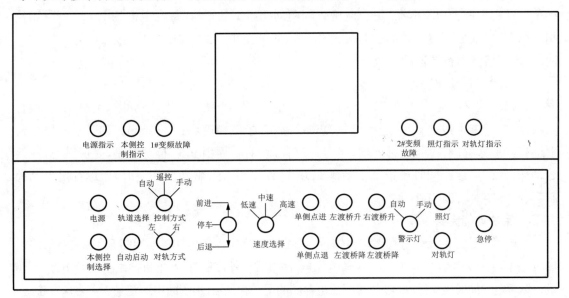

图1-14-6　司机操作台

(二)控制原理

采用知名品牌西门子PLC S7-200控制系统,配合西门子变频器,实现变频驱动。

1. 自动对轨

自动对轨时移车台行走速度沿阶梯形曲线变化(v-t),移车台启动后,平滑加速到运行速度,以设定的运行速度行走。当接近目标轨道时,电磁接近开关接收到运行场地地面上的减速信号反射板返回的信号,移车台开始减速运行,速度降低到对轨速度。当电磁接近开关接收到地面上的对轨信号反射板返回的信号后,PLC给出停止信号,变频器输出频率平滑下降到0。PLC根据空重车开关的空重车状态,给出延时制动信号,运行,电机制动。通过参数调节和电磁接近开关位置的调节,控制精度可达±2mm,如图1-14-7所示。

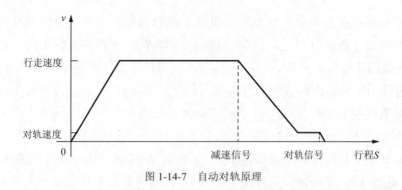

图 1-14-7 自动对轨原理

2. 运行同步的实现

为使移车台运行时不跑偏,避免车轮啃轨,须保证移车台运行时各主动车轮保持同步。移车台行走由两台电机驱动,每台电机分别驱动两组主动车轮,每台电机各由一台变频器控制。每台电机轴安装旋转编码器,转速信号接入 PLC 后,通过 PLC 对变频器给定频率进行调节,始终保持电机转速的一致。

3. 技术与自动化程度

运行机构采用交流变频调速驱动方式,并采用两台变频器分别驱动两台运行电机、运行同步控制、速度可设定多级、起始位置复位等技术,控制精度可达 ±2mm。驾驶员在操作台上选择好道号并确认后,运行方向、运行速度控制、对轨均由 PLC 自动控制,完成减速、对接等动作,操作简便。同时还带有手动操作方式,便于设备调整和检修,移车台运行可点动控制,从而方便对轨调节。

4. 保护功能完善

PLC 可对错误的操作进行逻辑互锁;在各回路主干道上设置额定功率的断路器进行短路保护;断路器上安装防漏电插件来实现漏电保护;停电或意外停机时,各电机抱闸机构断电抱闸,防止突然断电时的惯性滑行,PLC 带有可断电存储的记忆存储器,用于断电后记录迁车台所在位置。

电控系统具备连锁报警功能:若渡桥下降不到位、对接不到位或提升不到位,系统不能进行下一步操作,此功能靠渡桥限位开关和 PLC 编程实现。详细控制原理如下:渡桥设置上限位和下限位两个开关,信号连入 PLC,若下降不到位或提升不到位,则 PLC 不能接收到信号变更,并对其他操作进行锁定禁止。

操作台上设急停开关、声光报警开关;在移车台的两端装有紧急停按钮,遇有紧急情况时便于迅速停车。

移车台两侧设置行程开关,当移车台运行到工作场地的两端接近极限位置时,行程开关动作,切断行走电路,使移车台停止运行。

供电方式采用防雨型安全滑触线,架空敷设,三相五线制供电,各现场用电设备均进行保护接地。

故障检测和报警:在通电状态下,系统随时进行故障检测。控制系统、变频器、运行电机抱闸机构和 PLC 都具有故障报警功能。

(三)电气控制的实现

移车台的运行控制分为三种模式:手动控制、自动控制和遥控控制。每种控制模式都可以控制移车台平滑运行,合理对轨。先通过降下对应的渡桥,车体引渡上移车台后,再升起渡桥,此时即可安全移动移车台。无论何种控制模式,移车台在运行时均有声光报警灯进行危险警示,同时提供急停开关随时停止车体运行。

1. 手动控制

首先,在操作面板上通过模式开关选择"手动"模式,然后通过速度开关选择好移车台运行速度(高速,中速,低速),再通过方向摇杆选择运动趋向(前进,后退或停止)。此时,若选择"前进"或"后退",移车台就会按照设定的速度模式向左或向右运行,直到将方向摇杆拨到"停止"档位。在停止挡下,可以通过点动按钮(点进,点退)实现移车台的缓慢挪动,主要是方便手动对轨。在手动控制模式下,操作人员可以通过监视器观看移车台对轨情况,结合低速选择和"点进"、"点退"按钮实现精确对轨。所有运行过程的两台轨道轮电机都是同步的。

2. 遥控控制

遥控控制有别于手动控制,该控制不需要通过操作面板来实现,也无需通过监视器观察对轨情况。操作人员可以拿着遥控器,站在移车台外侧,遥控控制移车台的移动。首先,在面板上选择"遥控"模式,然后通过遥控器上的速度和方向按钮,来实现控制移车台的运行速度和方向。此时,操作人员可以就近观看移车台的对轨。对移车台的遥控运行类似于遥控控制天车,操作极为便利。

3. 自动控制

自动控制区别于手动操作。在自动控制模式下,移车台会按照设定的方向和预定的轨道自行运行并对轨。需要注意的是,本型号移车台不支持自由选轨。首先,通过模式开关选择"自动"模式,选择"左对轨"或"右对轨",这是设定移车台的运动方向。然后,点按下"自动启动"按钮,移车台会向着预定方向以设定的速度快速移动。因为此款移车台不具备自动选轨功能,所以如果希望移车台移动到某个轨道,应该在启动移车台之前,设定目的轨道。设定方法为:配合触摸屏,在一分钟内连续快速点按"轨道选择"按钮,轨道序号回依次加1,直到5以后再回到1,默认为1号轨,选定的预对轨轨道编号可以在触摸屏中看见。轨道编号定义方法为:以当前所在轨道为第0轨,向左向右相邻的第一条轨为1号轨,向左向右次相邻(相邻1号轨)的为2号轨,……,以此类推到5号轨。当设定了预对轨编号,设定了移车台运行方向,这时就可以点按"自动启动"按钮。移车台会顺利地到达指定轨道并对轨成功。

八、设备使用注意事项

(1)移车台在运行前必须认真检查移车台运行场地是否清洁,运行场地上不可堆有残土、石块、木板、金属板等杂物,尤其是在装有电磁接近开关部位运行的线路,在确认无杂物后方可运行。如果在电磁接近开关运行线路的场地上有金属板,在自动对轨状态时,电磁接近开关可误将该金属板当作信号反射板,使电磁接近开关接收到错误的信号,使移车台不能停在设定的位置。

(2)检查急停按钮,确保在拍下位置,直到所有设置确认无误后才可开启。

(3)当车辆上移车台时,要注意将车辆输送到移车台中央位置。

(4)移车台运载车辆时,一定要将车辆两端的车轮用挡车物品挡住,以免在移车台运行时车辆移动,发生事故。

(5)变频器已由厂家调好,用户不得擅自调动变频器。变频器出现故障时,操作台上的"变频器故障"指示灯亮。此时应查找原因,将故障排除后,方可重新启动,然后按照操作步骤重新投入工作。

(6)工作过程中发现异常现象,应立即停车检查,以免发生意外事故。

(7)经常检查移车台运行轨道及轮缘槽是否干净。移车台运行轨道上及轮缘槽里不得有异物,否则会造成移车台车轮运行时的不同步,严重时会造成设备的损坏,所以应经常清理轮缘槽。

(8)应注意安全滑触线工作是否正常,经常检查电线、电缆有无损伤,如有则应及时更换与包扎。

(9)各电机不能有过热现象,如发现过热,应立即查明原因,排除故障。

(10)出现经常性的移车台车轮啃轨时,应及时检修,并查找原因予以排除,防止车轮及轨道的磨损报废。

确定移车台是否啃轨,应将车轮轮缘的正常导向与确属啃轨区别开来。轮缘靠着轨道的一个侧面平稳的运行或伴有轻微的摩擦,不属于啃轨。啃轨是指移车台的轮缘与轨道间出现严重的抵触,运行过程中产生较大的响声和震动。当移车台出现啃轨现象时,简单的处理办法可归结为以下几点:

(1)如果啃轨总是发生在一个方向上,即总是一个轮缘磨损严重并发生较大的声响和震动,则应调整车轮的水平偏差或成对车轮的偏斜方向;

(2)如果往返运行时,啃轨方向相反,应检查两电动机和制动器的同步性,测量电动机的转速,检查制动力矩,并进行调整;

(3)如果啃轨始终发生在钢轨的某一区段上,则主要是地面轨道安装偏差较大。应检查轨道的跨度偏差和同一截面两轨道高低偏差。调整达到轨道安装公差的要求。

(4)如果是在运行的全程中,啃轨始终发生在同一地面轨道上的所有外轮缘或内轮缘,则应检查移车台跨度或地面轨道跨度的偏差。

第十五章　常用工器具

岗位应知应会

1. 了解常用工器具的原理。
2. 掌握常用工器具的使用方法。

重难点

常用工器具的使用方法。

第一节　钳形电流表

钳形电流表是一种用于测量正在运行中的电气线路的电流大小的仪表,可在不断电的情况下测量电流。本章以福禄克 319 手持式钳形电流表为例讲解钳形电流表的功能及使用方法。它可以测量交流电流和直流电流、交流电压和直流电压、电阻、通断性、电阻、通断性和频率。

一、结构及功能

（一）整体结构

福禄克 319 钳形电流表的结构如图 1-15-1 所示。其中,数字代表的功能见表 1-15-1。

各部分功能　　　　　　　　　　　　　　表 1-15-1

编号	功能描述
1	电流感测钳
2	触摸挡板（为了安全起见,不要握在仪表挡板以上的任何位置）
3	旋钮功能开关（功能见表 1-15-2）
4	选择交流或直流模式
5	保持按钮:冻结显示屏读数;再按一次则解除读数冻结
6	液晶显示屏

续上表

编号	功能描述
7	MIN MAX（最大值、最小值）按钮：当首次按此按钮时，仪表显示最大输入。随后再按此按钮，则显示最小输入和平均输入。按住此按钮2s，即可退出最大值最小值模式。该功能适合于电流、电压、频率模式
8	Inrush（启动电流）按钮：按此按钮进入启动电流模式。再按一次退出。积分时间为100ms
9	V、Ω 分别为电压、电阻输入端子
10	公共端子
11	ZERO（归零）按钮：将显示屏归零以进行直流测量
12	背光灯按钮：打开或关闭背光灯。当没有按键或切换动作时，背光灯在持续亮2min后关闭
13	钳口开关
14	对准标记：为了达到准确度规格，导线必须与两个标记对准

要使用 Min Max Avg（最小值与最大值的平均值）功能：

（1）按一次此按钮将仪表设为 MAX（最大值）模式。

（2）再按一次此按钮将仪表设为 MIN（最小值）模式。

（3）第三次按此按钮，仪表显示读数的 AVG（平均值）。

（4）按住此按钮超过2s可使仪表返回到正常操作状态。

（5）在 MIN MAX AVG（最小值最大值平均值）模式时，按 hold 按钮可冻结实时记录。在该模式下，按 MIN/MAX 按钮可选择并显示已记录值。

旋钮开关功能　　　　　　　　　表 1-15-2

开关挡位	功　能
OFF	仪表关机
V	直流与交流电压
Ω	电阻与通断性
40A	40A 电流量程
600A	600A 电流量程
1000A	1000A 电流量程
Hz	频率

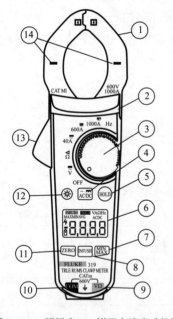

图 1-15-1　福禄克 319 钳形电流表功能图

（二）显示屏

要同时查看显示屏的所有显示，在仪表开机时同时，按下 AC/DC 按钮，如图 1-15-2 所示。

图 1-15-2 显示屏

①	Inrush(启动电流)功能已激活（仅319型）	⑦	直流模式
②	Hold(保持)功能已激活	⑧	交流模式
③	电压	⑨	电池低电量，必须更换
④	电流	⑩	负读数
⑤	电阻	⑪	高电压指示符
⑥	频率（仅319型）	⑫	MAX-显示最大读数 MIN-显示最小读数 AVG-显示平均读数

二、使用方法

测量电流时，要使用钳形电流表上的对准标记将导线在钳口内居中。

（一）归零

在进行直流电流测量之前，先将仪表归零，以确保读数正确。将仪表归零可消除读数中的直流偏移（环境噪声）。

在归零仪表之前，请确保钳口已闭合并且钳口之间没有导线。归零仪表，按 ZERO 按钮。

（二）测量交流或直流电流

要测量交流或直流电流，要按照下列步骤操作。
（1）将旋转功能开关转至合适的电流量程。
（2）如果需要，可按 AC/DC 按钮选择直流电流，默认是交流电流。
（3）若要进行直流测量，先等待显示屏稳定，然后按 ZERO 按钮将仪表归零。在归零仪表之前，请确保钳口已闭合并且钳口之间没有导线。

(4)按住钳口开关张开夹钳并将待测导线插入夹钳中。
(5)闭合夹钳并用钳口上的对准标记将导线居中。
(6)查看液晶显示屏上的读数。

为了避免触电或人身伤害,流向相反的电流会相互抵消。一次只能在夹钳中放入一根导线,如图 1-15-3 所示。

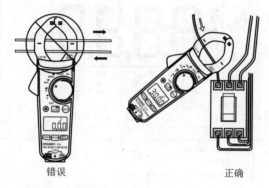

图 1-15-3　测量电流的接线

(三)测量交流和直流电压

(1)安全。

①在进行电器连接时,先连接公共测试导线,再连接带电的测试导线;切断连接时,则先断开带电的测试导线,然后再断开公共测试导线。

②使用测试探针时,手指应握在护指装置的后面。

(2)将旋转功能开关转至 V 挡。

(3)如果测量直流电压,按 AC/DC 按钮变换为直流电压。默认是交流电压。

(4)将黑色测试导线插入 COM 端子,并将红色测试导线插入 VΩ 端子。

(5)将探针接触想要的电路测试点,测量电压。

(6)查看液晶显示屏上的读数(图 1-15-4、图 1-15-5)。

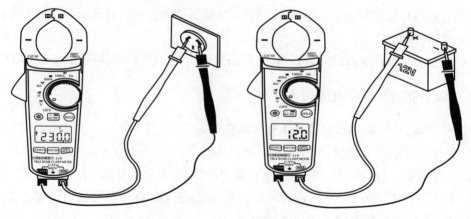

图 1-15-4　交流电压的测量　　　　图 1-15-5　直流电压的测量

(四)测量电阻

在测量电路的电阻时,为避免触电或人身遭受伤害,请确保已经切断电路的电源,并将所有电容器放电。

(1)将旋转功能开关转至 Ω 挡。
(2)切断被测电路的电源。
(3)将黑色测试导线插入 COM 端子,并将红色测试导线插入 VΩ 端子。
(4)将探针接触想要的电路测试点,测量电阻,如图 1-15-6 所示。
(5)查看液晶显示屏上的读数。

(五)测量通断性

在测量电路的通断性时,为避免触电,请确保已经切断电路的电源,并将所有电容器放电,如图 1-15-7 所示。

要测试通断性:
(1)切断被测电路的电源。
(2)将旋转功能开关转至 Ω。
(3)将黑色测试导线插入 COM 端子,并将红色测试导线插入 VΩ 端子。
(4)将探针与待测电路或组件的两端连接见图 1-15-7。
(5)如果电阻小于 30 Ω,蜂鸣器持续发声,表示连通。如果显示屏显示 OL,表示电路开路。

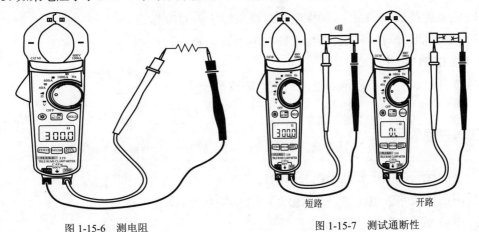

图 1-15-6 测电阻　　　　　　图 1-15-7 测试通断性

(六)测试电流频率

若要测量电流频率,要按照下列步骤操作。

(1)将旋转开关转至 Hz(频率)。
(2)按住钳口开关张开夹钳并将待测导线插入夹钳中。
(3)闭合夹钳并用钳口上的对准标记将导线居中。

(4)查看液晶显示屏上的读数,频率读数出现在显示屏上。

(七)测量启动电流

要测量启动电流,要按照下列步骤操作,如图 1-15-8 所示。

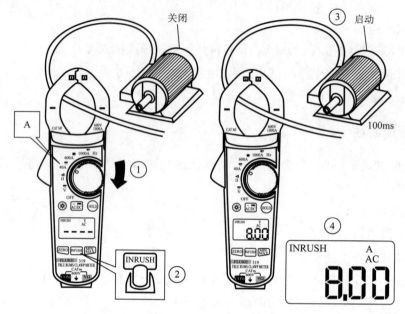

图 1-15-8 测量启动电流

(1)将电源线放入夹钳中,确保电线对准夹钳上的对准标记。
(2)在电源断开时,将仪表转至正确的电流 A 量程。
(3)按 INRUSH 按钮。
(4)打开电源并记下显示屏上的启动电流读数。

三、注意事项

(1)被测线路的电压要低于钳表的额定电压。
(2)测高压线路的电流时,要戴绝缘手套,穿绝缘鞋,站在绝缘垫上。
(3)钳口要闭合紧密,不能带电换量程。

第二节 兆 欧 表

当电机、电缆、家用电器等电气设备受热和受潮时,绝缘材料会老化,其绝缘电阻便降低,从而造成电气设备漏电或短路事故。为了避免事故发生,就要经常测量各种电气设备的绝缘电阻,判断其绝缘程度是否满足设备要求。最常用的仪表就是兆欧表,也叫绝缘电阻表。它与测电阻仪表的不同之处在于测量绝缘电阻时本身就可以产生高电压电源。

一、结构及原理

兆欧表主要由作为电源的手摇发电机(或其他直流电源)和作为测量机构的磁电式流比计双动线圈流比计组成。测量时,实际上是给被测物加上直流电压,测量其通过的泄露电流,在表的盘面上读到的是经过换算的绝缘电阻值。

二、兆欧表的正确使用

在兆欧表上有三个接线端钮,分别标为接地 E、电路 L 和屏蔽 G。一般测量仅用 E、L 两端。E 通常接地或接设备外壳,L 通常接被测线路,电机、用电器的导线或电机绕组。测量电缆芯线对外皮的绝缘电阻时,为消除芯线绝缘层表面漏电引起的误差,还应在绝缘上包以锡箔,并使之与 G 端连接。

三、注意事项

(1)测量前先将兆欧表进行一次开路和短路试验,检查兆欧表是否正常。具体操作为:将两连接线开路,摇动手柄指针应指在无穷大处,再把两连接线短接一下,指针应指在零处。

(2)被测设备必须与其他电源断开,测量完毕,一定要将被测设备充分放电(需 2～3min),以保护设备及人身安全;

(3)兆欧表与被测设备之间应使用单股线分开单独连接,并保持线路表面清洁干燥,避免因线与线之间绝缘不良引起误差。

(4)摇测时,将兆欧表置于水平位置,摇把转动时,其端钮间不许短路。摇测电容器、电缆时,必须在摇把转动的情况下才能将接线拆开,否则反充电将会损坏兆欧表。

(5)摇动手柄时,应由慢渐快,均匀加速到 120r/min,并注意防止触电。摇动过程中,当出现指针已指零时,就不能再继续摇动,以防表内线圈发热损坏。

(6)应视被测设备电压等级的不同选用合适的绝缘电阻测试仪。一般额定电压在 500V 以下的设备,选用 500V 或 1000V 的兆欧表;额定电压在 500V 及以上的设备,选用 1000～2500V 的兆欧表。量程范围的选用,一般应注意不要使其测量范围过多地超过所测设备的绝缘电阻值,以免使读数产生较大的误差。

(7)禁止在雷电天气或在邻近有带高压导体的设备处使用兆欧表测量。

第三节 万用表

万用表别名为多用表、复用表,一般以测量电流、电压和电阻为主要目的。有的还可以测量晶体管共射极直流放大系数 hFE,频率、电容值、逻辑电位、分贝值等。万用表种类很多,现在最流行的有机械指针式的和数字式的万用表。与传统机械指针式万用表相比,数字式仪表灵敏度高,精确度高,抗干扰性能好,过载能力强,便于携带,使用也更方便简单且显示清晰,能从根本上消除读取数据时的视差。因此,数字万用表已成为主流,且有取代指针表的趋势。本章以福禄克数字万用表为例讲解万用表的功能及使用方法,如图 1-15-9 所示。

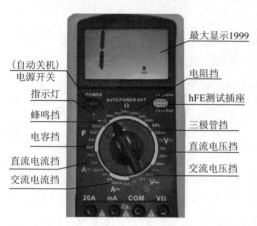

图 1-15-9 万用表各功能介绍

一、结构及原理

万用表大体由表头、测量电路、选择开关、表笔和插孔组成。表头为灵敏电流计,选择开关是一个多挡位的旋转开关,表笔分为红黑共两只,插孔分别标为"COM"、"VΩ"、"mA"以及"20A"符号。当微小电流通过表头,就会有电流指示。但表头不能通过大电流,所以必须在表头上并联与串联一些电阻进行分流或降压,从而测出电路中的电流、电压和电阻。

数字万用表是在数字直流电压表的基础上扩展而成的,核心就是一个 200mV 量程的数字电压表,其主要工作原理是需要把被测量的电压信号、电流信号、交流电压信号、电阻、电容、电感、二极管等统一转换直流电压信号,并且经过衰减器衰减到 200mV 以下,再由模/数(A/D)转换器将电压模拟量转换成数字量,然后通过电子计数器计数,最后把测量结果用数字直接显示在显示屏上。

二、使用方法

(一)电压的测量

(1)直流电压的测量。首先将黑表笔插进"com"孔,红表笔插进"VΩ"孔,把量程选择旋钮选到比预计电压值大的量程（注意：表盘上的数字均为最大量程，"V-"表示直流电压挡，"V~"表示交流电压挡，"A"表示电流挡），把两支表笔放在电源两端，保持接触稳定。数字可以从显示屏上读取，若显示为"1"，则表明量程太小，功能开关应置于更高量程。若在数值左边出现"-"，则表明表笔与实际电源极性相反，此时红表笔接负极，如图1-15-10所示。

（2）交流电压的测量。表笔插孔和直流电压的测量一样，不过旋钮应打到交流挡"V~"处所需的量程即可。交流电压无正负之分。无论测交流和直流电压，都要注意安全，不要随便接触表笔的金属部分。

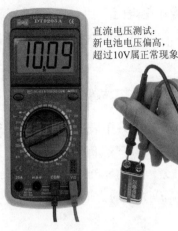

直流电压测试：
新电池电压偏高，
超过10V属正常现象

图1-15-10　万用表测电压

(二) 电流的测量

1. 直流电流的测量

（1）首先将黑表笔插入"COM"插孔，当测量最大值为200mA的电流时，红表笔插入"mA"插孔。当测量最大值为20A的电流时，红表笔插入"20A"插孔。

（2）将功能开关置于直流电流挡"A-"量程，并将测试表笔串联接入待测负载上，电流值显示的同时，将显示红表笔的极性。

（3）如果使用前不知道被测电流范围，将功能开关置于最大量程并逐渐下降。

（4）表示最大输入电流为200mA，过量的电流将烧坏保险丝，应再更换。20A量程无保险丝保护，测量时不能超过15s。

2. 交流电流的测量

测量方法与上文相同，不过挡位应该打到交流档位，电流测量完毕后应将红笔插回"VΩ"孔，若忘记这一步而直接测电压，表或电源会报废，如图1-15-11所示。

直流电流测量上面四个挡上的数字代表这四个挡所能流过的最大电流值。
电流的测量是将表串入被测电路。
表笔用法：红表笔根据估计电流大小插入标有"A"或"mA"的孔中。

图1-15-11　电流的测量

(三) 电阻的测量

将黑表笔插进"com"孔，红表笔插进"VΩ"孔，把旋钮打到"Ω"中所需的量程，用表笔接在电阻两端的金属部分。测量中,不要把手同时接触电阻两端,读数时,要保持表笔和电阻有良好的接触。注意:在200挡时,计量单位是欧姆,2K代表两千欧姆,2M代表两兆欧。

(四)二极管的测量

数字万用表可以测量二极管。表笔位置和测电压一样,用红表笔接二极管的正极,黑表笔接二极管的负极,这是会显示出二极管的压降。肖基特二极管的压降是0.2V左右,普通硅整流管(1N4000、1N5400系列等)约为0.7V,发光二极管为1.8~2.3V。调换表笔,显示屏显示"1"则为正常,因为二极管的反向电阻很大,否则此管已被击穿,如图1-15-12所示。

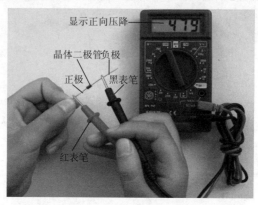

图1-15-12 二极管的测量

(五)数字万用表对通断测试

(1)将黑表笔插入COM插孔,红表笔插入V/Ω插孔(红表笔极性为"+")将功能开关置于哪一挡、并将表笔连接到待测二极管,读数为二极管正向压降的近似值。

(2)将表笔连接到待测线路的两端,如果两端之间电阻值低于70Ω,内置蜂鸣器发声。在实际中,内置蜂鸣器发声这个功能的作用很大,可以提高测量线路通断的工作效率,是电子检修的必备功能。但需要注意的是,电路量通断前要将电路断电。

三、注意事项

(1)测量电流与电压不能选错挡位。如果误选电阻挡或电流挡去测电压,就极易烧坏电表。

(2)测量电阻时,不要用手触及元件的裸体的两端(或两支表棒的金属部分),以免人体电阻与被测电阻并联,使测量结果不准确。

(3)万用表不用时,不要旋在电阻挡。因为内有电池,如不小心易使两根表棒相碰短路,不仅耗费电池,严重时甚至会损坏表头。

(4)如果无法预先估计被测电压或电流的大小,则应先拨至最高量程挡测量一次,再视情况逐渐把量程减小到合适位置。测量完毕,应将量程开关拨到最高电压挡,并关闭电源。

（5）满量程时,仪表仅在最高位显示数字"1",其他位均消失,这时应选择更高的量程。

（6）测量电压时,应将数字万用表与被测电路并联。测电流时,应与被测电路串联;测直流量时,不必考虑正、负极性。

（7）当误用交流电压挡去测量直流电压,或者误用直流电压挡去测量交流电压时,显示屏将显示"000",或低位上的数字出现跳动。

（8）禁止在测量高电压（220V 以上）或大电流（0.5A 以上）时换量程,以防止产生电弧,烧毁开关触点。

（9）当显示"BATT"或"LOW BAT"时,表示电池电压低于工作电压。

第四节　第四种检查器

一、简述

本节以 LLJ－4C 型新型机车车轮第四种检查器为例,讲解第四种检查器的功能。第四种检查器具有测量车轮踏面圆周磨耗、轮缘厚度、轮缘垂直磨耗、轮缘高度、轮辋宽度、轮辋厚度、避开距、踏面擦伤深度和长度、踏面剥离深度和长度、车轮碾宽等功能。

二、结构

检查器是由尺身、轮缘厚度及踏面磨耗测尺、轮缘厚度测尺、轮缘垂直磨耗测尺、轮辋宽度测尺、碾宽测量刻线、避开距刻线、定位角铁、定位销、踏面磨耗及轮缘高度测尺锁紧螺钉、轮辋宽度测尺锁紧螺钉、轮缘高度测尺锁紧螺钉、轮辋宽度测尺尺框、轮辋宽度测尺等组成,如图 1-15-13 所示。

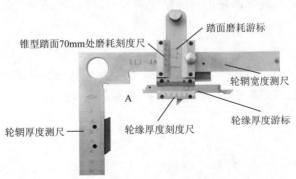

图 1-15-13　LLJ-4A 型第四种检查器结构（正面）

三、操作方法

（一）踏面圆周磨耗及轮缘高度

（1）移动轮辋宽度测尺尺框,使定位销落入销孔内,然后锁紧其锁紧螺钉。

（2）将定位角铁与车轮内侧面密贴,并使轮辋宽度侧头与车轮踏面接触。

（3）推动踏面磨耗测尺使其测量面与车轮轮缘接触,以左边游标读取踏面磨耗值,从右边游标读取轮缘高度值。测量范围：圆周磨耗为 0～7mm,轮缘高度为 22～37mm,如图 1-15-14 所示。

（二）轮缘厚度及垂直磨耗

同测量踏面圆周磨耗及轮缘高度的步骤(1)、步骤(2)。

推动轮缘厚度测尺使其测头与轮缘接触,从游标中读取轮缘厚度值。轮缘厚度的测量范围为 22～34mm（图 1-15-15）。

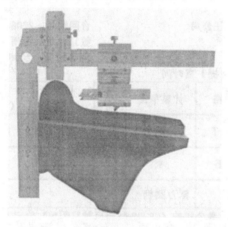

图 1-15-14　踏面圆周磨耗及轮缘高度

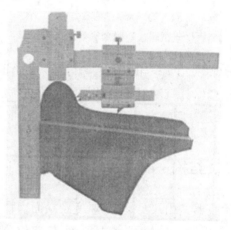

图 1-15-15　轮缘高度及垂直磨耗

推动垂直磨耗测尺使其测头与轮缘接触,如果刻线超过轮缘厚度测尺双刻线,则说明已经有轮缘磨耗了,如果双线全部超出轮缘厚度测尺双刻线,则磨损到限了。

（三）轮辋厚度

同踏面圆周磨耗及轮缘高度的步骤(1)、步骤(2),读取轮辋厚度测尺刻线中与轮辋内侧边缘对齐的数值,该数值即为轮辋厚度,测量范围为 0～90mm。

（四）轮辋宽度

（1）同（一）中步骤(1)、步骤(2)。

（2）推动轮辋宽度测尺尺框,使其测头与车轮外侧面贴靠,从游标中读取轮辋宽度值。

如果踏面有碾宽,应减去碾宽。轮辋宽度的测量范围为 70～146mm。

(五)踏面擦伤深度

(1)同(一)步骤(2)。

(2)移动轮辋宽度测尺尺框,使其测头落入擦伤最深处,测量此轮缘高度值,记作 h_1。

(3)测量同一圆周未擦伤处,轮缘高度值记为 h_2,擦伤深度为 h_1-h_2。测量范围为 22～37mm。

(六)踏面擦伤长度

用检查器的轮辋厚度测尺的外刻线,沿着车轮圆周方向测量擦伤部位的长度,测量范围为 0～90mm。

(七)踏面剥离深度

测量方法同踏面擦伤深度的测量。

(八)踏面剥离长度

测量方法同踏面擦伤长度的测量。

(九)车轮碾宽

将尺身垂直外边贴紧轮辋外侧面,用碾宽测量刻线测量碾宽,读取碾宽最宽处所对准刻度线值,即为车轮碾宽值。测量范围为 3～6mm,如图 1-15-16 所示。

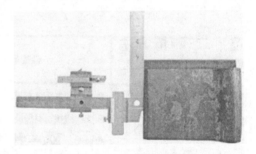

图 1-15-16 车轮碾宽的测量

(十)避开距测量

当检查器放在轮箍上进行测量时,避开尺刻线部分正好与轮缘顶处尖点接触,则读取接触点处,所指示的数值即为避开距。

第五节 数显测电笔

本章以世达数显测电笔为例,讲解数显测电笔的功能及使用方法,该测电笔可直接检测 12~250V 的交直流电压和感应断点测试交流电的零线、相线和断点。

一、结构介绍

数显测电笔是由直接测检按钮、感应断点测试按钮、LCD 显示屏、塑料壳体和笔尖组成，如图 1-15-17 所示。

图 1-15-17　数显测电笔

（一）直接测检按钮

此按钮距离液晶显示屏较远。在直接检测 12～250V 的交直流电压时，笔尖直接接触被检测物体，这时直接测检按钮需被按下。

（二）感应断点测试按钮

此按钮距离液晶显示屏较近。用笔尖感应线路（不直接接触），需按下此按钮。该功能能够测试线路是否带电、线路是否断路。

二、测量方法

（一）直接检测

（1）本测电笔适用于直接检测 12～250V 的交/直流电电压。

（2）轻触直接测量按钮，测电笔笔尖接触被检测物，此测电笔分为 12V、36V、55V、110V 和 220V 五段电压值（36V 电压为安全电压），液晶显示屏最后的数值为所测电压值，未至高端显示值的 70% 时，显示低端值，如图 1-15-18 所示。

图 1-15-18　测试笔测量市电火线结果

（3）测非对地的直流电时，手应接触另一电极（如正极或负极）。

（二）感应检测

（1）轻触感应、断点测试按键，测电笔笔尖靠近被检测物，若显示屏出现"高压符号"表示物体带交流电。

（2）测量断开的线路时，轻触感应、断点测试按键，测电笔金属前端靠近该电线的绝缘外层，沿电线纵向移动，如果有断线现象，则在断点处显示窗内"高压符号"消失。

（3）利用此功能可方便地分辨零、相线（测并排线路时，要增大线间距离）。检测微波的辐射及泄漏情况等。

（三）注意事项

（1）按键不需用力按压，测试时不能同时接触两个测试键，否则会影响灵敏度及测试结果。

（2）在测试电源电压时，手没有碰到任何一个按钮时，显示屏显示12V，此数值不准确，如图1-15-19所示。

图1-15-19　错误指示一

（3）在测试电压时，手碰到感应断点测试按钮，显示电压为110V，实际电压为AC220V，如图1-15-20所示。

图1-15-20　错误指示二

第二篇 实 务 篇

第一章　概论

对于城市轨道交通的运营工作者来说,安全运营是各项工作的重中之重。近年来,城市轨道交通行业出现井喷现象,各个新建城市轨道交通公司都面临着人才短缺与新线人才需求量大的问题。标准化工作流程对于快速培养新人、降低生产安全风险方面具有重大意义。

本篇讲述了维护操作工的日常标准流程和各个设备的工作流程,每一章包含两部分内容,即检修作业流程、操作流程。

因工作流程涉及的内容较为具体,本篇所引用的设备工作流程均以国内某城市轨道交通 1 号线为例进行描述。因工作流程具有通用性,其他城市轨道交通线路也可按照此流程开展工作。而每条城市轨道交通线路所使用的设备厂家不尽相同,设备的编号也有所差别,所以工作流程中涉及的设备具体操作流程、信号设备编号等也所差别。

维护操作工的日常标准流程图如图 2-1-1 所示。

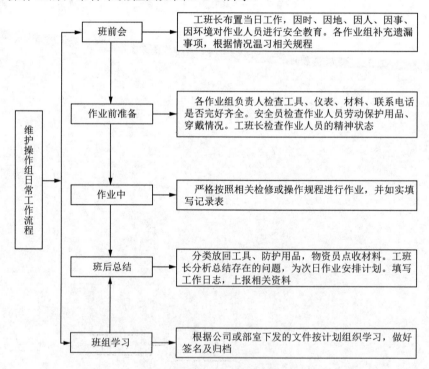

图 2-1-1　日常标准流程图

各个设备的操作流程各不相同,但检修流程基本一致,工艺设备检修流程图如图 2-1-2 所示。

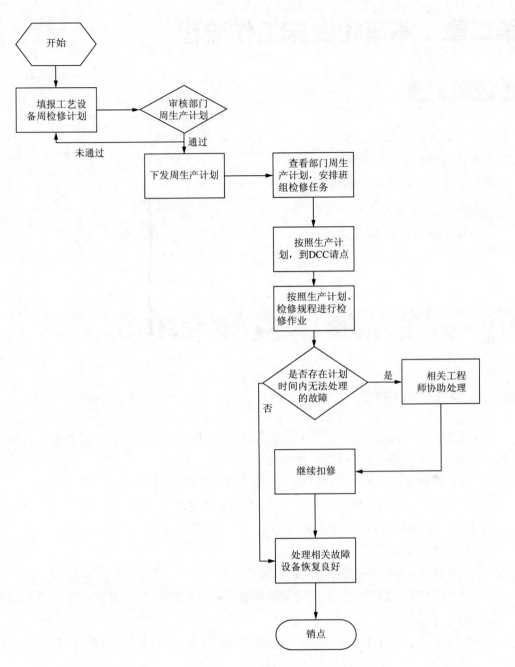

图 2-1-2　工艺设备检修流程

第二章　不落轮镟床工作流程

> **岗位应知应会**
>
> 1. 了解不落轮镟床的作业内容。
> 2. 熟悉不落轮镟床的检修流程。
> 3. 掌握不落轮镟床的操作流程。
>
> **重难点**
>
> 不落轮镟床的操作流程。

第一节　镟轮作业流程

一、镟轮作业流程

（1）接到镟轮作业命令后，安排人员到 DCC 检修调度取"轮对镟修通知单"，并确认第一项中检修人员是否签字，并根据作业单情况请点。

（2）进行镟轮前的准备工作，包括安全检查、试机工作、材料准备工作等。

（3）检修室负责将列车转轨到镟轮库前，并做好防溜措施。维护组安排人员驾驶公铁车牵引电客车到合适位置进行镟轮作业。

（4）进行镟轮作业。

（5）作业完成后，打印轮对加工测量记录单。

（6）将"轮对加工测量记录单"交至转向架专业工程师，其对镟轮后的车轮数据进行复核、签字确认。

（7）公铁车牵出电客车放置在库外，并做好防溜措施。通知检修调度，轮对镟修作业已完毕。

具体流程图如图 2-2-1 所示。

二、镟床操作流程

镟床操作顺序为启动镟床、轮对装卡、输入车辆编号和操作者编号、车辆识别和基座定位、加工前测量、输入加工数据、镟修加工、加工后测量、轮对卸载、关闭镟床，如图 2-2-2 所示。

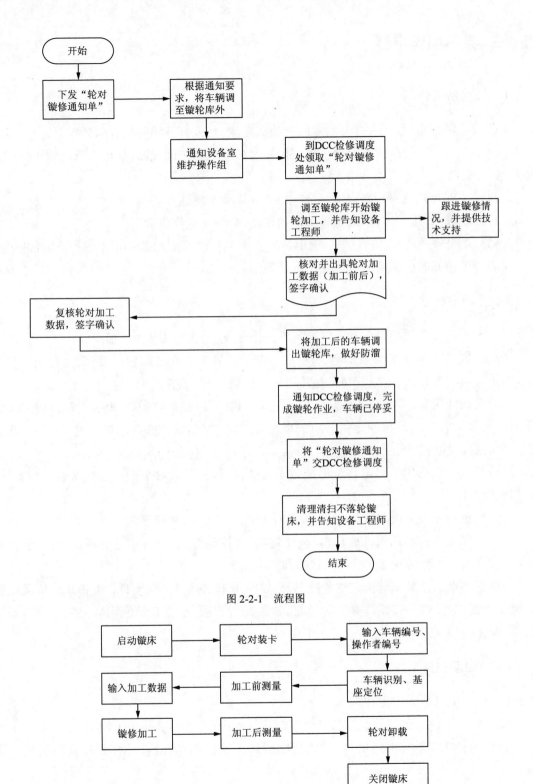

图 2-2-1 流程图

图 2-2-2 镟床操作流程

三、具体操作步骤

（一）准备工作

（1）到达镟轮库后，一人打开北库门并确认牢固，一人打开南库门并确认牢固。

（2）南北库门两边放置安全警示牌。放置时尽量远离中间线路，防止大风刮倒防护牌造成电客车损伤。

（3）确定库内外线路状态，是否有侵限杂物，影响车辆通行。

（4）启动镟床，进行试机，确定各部位动作正常，保证镟修作业。

（5）启动公铁两用车，进行试机，确定各部位动作正常，确认公铁两用车遥控能正常使用。

（6）准备镟修时所需的工具、防护劳保、备用刀片。

（二）调车作业

（1）一人驾驶公铁两用车到库外准备连挂作业，距电客车 1m 处停车。

（2）分别确认电客车两侧车辆状态，所有制动装置是否在缓解位置，线路上有无异物侵限，确认完毕后在 D28 信号机（每条线路可能不一致）内侧放置红闪灯。

（3）公铁两用车连挂前，调整好公铁两用车车钩高度，连挂时做好呼唤应答等联控用语，用对讲机通知防护人员按规定做好防护措施，连挂时控制好公铁两用车速度，限速 3km/h。连挂完成后，对电客车进行试拉。

（4）每次公铁两用车与电客车连挂完成及试拉后，派专人对车钩的连挂状态进行确认，并拍照留存。

（5）通知防护人员撤除铁鞋，撤除铁鞋时不能用力过大，防止伤人。

（6）牵车动车前和进出入库门前，按规定鸣笛，控制好速度，特别是出、入库时速度一定要慢，防护人员要密切注意车辆移动状态和周围状态。

（7）车辆牵引至镟床前指定位置停车，公铁两用车驾驶员和现场负责人再次确认镟床各部位是否在原始状态、指示灯是否为绿灯、导轨是否收回、是否有其他物品侵限。确认安全后牵引电客车通过镟床。

（三）启动机床

（1）打开电气柜上的主开关。

（2）打开空压机开关（开机前检查储气罐排气阀阀门状态，确认为关闭状态）。

（3）等待 PLC 系统上电后，将黑色钥匙插到主控板钥匙孔内，并打到外轴箱装夹位置"1"位。

（4）按下复位按钮，清除急停自检信息，并关闭显示屏弹出的急停自检信息对话框（显示气压低时，要等待压力足够后点击复位按钮）。

(5) 按下液压启动按钮启动机床液压系统。

(四) 装载

(1) 按下 ▨ 键，进入手动工作模式。

(2) 按下 ▨ 键，启动装载程序。

(3) 轮对装载第一步，按下按钮 ▨，轮对提升，轮对提升高于轨道 10～15mm，完成后按 ▨ 键。

(4) 按 ▨ 键，进行外轴箱支撑抬起。

(5) 两边压下装置下降，通过左右两侧控制板上的按钮控制，先向上 ↑，再向内（左边 →，右边 ←），再向下 ↓，让压下装置紧贴轴箱。

(6) 按 ▨ 键，打开轨道。

(7) 按 ▨ 键，弹簧加紧启动。

(8) 轴向控制轮提升。首先，按下 ▨ 键，轴向控制轮分别向外移动，直到定位器自动停止。然后按下按钮 ▨，轴向控制轮上升。然后再次按下按钮 ▨，定位器分别向外移动。按键上方的指示灯常亮表明定位器已移动到位。

(9) 按 ▨ 键，轮对试转，并对轮对的内侧面进行加油润滑。

(10) 装载完毕后，按 ▨ 键，进入自动循环选择界面，输入车辆编号、轴号和操作者编号。选择机车，按 ▨ 键，选择要求的踏面形状（电客车踏面类型暂时使用 S1002-32 型面），按 ▨ 复位键和 ▨ 启动键，进行基座定位测量。

(11) 基座定位测量完毕后，按 ▨ 键，进入自动循环选择，点击屏幕上"加工前测量"键，提示固定反射元件，在左侧轮对外侧固定反射元件，点 ▨ 后，按 ▨ 复位键和 ▨ 启动键，进行加工前各项数据的测量。

(12) 测量结束后，点击 ▨ 选项，按 ▨ 返回键。转手动控制模式，按 ▨ 键后，由左侧操作者按下转动轮对到合适位置，取下反射元件。

(五) 镟修过程

(1) 轮对装载时，一人主操作，两人在左右两边进行配合操作，一人负责记录数据。装载时所有动作听从主操作人员指令，要密切配合，严格按照标准流程作业。

(2) 加工前测量数据要和镟轮作业单上面的数据进行对比（如果有出入，以镟床测量数据为准），然后设定镟修目标值。

(3) 输入切削量时，切削数据必须由操作人员、数据记录人员和现场负责人共同确认，方可进行镟修加工。

(4) 镟修时，调节好转速和进给量，先调转速，再调进给量（如果加工深度在 2.5mm 以上，进给量不超过 40%，加工深度在 0.5mm 左右时，进给量不超过 60%），密切关注轮对状态和铁屑形状。

（5）加工时要戴护目镜,防止铁屑伤人。

（6）加工过程中如果出现崩刀或刀具卡钝情况,及时按换刀键,进行换刀。换刀完毕后点击开始按钮继续加工（如果点击复位,刀具默认重新开始加工）。

（7）镟修结束后,打印轮对镟修数据,通知相关工程师到现场进行数据确认和签字。

（六）收尾工作

（1）将车辆调至镟轮库外指定位置,打好铁鞋,撤除红闪灯。
（2）将防护警示牌收回并放回指定位置。
（3）清理不落轮镟床,清点工具,关闭不落轮镟床。
（4）关闭窗户,锁好库门。
（5）将镟轮作业单交到检调处,进行交车。

第二节　检修作业流程

一、作业内容

不落轮镟床的修程分月检、半年检、年检。

1. 月检

每月进行一次维修保养。对不落轮镟床进行例行检查和保养,做故障诊断,按状态修理。

2. 半年检

每半年进行一次维修保养。对不落轮镟床关键部件和易损易耗零部件检查维修和保养,有针对性地恢复不落轮镟床运行可靠性。

3. 年检

每年进行一次维修保养。对不落轮镟床关键部件和易损易耗零部件检查维修和保养,有针对性地恢复不落轮镟床运行可靠性。

二、基本要求

1. 工作开始前

（1）按规定穿戴好劳动防护用品。
（2）按不落轮镟床维修计划,组织人员清点所需工具和物料,做好维修准备。
（3）维护时设备断电并在镟床电源开关附近放置"镟床维护中"警示标示,将电源开关上锁,钥匙由维护人员随身携带。

（4）在镟床地坑前后方轨道的中心处设置禁入警示标志,防止非维护人员误入误动。

2. 功能测试

由具备不落轮镟床操作资格的人员开启镟床,检查其运作情况,主要检查以下各部件功能:

（1）各轴(X/Z)的动作是否正常、是否有异响。

（2）碎屑器和铁屑传输装置运转是否正常、有无异响。

（3）吸尘装置运转是否正常、有无异响。

（4）千斤顶上升下降动作是否顺畅,压卡装置提升油缸上升下降动作是否顺畅、是否有异响,压爪的伸缩和转动动作是否正常。

（5）活动导轨的开合和锁闭动作是否顺畅有效。

（6）驱动轮和轴向控制轮是否能够准确地将轮对抬升并定位。

（7）测量装置是否能够按照程序执行轮对测量工作。

3. 整体工作完成后的工作

（1）如果在维护工作中发现故障部件且进行了修复或更换,则必须在修复工作完成后对镟床进行整体的功能测试。

（2）确保所有工作人员和所携带工具撤离现场。

（3）撤除所有的维修用警示标牌,恢复原有的安全警示标示。

三、月检

（1）检查所有液压油、润滑油损耗情况,若不足请按照"液压润滑用油表"添加。

（2）检查所有液压油管和接头有无漏油现象。

（3）检查断屑系统传送带链条情况,保证传送带工作正常、无异响。

（4）检查所有连接件螺栓紧固情况,确保无松动。

（5）检查所有急停按钮功能和状况。

（6）清洁所有电气部件,检查所有电缆是否有破损。

（7）检查所有电器接头接触是否良好,各断路器、接触器的触点状态是否正常。

（8）检查各传感器、电磁阀接头,检查功能是否正常。

（9）检查电气柜空调制冷情况。

（10）检查清洁照明装置,保证状态良好。

（11）清洁测量装置,检查其运转情况,保证运转正常。

（12）清洁刀座,检查是否完好。

（13）检查刀座紧固螺栓情况,如有需要进行紧固。

（14）清洁刀具,检查磨损情况,如有需要进行更换。

（15）清洁靠轮,检查靠轮是否完好。

(16)清洁驱动滚轮。
(17)清洁吸尘器和铁削收集桶。
(18)清洁吸尘器和铁削收集桶。
(19)记录不落轮镟床运行时间。
(20)试运转镟床,检查所有装置的功能,保证工作正常。

四、半年检

(1)包括所有月检内容。
(2)检查驱动滚轮的圆度。单个滚子的隋圆度不能大于 0.1mm,单个滚子的偏差不能大于 0.5mm,同一侧的两个滚子的直径的差别不能大于 0.5mm,不符合要求时需成组更换,单个滚子直径减少量不能多于 6mm。
(3)检查刀架 X 轴和 Z 轴方向驱动皮带情况和张紧力,在驱动皮带中部以 50 N 的力将其向下按压不超过 3mm,如有必要进行更换。
(4)清洁并检查刀架导轨刮片的情况,若有损坏则进行更换。
(5)清洁电气柜空调过滤网。
(6)清洁吸尘器的过滤网,如有损坏则进行更换。
(7)检查并清洁断屑机和传送带。

五、年检

(1)包括所有半年检内容。
(2)检查液压油的油位和油质,每使用两年需清洁液压油箱并更换液压油。
(3)检查驱动滚轮齿轮箱的油位和油质,每使用两年需清洁油箱并更换齿轮油。
(4)清洁液压站冷却装置滤网。
(5)检查过滤网阻塞监控器功能是否正常,清洁液压系统过滤器,如有堵塞损坏则进行更换。
(6)使用 140N·m 的扭力扳手检查驱动滚轮固定螺栓的紧固扭矩。
(7)检查断屑系统齿轮箱的油位和油质,每使用两年需更换。
(8)检查各电机绝缘电阻、运行电流。
(9)检查液压油压力 P1 泵为 120bar, P2 泵为 55bar,压力过高或过低时调整。
(10)用标准轮对校准测量装置。

第三章　公铁两用车工作流程

> **岗位应知应会**
>
> 1. 了解公铁两用车的作业内容。
> 2. 熟悉公铁两用车的检修流程。
> 3. 掌握公铁两用车的操作流程。
>
> **重难点**
>
> 公铁两用车的操作流程。

第一节　公铁车操作流程

一、操作前检查

（1）检查公铁两用车是否处于轨道模式。

（2）检查走行轮位置是否正确、外观良好。

（3）检查车钩连接器外观是否良好。

（4）检查液压油、蓄电池液面正常,无漏油、漏液现象。

（5）检查整车外观良好,无明显缺陷。

（6）检查各操作元件位置是否正确、指示灯显示是否正常,蓄电池电量不低于40%。

（7）检查确认公铁两用车整个工作区域内无影响调车作业的各种因素（如杂物、闲杂人员等）。

（8）使用公铁两用车连挂电客车或工程车前,应与电客车或工程车的工作人员做好互控,确定电客车或工程车停放位置正确、全部制动已缓解、门窗已关闭,同时已按要求打好铁鞋。

（9）公铁两用车连挂电客车或工程车后,动车前与客车或工程车的工作人员做好互控,确定电客车或工程车停放位置正确、全部制动已缓解、门窗已关闭,铁鞋已撤除。

（10）调车作业时,应在车头和车尾设专人进行防护,做好呼唤应答。

（11）设备运转过程中,操作人员密切监视设备运转情况,如出现任何异常情况,应及时停机进行处理。

二、具体操作步骤

（一）开机

(1) 打开座椅右侧主电源开关，此时右面板上的电源指示灯亮。
(2) 打开右侧手动面板（或遥控器）上的钥匙开关至"1"位置。
(3) 按右面板的蓝色重置按钮一下或遥控器右侧下第 2 个重置按钮三下（第一下短按红灯亮，第二下长按红灯亮变为绿灯闪烁，第三下短按绿灯亮），绿色指示灯亮起。
(4) 重置 LED 亮，随后控制器灯亮（设备启动完成）。
(5) 检查电量表电量指示，蓄电池电量不低于 40%。
(6) 如果启动失败，请检查所有急停按钮是否复位。
(7) 只允许同时使用一把钥匙。此钥匙或用于牵引车上，或用于遥控器上。

（二）公路驾驶

(1) 公路行驶轨道轮必须在最上位（看面板指示灯）。
(2) 因制动的距离较长，注意提前减速。
(3) 速度选择分为高低两挡（"1"挡速度只在轨道行驶时用）。
(4) 有前、后轮转向选择和前进后退行走选择。
(5) 左脚启停踏板行驶时需踩住，右脚加速踏板为速度控制，停车时右脚缓慢抬起，基本停稳后抬起左脚启停踏板（牵引时应避免利用左脚启停踏板进行制动）。
(6) 紧急情况下可利用左脚启停踏板进行制动或按急停按钮（非紧急情况严禁按此按钮）。

（三）轨道驾驶

(1) 轨道牵引无特殊情况，必须使用遥控驾驶。先关闭手动开关钥匙，取下钥匙并用其开启遥控器，按遥控重置按钮，启动后用遥控的四个挡控制车前进后退，用遥控时必须在可视范围内操作。
(2) 上轨道必须在平面轨道上轨。首先将车尽可能靠近轨道并使车体与轨道平行。然后视情况选择前转向轮（或后转向轮），使前后转向轮方向一致，即可平行上轨。
(3) 只允许在静止不动时抬起/落下轨道轮。
(4) 轨道轮下落。落轮前应调整转向，使转向中心指示灯亮起。然后先落后轨道轮，后轨道轮落至下位指示灯亮后再落前轨道轮；落前轨道轮需要调整车位时可按主控优先控制按钮进行调整，将前轨道轮落至下位指示灯亮起，然后按住压力校正按钮 3s 使轨道轮贴紧。
(5) 调整车钩适配器使其中心线与所牵车车钩的在同一水平线上。
(6) 连挂时必须在可视的位置驾驶（用遥控器控制），限速 3km/h。

(7)牵引车前,需要确认被牵车体制动释放且无动力,并进行试拉,确认连挂良好后,通知车辆配合人员撤出铁鞋。

(8)牵引限速3km/h。

(9)停车时注意先减速使车缓慢停止(被牵引轨道车辆自重对牵引车推力太大,会有冲击)。

(四)收尾工作

(1)作业结束后,将公铁两用车停放到规定位置。

(2)将所有操作元件设定在"关"或"空挡"上,断开电源开关,将钥匙开关打到关闭位置,并取下启动钥匙。

(3)清洁公铁两用车及整个工作区域,做好日常保养工作。

(4)按要求填写公铁两用车运行记录表和故障记录簿。

第二节 检修作业流程

一、作业内容

公铁两用牵引车的修程分为月检、半年检和年检修程。

1. 月检

每月进行一次维修保养。对公铁两用牵引车的整车外观、走行机构、连接车钩、液压系统、电气系统、蓄电池进行例行检查和清洁保养,对车的各个功能是否正常进行检查。

2. 半年检

每半年进行一次维修保养,包括所有月检内容,对公铁两用牵引车关键部件和易损易耗零部件检查维修和保养。

3. 年检

每年进行一次维修保养,包括所有半年检内容,对公铁两用牵引车的所有部位进行检查维修和全面的清洁保养,检查各部件是否存在安全隐患及影响设备的正常运行,分析和判断公铁两用牵引车各单元的运行状态,有针对性地恢复公铁两用牵引车运行的可靠性。

二、基本要求

(1)维修保养人员在工作中除必须执行规程外,还应严格执行员工通用安全守则。

(2)进行公铁两用车维修保养前,应仔细阅读本规程。

(3)公铁两用牵引车的定期维修保养按车辆部生产计划进行。

（4）公铁两用牵引车定修前应做好以下工作：

①按计划到 DCC 请点。

②按规定穿戴好劳动保护用品。

③按照公铁两用车维护保养计划,组织人员清点所需工具和材料,做好保养准备。

④维修保养作业时将所有操作元件设定在"关"或"空挡"上,断开电源开关,将钥匙开关打到关闭位置,并取下启动钥匙。

⑤采取措施防止闲杂人员进入工作区域。

三、月检

（1）检查各操作手柄、开关、按钮、灯具的外观完好、齐全。

（2）检查各走行轮是否良好,位置是否正确。

（3）检查连接车钩外观完好,配件无缺失,润滑良好。

（4）检查各液压管道、接头、油缸外观良好无泄漏。

（5）检查液压油箱油位是否在上下刻度线以内,在需要时进行补充。

（6）检查导向轮抬起时、落下后限位灯是否正常。

（7）检查各导线、电气元件外观良好,无烧损、裂损、松脱等现象。

（8）检查包括遥控器在内的所有急停功能。

（9）检查声光警示信号。

（10）检查蓄电池补液管良好、无泄漏,电极无氧化现象,保持蓄电池的整洁与干燥。

（11）检查蓄电池蒸馏水补给箱液面是否在上下刻度线以内,在需要时进行补充。

（12）检查蓄电池电量是否充足,剩余电量为 30%～40% 时,严禁使用,应立即对蓄电池进行充电。

（13）在蓄电池电量正常的情况下,利用轨道模式在驾驶室以及用无线控制操作运行车辆,检查各功能是否正常,无异响、异味。

四、半年检

（1）包括所有月检内容。

（2）检查轮轴情况,轮子磨损程度、轮子螺丝紧固程度、旋轴支架程度。

（3）检查制动情况,缸体是否漏油、制动盘的制动扭矩是否在 50～60N·m 范围内。

（4）检查变速箱是否有噪声异响,以及油量和漏油情况。

（5）检查 AC 电机线缆连接头的情况。

（6）检查万向轴的连接处情况。

（7）检查蓄电池的水位、水酸情况、表面损坏和泄露情况。

（8）检查充电器的LED、电量表、风扇情况。

（9）检查驱动控制器的线缆状况、冷却风扇、警报、工作小时情况。

（10）检查液压系统的油位、油管、液压阀、转向助力、开关和泵组情况。

（11）检查车钩情况,以及适配器和后牵引头情况。

（12）检查电子设备中LED、线缆、灯情况。

五、年检

（1）包括所有月检和半年检所有检修保养内容。

（2）更换轴和齿轮箱的油。

（3）更换制动油。

（4）更换液压系统油过滤器滤芯及通风过滤器滤芯。

（5）更换液压油,清洗液压箱,确保油量充足。

（6）更换脚闸装置制动液,确保油量充足。

第四章 列车自动清洗机工作流程

岗位应知应会

1. 熟悉洗车作业流程。
2. 掌握洗车机的检修流程。

重难点

洗车作业流程。

第一节 洗车作业流程

一、洗车作业流程

（1）DCC编制洗车计划，并通知洗车机操作人员。

（2）操作人员接到通知后，按计划安排的时间，提前做好洗车前准备工作，包括洗车机钥匙借用、库门状态确认、洗车线障碍物确认、风幕开启、试机工作、端洗设置等。

（3）根据要求，操作人员操作洗车机进行洗车作业。

（4）洗车完毕后，进行关机及收尾工作。

二、洗车机操作流程

（一）上电流程（图2-4-1）

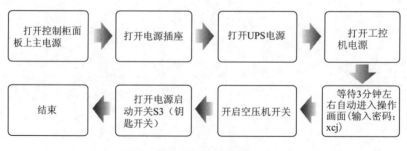

图2-4-1 上电流程

（二）下电流程（图 2-4-2）

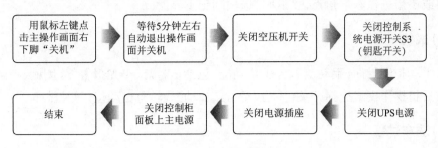

图 2-4-2　下电流程

三、具体操作步骤

（一）准备工作

（1）打开洗车机库两端库门，插销都要固定牢固，并挂好铁链做二次防护。
（2）检查洗车库洗车区域，确保不存在对洗车设备使用构成不安全影响的物品。
（3）检查各刷组，有无明显异物附着在毛刷上。
（4）检查空压机油位是否正常。
（5）冬季洗车时，需手动打开洗车库门两侧热风幕。

（二）启动设备

（1）打开控制柜面板上的主电源 Q0，检查右侧电压表 PV1 显示的电压是否达到 380V。
（2）打开插板电源，打开后注意查看电源插板红色指示灯是否常。
（3）打开 UPS 电源，查看 UPS 开机指示灯是否。
（4）首先向右旋转旋钮，打开工控机端盖，然后打开工控机电源，工控机的开机按钮是自动复位按钮，按一下即可。
（5）在左侧监控画面，点击右下角"全屏显示"选项，然后点击右下方的"六方框图标"，即可看到六组监视画面，监视洗车过程全貌。
（6）等待右侧操作画面进入开机密码输入界面输入开机密码。
（7）去机械间，打开空压机，绿色为开机键，红色为关机键。
（8）打开控制系统电源开关 S3（钥匙开关），待 S3 上方的电源指示灯亮，方可就行下一步操作。

（三）端洗设置

（1）将控制台上操作模式选择开关（手动 / 停止 / 自动）旋转至手动位。

（2）进入设备选择界面，根据调度要求设置有无端洗模式。在界面右下角找到"端洗"，选择使用或不用。在右下角点击"返回"选项回到主界面。

（四）试机

进入手动控制界面，手动测试各工位功能，包括信号灯、声光报警器、侧刷、喷淋系统等。试机完成后将操作模式选择开关（手动／停止／自动）旋转至自动位，等待洗车。

（五）洗车过程

在洗车过程中要实时查看洗车流程监视界面及视频监控界面是否有异常情况。在洗车过程中发现异常情况，可能对车辆或洗车机造成损坏，要及时按下急停按钮。如有异常情况，应及时告知检调和班长。洗车完成后，将控制台上操作模式选择开关（手动／停止／自动）旋转至停止位。

（六）收尾工作

（1）按照洗车日常检查表的要求，填写《设备运转日志》。
（2）冬季洗车完成后，需手动将管道内余水排空，需手动关闭热风幕和库门。
（3）每次洗车作业完毕后，做好控制室的卫生清洁工作。

第二节　检修作业流程

一、作业内容

洗车机的修程分月检、半年检和年检修程。

1. 月检

每月进行一次维修保养。对洗车机的机械单元、水循环及喷淋系统进行例行检查和清洁保养。

2. 半年检

每半年进行一次维修保养，包括所有月检内容，对洗车机关键部件和易损易耗零部件检查维修和保养。

3. 年检

每年进行一次维修保养，包括所有半年检内容，对洗车机的所有部位进行检查维修和全面的清洁保养，检查各部件是否存在安全隐患及影响设备的正常运行，分析和判断洗车机各单元的运行状态，有针对性地恢复洗车机运行的可靠性。

二、基本要求

(1)维修保养人员在工作中除必须执行本规程外,还应严格执行员工通用安全守则。
(2)进行洗车机维修保养前,应仔细阅读本规程。
(3)洗车机的定期维修保养按车辆部生产计划进行。
(4)洗车机定修前应做好以下工作:
①按计划到 DCC 请点。
②在洗车线两端库门外设置红闪灯进行防护。
③洗车机维修保养前,进行断电作业,接挂地线。
④手动断开控制柜电源开关,关闭 UPS 不间断电源,排除储气罐中的压力,并按照公司相关规定放置安全警示牌。

三、月检

(1)注意日常排水,排放空压机储气罐、各支路空气过滤器等处的冷凝水。
(2)机器设备、物料已进行定置管理,摆放整齐。
(3)检查各传感器安装座及传感器紧固螺母是否松动。
(4)检查洗车机各处紧固件是否松动。
(5)检查各减速机运转是否正常,有无异响。
(6)检查传动链有无脱节现象,是否需要润滑。
(7)检查侧刷摆臂、端洗动作、顶弧刷动作是否灵活。
(8)检查控制柜,配电柜外观良好,无污物。
(9)检查各电控柜内所有接线端子排有无裸露线头。
(10)检查各排水沟、集水沟是否通畅,各水池水位是否正常。
(11)检查、清洁、疏通喷嘴。
(12)检查水路、气路、各阀门是否漏水、漏气。
(13)检查风、水、电各仪表(含压力传感器)指示是否正常。
(14)检查空压机油质良好,油位保持在正常位置,不够时应添加。
(15)检查调整皮带。
(16)检查毛刷有无粘附异物及毛刷磨损状况。
(17)检查洗车线光电开关工作是否正常。
(18)检查各毛刷旋转轴、臂的连接和缓冲橡胶件磨损情况,有无异状。
(19)摆动轴承座及各刷组旋转刷下的轴承盒加注润滑油脂,清理疏通各喷嘴。
(20)冲洗除油池过滤网。如过滤网破损,应更换新的过滤网。
(21)各注油点加注润滑油脂。

四、半年检

(1) 完成月检规定的检查维保项目。
(2) 检查断路器开闭是否正常,接触器应无卡滞,动作灵敏,触点完好。
(3) 通电检查变频器工作指示是否正常,应无警告和异常报警。
(4) 检查操作台按钮、转换开关动作是否灵活,应无卡滞现象,触点接通良好。指示灯正常。
(5) 检查各刷组减速箱油位,油位应接近溢流口,不够时添加。
(6) 检查摆动马达是否运转灵活、气缸工作是否正常,应无卡滞锈蚀现象。
(7) 检查喷淋水管路胶管状况,应无泄漏、老化僵硬,连接牢固。
(8) 对各排水沟进行开盖检查风、水、电缆是否异常,有无漏水、气及电缆破损等。
(9) 检查液位传感器及探头状态,清理液位杆。
(10) 检查工控机、WinCC 系统、闭路监控系统是否运转正常。
(11) 断电清扫控制柜、操作台内灰尘,擦拭电脑组件。
(12) 清洁所有光电接近开关头部和其反射装置。
(13) 冲洗所有过滤网。如过滤网破损,应更换新的过滤网。
(14) 清理沉淀池过滤池池底污泥。
(15) 检查水箱和泵间的过滤器,清扫滤芯。

五、年检

(1) 完成月检和半年检规定的检查维保项目。
(2) 检查所有电机是否运转正常,应无异响、无过热现象,电机轴承重新加注润滑油脂。
(3) 检查所有泵的工作情况,应无异响等情况。
(4) 检查所有减速机、计量泵,并根据要求更换润滑油。
(5) 紧固电气线路接线,确保各接线端子无松动。
(6) 空压机的检查保养。
①检查温度、压力传感器、检查软管等是否有异常。
②更换螺杆润滑油、油过滤器芯、油气分离器芯、空气过滤器芯。
③添加电机润滑脂。
④检查各保护压差开关是否动作正常。
⑤清洁进气阀,更换 O 形环,加注润滑油脂。
⑥检查安全阀、泄放阀等。

第五章　固定式架车机工作流程

> **岗位应知应会**
>
> 1. 熟悉固定式架车机的检修流程。
> 2. 掌握固定式架车机的操作流程。
>
> **重难点**
>
> 固定式架车机检修作业流程。

第一节　架车作业流程

一、上下电流程（图 2-5-1）

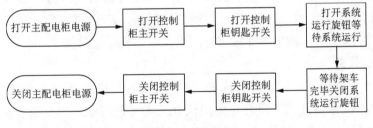

图 2-5-1　上电流程

二、架车流程（图 2-5-2）

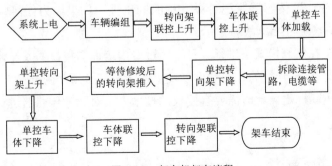

图 2-5-2　架车机架车流程

三、具体操作步骤

DJCJ-C-ZZ1 型固定式架车机有三种操作模式,即联控模式、单控模式、维修模式,所有操作模式(包括单控模式)均通过主控制台上的触摸屏来进行选择。在操作中,主要用到联控模式和单控模式。

(一)准备工作

在开始操作架车机前,先熟悉一下工作环境,并应目视检查固定式架车机系统是否有明显损坏。在固定式架车系统的操作前和操作过程中,注意检查有无任何异常。如果遇到噪声增大或不规则的噪声,不正常的或极端的异味冒烟,设备上或地面上有异常的污点,操作过程中设备性能下降,固定式架车系统或被升降物体的表现异常时,应立即关闭固定式架车系统的电源,对设备技术状态进行详细检查。除了上述异常情况外,还应检查以下部件。

1. 急停按钮

急停按钮是一个黄色底盘上的红色蘑菇形按钮,很容易辨认。急停按钮用于在对人和设备有危险的情况出现时,立即无延迟地切断系统。当按下急停按钮时,固定式架车系统的所有部件均断电。

固定式架车系统提供了共 25 个急停按钮。在主控制台上有 1 个,在地坑里本地控制器的操作面板上各有 1 个(共计 24 个)。如果显示一个急停按钮被激活,人员必须首先确定其位置。当危险状况被纠正后,急停按钮可以解锁。随后,按下主控制台上的"故障复位"按钮给架车机重新上电。这样,就可以继续进行固定式架车机的正常操作。

2. 紧急限位开关

紧急限位开关保护并监视着举升位置,包括紧急上上限位、紧急下下限位、螺母破损限位开关、障碍物探测限位开关。所有这些限位开关均可使固定式架车系统立即停机。当固定式架车机系统触发了任一紧急限位开关时,把主控制台内的"紧急旁路"按钮打到 ON 状态,按下"故障复位"按钮,直至固定式架车机系统越过了限位位置(即紧急限位位置),最后把"旁路开关"打到 OFF 状态。

3. 同步错误

联控模式下脉冲计数传感器监视着举升柱的同步性。如果因为任何原因这些传感器报告了同步错误,控制系统将给出故障指示。

同步故障的纠正在维修模式下进行。只有经过专门培训和授权的人员才允许纠正这种同步错误。在任何情况下,举升柱的升降动作以及周围区域都必须严密看管。如有标定错误,所有升降柱都必须被重新标定。此时需要有授权的技术人员对脉冲传感器进行重新标定。

(二)开启设备

开启主控制柜电源,将主控台上的"控制电源"插入钥匙开关,旋转至 ON 状态(顺时针旋转为ON,逆时针为OFF),等待系统初始化,进入人机界面。操作人员输入用户名和密码,进入操作系统的主界面。

将主控台上的"系统运行"按钮旋转至ON状态,等待系统上电,正常上电后主控制台上的"电源指示"灯变亮,并观察人机界面中的工作界面的"系统工作状态"指示灯变亮(变绿)。

检修车到位(明确检修车的位置及其编组模式)。

所有参与检修作业的人员就位,准备必备的检修工作。

(三)编组准备工作

固定式架车机系统必须处于最低位置。在该位置,状态指示器会提示"车辆编组"提示。

列车就位:现在将列车慢慢拖入架车台就位,以便使所有的车轮探测开关全部都被触发。

根据实际的车轮探测开关到位情况,选择与之对应的屏预选择按钮进行确认。该过程结束后,触摸屏会提示系统编组完成标志位。

(四)车辆编组

进入触摸屏"车辆编组"界面,根据实际的车轮到位情况,选择"屏预选车辆X",然后按下"编组确认"按钮,此时若编组正确,则"车辆编组"界面的"车辆编组完成标志位"指示灯变亮;同样"主界面"中的"车辆编组标志位"指示灯也会作出正确与否提示。如果变亮,系统就可以进行车辆架车作业。

(五)联控转向架

进入触摸屏"主界面",选择"转向架联控"按钮,按下主控制台"转向架升"按钮,现场人员按下本地控制器确认按钮,转向架同步上升,到50mm高度时自动停止。现场作业人员检查确认安全后,再次同步举升到距轨面高度950mm。

(六)联控车体

进入触摸屏"主界面",选择"车体联控"按钮,按下主控制台"车体升"按钮,现场人员按下本地控制器"确认"按钮,车体同步上升1700mm自动停止。

(七)单控选择

主控人员主界面点击"单控模式"按钮,按钮背景色变绿,选择有效。点击"单控选择"按钮,激活单控选择界面。单控授权所有车体,所有车体的背景色变绿,授权有效。系统切换为本地控制模式,现场人员利用本地控制器按下"上升"按钮进行压力承载,压力加载后,本地控制器红灯点亮 1s 后熄灭,提示用户加载完成。所有车体重复同样动作,直到所有的车体单元加载完成。

(八)拆除附件

拆除转向架和车体之间的所有连接结构、连接管路及连接电缆。

(九)联控转向架

进入触摸屏"主界面",选择"转向架联控",按下主控台"转向架降"按钮,现场人员按下本地控制器"确认"按钮,转向架同步下降大约 100mm 距离后停止(高度值 850mm)。现场作业人员检查转向架与车体分解正常后,再次同步下降所有转向架到轨道面。

(十)联控车体

进入触摸屏"主界面",选择"车体联控",按下主控台"车体升"按钮,现场人员按下本地控制器"确认"按钮,车体继续上升,直到可以推出转向架的高度(相当于车体单元升至 2200～2300mm 高度)。

(十一)更换转向架

沿着轨道牵出所有转向架,等待修竣后的转向架推入。

(十二)单控转向架

进入触摸屏"主界面",选择"单控模式",选中"选择/取消转向架"按钮,授权现场人员单控操作转向架单元动作,逐个上升转向架,直到车体主、从侧压力开关至少有一个脱开时,转向架自动停止上升,依次升起所有转向架,连接完毕后,点击"选择/取消编组转向架"按钮,取消转向架单控授权。

(十三)车体点动下降

主控人员主界面点击"单控模式"按钮,按钮背景色变绿,选择有效。点击"单控选择"按钮,激活单控选择界面。单控授权所有车体,所有车体的背景色变绿,授权有效。系统切换为本地控制模式,现场人员利用本地控制器"下降"按钮控制车体单元点动下降,使承载托头脱开架车点到空载状态停止点动,依次使承载拖头全部为空载状态。

(十四)联控车体

进入触摸屏"主界面",选择'车体联控'按钮,按下主控台'车体降'按钮,现场人员按下本地控制器确认按钮,车体同步下降到达 1650mm 时,检查车体与车辆架车点是否全部脱开后,接着继续车体同步下降直到车体单元与地面平高,且自动停止为止。

（十五）联控转向架

进入触摸屏"主界面"，选择"转向架联控"按钮，按下主控台"转向架降"按钮，现场人员按下本地控制器"确认"按钮，转向架同步下降到轨面，且自动停止为止。

（十六）关机

"系统运行"按钮逆时针旋转到 OFF 状态，人机界面上的'系统运行'指示灯熄灭。将主控制台上的'控制电源'开关旋转到 OFF 位置，关闭主控制柜电源，架车作业结束。

（十七）注意事项

（1）"系统工作状态"指示灯变亮，显示为绿色，说明系统上电正常，可以进行下一步作业；"系统工作状态"指示灯没有变化，请检查故障，有可能故障类型为"主控授权"，"主控急停按下"，"分坑急停按下"，"上升正常错误"，"下降正常错误"。详见人机界面中的"状态查询"中的"硬件故障点"中的检查顺序逐步排查。

（2）"车辆编组"界面说明：

①车轮探测功能中"车轮探测"（或"车轮探测"）按钮，意为是否使用实际的车轮探测开关，默认状态为使用实际的车轮探测开关。如果选中"车轮探测"按钮，则该按钮出现闪烁状态。此时车辆编组直接取决于"屏选车辆 X"按钮（用于设备调试、检修工作）。

②"重新编组"按钮，当车辆在运行过程中出现编组模式不正常现象时，允许重新编组，正常情况下不允许使用此功能（用于设备调试、检修工作）。

（3）本地控制器"确认"按钮说明：根据用户实际情况，确定现场确认人员，前期暂定按照主控 1 人，全编组状态下现场 6 人确认，间隔设置，确认位置为 3 坑、10 坑主侧，1 坑、5 坑、8 坑、12 坑从侧。不全编组时，根据检修车情况确认。

（4）联控车体，联控转向架，同步自动停止高度值，需根据现场情况进行设定。1700mm 高度时与转向架 950mm 架车点的距离约为 100mm。

（5）修竣后的转向架单控对位车体芯盘时，当转向架单控上升到距离车体最低点 200mm 时，操作人员一定要观察转向架芯盘是否对中，如不对中，可以反复升降调整转向架位置直至对中，接着单控上升转向架直至自动停止为止。

（6）当单控架车下降到距轨面 150mm 时，本地控制器的安全区域指示灯（红灯）闪烁，单控下降过程中，需要同时按下确认按钮，才能继续下降，当安全区域指示灯停止闪烁时，可以松开确认按钮。

（7）联控动作中，现场出现任何安全问题，现场人员松开确认按钮，如遇紧急情况，按下急停按钮使系统停止工作。

（8）联控车体、转向架动作之前一定按响电铃进行操作提示。

第二节　检修作业流程

一、作业内容

固定式架车机修程分为月检、半年检、年检修程。

1. 月检

每月进行一次维修保养。对架车机的车体举升单元、转向架举升单元及电气系统进行例行检查和清洁保养。

2. 半年检

每半年进行一次维修保养,包括所有月检内容,对架车机关键部件和易损易耗零部件检查维修和保养。

3. 年检

每年进行一次维修保养,包括所有半年检内容,对架车机的所有部位进行检查维修和全面的清洁保养,检查各部件是否存在安全隐患及影响设备的正常运行,分析和判断架车机各单元的运行状态,有针对性地恢复架车机运行的可靠性。

二、基本要求

（1）维修保养人员在工作中除必须执行本规程外,还应严格执行员工通用安全守则。
（2）进行架车机维修保养前,应熟知本规程。
（3）架车机的定期维修保养按车辆部生产计划进行。
（4）架车机地坑要保持通风 10min 以上,方可进入地坑作业。
（5）架车机定修前应做好以下工作:
①按计划到 DCC 请点。
②按规定穿戴好劳动防护用品。
③按架车机维修计划,组织人员清点所需工具和物料,做好维修准备。
④在架车线入库端设置红闪灯进行防护。
⑤手动断开控制柜电源开关,并按照公司相关规定放置安全警示牌。

三、月检

（1）检查在设备区域有无障碍。
（2）整个设备的目视及噪声检查。
（3）检查转向架和车体起重托架是否完好,有无明显变形。
（4）检查控制柜按钮、接触器等电气元件是否清洁、完好。
（5）检查控制柜内和外接线路是否完好,接头有无破损、虚接。

(6)检查各指示灯是否完好。
(7)检查地坑内是否有湿气积累、有无漏水。
(8)目视检查电气设备及驱动单元,是否有损坏的部位。
(9)检查各连接件螺栓、螺丝是否紧固。
(10)检查减速机是否有漏油现象。
(11)各举升单元等部件的功能试验,运行时有无异常情况。

四、半年检

(1)完成月检规定的检查维保项目。
(2)目视检查钢结构各处焊缝是否有异常、钢结构是否有明显的变形。
(3)检查辅助轨道桥,看是否有严重磨损现象。
(4)目视检查所有固定盖板是否变形。
(5)检查车体单元/轨道梁下方活动盖板压缩气弹簧。
(6)检查传动丝杆/螺母单点自动注油润滑器,并添加润滑油。
(7)检查减速箱油位。
(8)紧固电气线路接线,确保各接线端子无松动。
(9)紧固设备各连接部位螺栓,并清晰标注防缓线。
(10)检查所有的限位开关及传感器,是否固定牢固,功能是否正常,并根据需要进行调整。
(11)检查电缆、电线及接头部位等,看是否有破损或磨损的迹象。
(12)检查丝杆表面。
(13)检查导向轮处,添加润滑脂。
(14)对丝杆部位的推力轴承进行润滑。
(15)检查柔性传动轴及联轴器连接螺栓是否松动。
(16)各举升单元等部件的功能试验,运行时有无异常情况。

五、年检

(1)完成月检和半年检规定的检查维保项目。
(2)检查钢结构受力传动部分的破裂情况,钢结构表面是否缺少油漆防护。
(3)检查花纹板表面是否缺少油漆防护。
(4)检查承载螺母及安全螺母之间的间隙。
(5)检查减速箱油质,并按照规定更换润滑油。

第六章 轮对受电弓检测设备工作流程

> **岗位应知应会**
>
> 1. 了解轮对踏面动态检测设备的检修流程。
> 2. 熟悉客户端软件操作流程。
>
> **重难点**
>
> 轮对踏面动态检测设备的检修流程。

第一节 检修工作流程

实行巡检和定期保养的制度，巡检为每周进行一次，定期保养为月检和季检。

一、轮对踏面动态检测装置检修流程

轮对踏面动态检测装置检修流程见图 2-6-1。

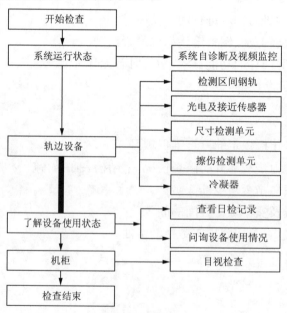

图 2-6-1 轮对踏面动态检测装置检修流程

(一)周检标准

巡检标准见表 2-6-1。

巡 检 标 准　　　　　　　　　表 2-6-1

检查项目	标准与要求	检查方法	备注
系统运行状态	系统无故障报告	查看软件自诊断显示	
	视频监控图像清晰	查看监控视频	
检测区间钢轨	钢轨紧固件无松动和脱落	目视外观检查	
	钢轨表面无异物	清除钢轨表面异物	
	每两周进行一次钢轨轨距测量	用专用工具进行测量	
轨旁设备	光电传感器清洁,无遮挡	直观观察	
	接近传感器表面无铁质异物		
	外形尺寸检测单元光学箱外滤光玻璃清洁无划痕或损坏	直观观察	
	外形尺寸检测单元光学箱保护罩开关正常	进行开关罩测试	
	擦伤检测摆杆状态检查	直观观察	
	擦伤检测摆杆的紧固件无松动或脱落	直观观察	
	冷凝器	直观观察工作指示	
冷凝器水箱	无堵塞、无漏泄	人工观察	
	无异音	检查水泵运行状况	
	量少补充、变质更换	人工观察	
机柜	无灰尘	目视检查	

(二)季检标准

季检标准见表 2-6-2。

季 检 标 准　　　　　　　　　表 2-6-2

项目	检修范围	标准与要求	备注
设备间	机柜及内部电气箱体检查	(1)无灰尘、蜘蛛网等杂物; (2)主控单元控制正常; (3)电源模块输出电压偏差值小于 ±2%; (4)线缆连接良好,无破损; (5)继电器机械动作寿命为 2 年,到使用寿命后需更换; (6)接触器机械动作寿命为 2 年,到使用寿命后需更换	
	按钮活动正常,指示灯显示正常,电缆线无破损和接头无松动	(1)设备通电情况下,按动各按钮,观察各功能动作和指示灯情况; (2)在设备关电的情况下,目测电缆有无破损; (3)手动接触,感知接头有无松动	
	服务器工作状态	(1)指示正常; (2)服务器操作系统及软件垃圾清理; (3)软件升级	
	配电箱	(1)空气开关、漏电保护工作正常; (2)线缆接触良好,端子压接牢靠	
远程控制室部分	远程主机及附件检查	(1)系统运行稳定、流畅; (2)控制主机与板卡不满足使用的硬件进行更换; (3)数据备份,确保有足够的磁盘空间,磁盘空间不小于 100GB; (4)系统运行稳定	

续上表

项目	检修范围	标准与要求	备注
现场检测部分	光电传感器	(1)线缆连接牢固； (2)光电开关安装紧固； (3)传感器工作稳定可靠	
	轨边传感器	(1)线缆连接牢固； (2)安装螺钉无松动； (3)传感器工作指示正常	
	尺寸检测单元	(1)线光源、相机位置状态满足要求； (2)相机工作是否正常,采集图片无噪点； (3)线光源工作是否正常,图像采集线宽控制在精度范围以内； (4)相机工作电流和电压满足相机输入要求； (5)运动部件加装航空润滑油； (6)过滤玻璃表面清洁	
	擦伤检测单元	(1)检测机构运动灵活； (2)系统采集正常； (3)安装连接螺栓紧固无松动； (4)机构无锈蚀、无卡滞； (5)擦伤阻尼器满足使用要求,振荡符合系统检测要求	
其他辅助功能	冷凝器功能	(1)温度控制单元工作状态； (2)温度传感器工作正常； (3)温度显示工作正常； (4)密封温控开关或继电器,机械动作寿命2年,到使用寿命后需更换	
	监控功能	(1)线缆连接良好,线缆无破损； (2)图像清晰稳定； (3)监控功能正常	
特殊轨道	主轨轨道	(1)轨道连接件清扫、除锈、上油、紧固； (2)测量主轨轨道间距,满足安全要求； (3)测量主轨轨顶磨耗值(4mm),满足安全使用要求	
	护轨轨道	(1)轨道连接件； (2)测量护轨轨道间距,满足安全要求； (3)测量护轨接触点磨耗值(4mm)	
其他日常检查项目		满足日常检测标准要求	

二、受电弓检测设备工作流程

(一)设备维护与保养事项

(1)确认本设备的安装运行已经采取了有效可靠的安全技术及组织措施。

(2)接触网压力检测的绝缘子表面清洁、无裂纹、掉瓷、破碎、放电现象。

(3)紧固各部件的连接点应无腐蚀、过热现象。

(4)检查机柜体外壳接地是否良好,柜体干净整洁。

(5)各电源导线无受力、无硬物垫磨、损伤、过载现象。

(6)电源保护装置工作可靠。

(7)各支路电源线绝缘良好无过热现象。

(8)设备的各指示灯及补光灯完整有效、继电保护灵敏可靠。

(9)室内干净整洁无易燃物。

(10)每年定期对设备的相机、摄像机的保护镜头进行一次更换或清理。

(11)每年定期对线激光传感器、光电开关的镜头进行一次清理。

(二)常见问题分析

1. 系统不能识别磁钢

首先检查硬件,看个部分连线是否正常;其次查看程序是否磁钢未触发;最后更换磁钢,看是否磁钢本身损坏。

2. 系统不能识别 RFID 传感器

首先检查硬件,看个部分连线是否正常;其次查看程序是否 RFID 传感器未触发;最后更换 RFID 传感器,看是否 RFID 传感器本身损坏。

3. 系统指示灯错误

首先对照使用手册,看是否功能对应指示灯发生错误;然后查看接线是否哪里有短路及断路;最后查看程序,更换问题指示灯。

4. 系统提示声音不正常

首先查看声音对应功能是否正常;然后查看接线是否哪里有短路及断路;最后查看程序,更换蜂鸣器。

5. 系统显示数据错误,偏差较大

查找对应功能的程序,检查相关元件是否破损老化。

6. 系统不能识别光电开关

首先查看光电开关对应功能是否正常;然后查看接线是否哪里有短路及断路;最后查看程序,更换光电开关。

7. 系统激光传感器不能发出激光

首先查看线激光传感器对应功能是否正常;然后查看接线是否哪里有短路及断路;最后查看程序,更换线激光传感器。

8. 系统机柜噪声明显

检查机柜确定噪声来源,检查是否哪里有松动,排除故障。

9. 系统没有提示声音

检查是否蜂鸣器损坏,检查功能是否正常。

第二节 客户端软件操作

一、受电弓检测设备

(一) 系统登录

双击 client.exe 文件,出现如图 2-6-2 所示登录界面,输入用户名和密码。

(二) 系统功能

1. 系统主界面

系统主要由系统检测的当日数据、系统检测的历史数据、数据分析、系统状态、系统设置以及客户定制的其他功能等,如图 2-6-3 所示。其中当日数据与历史数据包括受电弓综合数据、碳滑板磨耗数据、中心线偏移数据、碳滑板倾斜数据、接触网压力数据等。同时实现碳滑板磨耗的 3D 模拟图像,碳滑板实时图像以及打印等功能;数据分析主要对检测的相关数据再一定的时间范围内的统计与分析;系统状态主要实现系统自检的功能;系统设置主要实现对系统登录及密码的修改等功能。

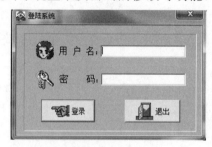

图 2-6-2 登录界面

图 2-6-3 主界面

2. 查询受电弓综合数据(图 2-6-4)

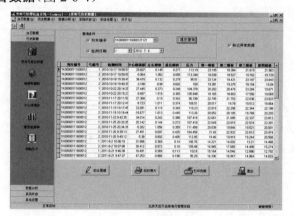

图 2-6-4 查询界面

3. 3D 模拟图像

点击"拟合图像"按钮出现如图 2-6-5 所示 3D 模拟图像。

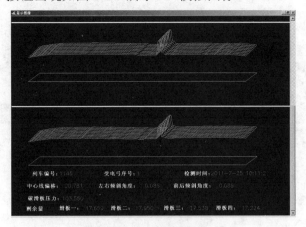

图 2-6-5　3D 模拟图像

4. 实时照片

查询某车某弓的碳滑板的实时照片如图 2-6-6 所示。

图 2-6-6　实时图片

二、轮对踏面动态检测设备

(一) 系统登录

输入指定 IP 进入网站,出现如图 2-6-7 所示登录界面,输入用户名和密码。

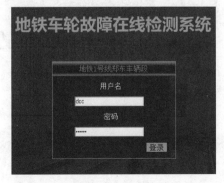

图 2-6-7　登录界面

(二)系统功能

1. 主界面

系统主界面能显示出车号、检测时间、轴数、擦伤情况、外形尺寸情况,如图 2-6-8 所示。

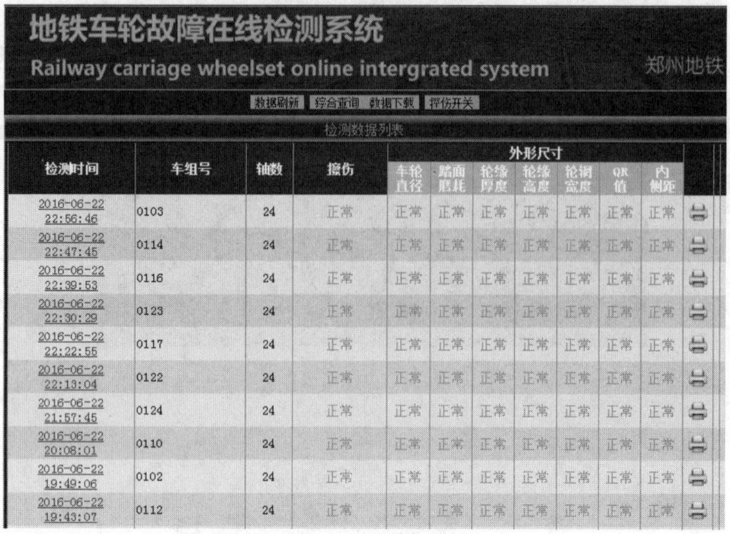

图 2-6-8　主界面

2. 单个车辆参数

点击左侧的检测时间,进入查询界面,如图 2-6-9 所示。

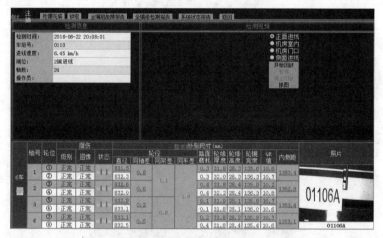

图 2-6-9　查询界面

3. 报警信息

报警信息见图 2-6-10。

图 2-6-10　报警界面 1

出现报警时,在检测时间的左上角会出现"New",相应参数预警会在相应位置呈现,如上图。进入查询界面,系统在相应位置会出现红色箭头,如图 2-6-11 所示,轮缘厚度出现预警。

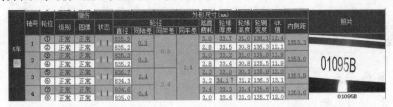

图 2-6-11　报警界面 2

4. 预警值

（1）擦伤预警值：

要求踏面擦伤长度 <60mm,深度 <0.5mm,剥离长度一处 <30mm,连续剥离长度 <40mm,深度 <0.5mm,超出标准预警。

（2）轮径预警值：

轮径值< 770mm 预警,同轴差> 2mm 预警,同架差> 4mm 预警,同车差> 7mm 预警。

（3）轮缘厚度预警值：<28mm 预警。

（4）轮缘高度预警值：超出 27 ～ 36mm 预警。

（5）轮辋宽度预警值：超出 135 ～ 136mm 预警。

（6）QR 值预警值：超出 6.5 ～ 12.7 预警。

（7）内侧距预警值：超出 1351 ～ 1355mm 预警。

第七章　起重机工作流程

> **岗位应知应会**
>
> 1. 了解起重机操作要求。
> 2. 熟悉起重机十不吊的内容。
>
> **重难点**
>
> 起重机检修流程。

本章的学习目的是让读者掌握起重机的工作流程;教学目标是读者学完本章后需熟知起重机的工作流程;起重机操作需取得专业资格证,起重机司机需熟练掌握操作流程,其余设备检修人员需掌握检修流程,学习的重点应放在对设备工作流程的理解上。

第一节　操作人员的要求

起重机司机(下称司机)应年满 18 周岁,经身体检查合格,受过专门的安全教育和操纵起重机的专门培训,并经国家权威部门指定的特种设备作业人员考试机构培训考试合格,取得《特种设备作业人员证》,并取得分公司人力部门颁发的上岗证,持证上岗。

司机应了解所操作起重机机械的构造和性能,熟悉操作规程,保养方法和安全要求知识。

司机在操作时应当按规定正确佩戴劳动防护用品,戴防砸安全帽(Y 类安全帽);并有权提醒起重作业区域配合人员戴防砸安全帽(Y 类安全帽);若起重作业区域内人员不佩戴防砸安全帽,司机有权停止操作起重机工作。

司机在操作过程中必须做到启动、制动平稳,吊钩、货物和吊具不游摆。

操作前司机应到钥匙保管人处填写《起重机使用登记申请表》,出示有效的特种作业人员证,领取起重机钥匙,并在作业过程中随身携带,严禁未经许可擅自操作,严禁无证操作。作业完成后将钥匙归还钥匙保管人,并在《起重机使用登记申请表》登记销点时间,并在申请表上填写设备状态。

操作完成后,司机应当将操作过程中发现的异常状况及时上报安全管理人员或上级领导。

第二节　操作注意事项及准备工作

一、起重机的试运转试验

起重机的运转试验,是新安装架设的起重机所必须进行的检验项目,也可作为定期检验的项目。

(一) 运转试验前的准备和检查

为保障运转试验安全、顺利地进行,试验前必须对起重设备进行认真检查,并为试验做好充分准备。

(1) 关闭起重机电源,检查所有连接部分的紧固情况。

(2) 各传动机构装置是否精确灵活,金属结构是否变形,钢丝绳在滑轮和卷筒上的缠绕及固定情况。

(3) 用兆欧表检查电路系统和所有电气设备的绝缘电阻是否符合要求。

(4) 在断开动力线路的情况下,检验操纵线路接线的正确性,检查所有操纵设备的传动部分是否灵活可靠。

(5) 各润滑点加注润滑油脂(出厂时已加完),减速机按规定加润滑油。

(6) 保证电气设备工作正常可靠,其中必须特别注意电磁铁、限位开关、安全开关和紧急开关的工作可靠性,注意分别驱动运行机构电动机的接线相序检查,使两电动机同向运转。

(7) 清除大车运行轨道上、起重机上以及试验区域内影响运转试验的一切物品。

(8) 与试验无关的人员,必须离开起重机和试验现场,并采取措施,防止在起重机上参加运转试验的人员触电。

(9) 准备好负荷试验的砝码。无砝码时,可用相对密度比较大的钢锭、钢坯、条材、生铁块或大型铸造毛坯等。但必须要对质量计算准确,并应可靠捆扎好。

(10) 检查试验条件(如场地、风速等)是否符合要求。

(二) 无负荷试验

(1) 用手转动各机构的制动轮,使车轮轴或卷筒轴在旋转一周时,所有传动机构都平稳且没有卡滞现象。

(2) 分别开动各机构,操纵机构操作方向应与机构运动方向相一致。先慢速试转,再以额定速度运行,观察各机构应平稳的运转,没有冲击、振动和不正常响声现象。

(3) 沿行程全长,往返运行 3 次,检查大、小运行机构情况,双梁起重机主动小车轮应在轨道全长上接触。

(4) 用电缆导电时,收、放电缆速度应与运行调。

（5）进行各种开关的试验，包括吊具上升（下降）极限位置限制器，大、小车运行极限位置限制器，各联锁保护装置，司机室的紧急开关等。

（6）当吊钩下降到最低位置时，卷筒上钢丝绳安全圈不应少于两圈。

（三）负荷试验

无负荷试验试车情况正常之后，才允许进行负荷试车，负荷试车分静、动两种，先进行静负荷试车，再进行动负荷试车。

1. 静负荷试车

静载试验的目的是检验起重机及其各部分结构的承载能力。每个提升机构的静载试验应分别进行。对双小车的起重机，起重机总起重量为两个小车之和时，两个小车的主钩应同时进行，以便检验桥架的承载能力。总起重量为其中一个小车的起重量时，应分别进行。

首先，提升较小的负荷（可为额定起重量的 0.5~0.75 倍）运行几次，然后提升额定负荷，在桥架全长往返运行数次后，将小车停在桥架中间，定出测量基准点。然后，提升 1.25 倍额定负荷，离开地面 $100 \sim 200mm$ 左右，悬停 10min，卸去负荷，分别检查提升负荷前后刻度尺上的刻度（在架桥中部或厂房的房架上悬挂测量下挠度用的线锤，相应的在地面或主梁上安设一根刻度尺），反复试验最多 3 次后桥架不得产生永久变形（即前后两次所检查的刻度值相同），然后将小车开至跨端，检查实际上拱度值在 $0.7S/1000 \sim 1.4S/1000$，连接处没有出现松动或损坏，则该项试验合格。

最后，使小车停在桥架中间，提升额定负荷，离地面 100mm 左右，测量主梁的下挠度，对 A1~A3 级的起重机，$\leqslant S/700$；对 A4～A6 级的起重机，$\leqslant S/800$；对 A7 级的起重机，$\leqslant S/1000$；试验后，检查无裂纹、永久变形、油漆剥落或对起重机的性能与安全有影响的损坏，则该项试验合格。

2. 动负荷试验

动负荷试验的目的主要是验证起重机各机构和制动器的功能。

提升 1.1 倍额定载荷作为动负荷试车，分别开动各机构（也可同时开动两个机构），试验中，对每种动作应在其整个运动范围内反复启动和制动，工作循环按电机接电持续率，并按操作规程进行控制，试车时间应延续 1h。

实验后，起重机各机构动作灵敏，工作平稳可靠，各限位开关和连锁保护开关工作可靠，没有发现机构或结构损坏，连接处无松动或损坏现象，即为合格。

二、起吊前的准备

操作前，必须在总开关断开的情况下进行起重机的检视工作，在起重机上不得遗留工具或其他物品，以免跌落发生人身意外或损坏机器。

检查吊钩、滑轮组状态是否正常，检查钢丝绳的润滑良好、磨损、断丝情况符合规定，检查钢丝绳是否固定牢固,卷筒上是否有窜槽或叠压现象等。

在确认轨道和走台上无人时才能闭合主电源。发现断路器上有加锁或挂牌时,严禁私自闭合主电源。

在使用之前,司机应当对制动器进行检查。发现异常时,应当在操作之前排除,并做好相应记录。严禁起重机带故障运行。

操作前,须空载试验大车、小车和吊钩的动作。检查吊具是否符合起吊要求,起吊重物不能超过起重机和吊具的额定起重量,并确认起吊重物捆绑牢固。

带司机室的起重机,检查司机室内配备的灭火器是否完好。

检查安全标志是否完好,检查检验合格证是否完好。

三、起吊作业注意事项

(一)安全技术规则

1. 安全技术规则

(1)应有专职人员来操纵起重机。

(2)起重机侧面,必须挂上注明起重机的最大起重量、跨度、工作级别、制造厂的吨位牌。

(3)起重机工作的时候,除操纵室外,其余地方不准站人。

(4)在起重机上进行监测或修理时,起重机必须断电。

(5)起重机不带重物运行时,吊钩离地2.5m以上(即超过一个人的高度)。

(6)严格禁止起重机在搬运重物时,重物从人头上越过。

(7)起重机带重物运行时,重物最低点离重物运行线路上的最高障碍物至少0.5m。

(8)严格禁止用吊钩运送或提升人员。

(9)禁止用任何方法从起重机上抛下物品。

(10)工具、备品、紧固件、杂物等必须储存在专门的箱子内,禁止随便放在起重机上,以避免物件落下时发生人身或损坏设备事故。

(11)提升有害液体及重要物品时,不论重量多少,必须先稍微提升重物离地150~200mm,验证制动器的可靠性以后再正常提升工作。

(12)禁止将易燃物品(如煤油等)储放在起重机上,做好起重机上的防火工作。

(13)露天使用的起重机,当风力大于六级时停止工作。

(14)露天起重机不工作时,当风力大于六级时停止工作。然后用起重机夹轨器夹紧轨道,设法将起重机可靠地固定(如锚定、车轮处塞斜铁等),以防起重机被风刮走发生意外事故。

(15)必须对起重机进行定期的安全检查,其中包括用试验荷重对起重机进行静负荷和动负荷的试验,将结果存入设备档案。

2. 电气设备检修安全技术规则

（1）只许专职的电气人员担任起重机电气的维修工作。

（2）修理时，必须采用电压在 36V 以下的携带式照明灯。

（3）当须带电工作时，一定要带戴上橡胶手套，穿上橡胶靴并使用有绝缘手柄的工具。应有专人监护电器开关，一旦发生危险时应立即切断电源，所有靠近导电部分的地方都必须用栅栏围起来。

（二）司机职责

（1）熟悉起重机的用途、设备、操作方法以及保养规则。

（2）严格遵守安全技术规则。

（3）起重机开始操作前应做到：

①了解电源供电情况，电源电压（大车导电器间电压）低于额定值的 90% 时不应开动起重机。

②在总刀开关断开的情况下进行起重机的检视工作，检查主要部分的连接和使用情况，对个别机构进行必要调整。

③检查起重机是否有遗留工具或其他物品，以免在工作时落下，发生人身或损坏设备事故。

④按规定对设备的各润滑点加油。

⑤对露天工作的起重机，不使用时应妥善作防风措施。

⑥在主开关接电之前，司机必须将所有控制器的手柄转至零位，并将所有门关好。起重机工作时，严禁桥架和大车轨道上有人。

⑦起重机在每次开动前，必须发出开车警告信号（电铃）。

⑧必须注意被吊起的重物，不得超过额定的起重量。

⑨司机必须与挂钩工人紧密配合、步调一致。移动和提升重物，只应听从挂钩工人所步出的信号，但"停车"信号不论由谁发出，均应停车。

⑩吊起重物时，必须在垂直的位置，不允许利用移动大车及小车拖动重物。

⑪起重机及小车接近边缘位置时必须以最缓慢的行速，在不碰撞挡架的条件下，逐步靠近。

⑫起重机控控制器应逐级开动，在机构完全停止运转前，禁止将控制器从顺转位置直接反到逆转位置来进行制动。在防止事故发生的情况下可以偶尔用来作为紧急措施，但控制器只能打在反向一挡而后必须检查确定机构部件没有损伤的情况下才能继续工作。

⑬司机要保证防止与另一起重机相撞。在一台起重机发生故障的情况下，才能允许用相邻另一台起重机来推动这一台，在这种情况下两台起重机须无负荷，而且用最低的速度缓慢地移动。

⑭在电压显著降低或电力输送中断的情况下，主刀开关必须断开，并将所有的控制器拉到零位上。

⑮起重机的电动机突然停电或线路电压下降剧烈时,应将所有控制器拉到零位,司机室内总开关必须马上切断。司机即以信号通知挂钩工人。

⑯起重机吊有重物未放下时,司机不得离开操纵室。

⑰当起重机工作完毕以后,吊具应升到上面的位置,使控制器处在零位,并断开主刀开关。

(三)其他注意事项

(1)严禁随意拆改起重机上任何安全装置。

(2)严禁利用提升限位做提升停车使用,严禁利用缓冲器与止挡的冲撞达到停车目的。

(3)在吊载物处于狭窄的场所以及易倾倒的位置时,不准盲目操作。

(4)严禁从起重机上往下抛掷物品。

(5)严禁与工作无关人员随意登上起重机。

(6)起重机必须按《起重机械安全监察规定》每两年由特种设备安全监督管理部门进行安全技术监督检验合格后,方可继续使用。

四、起重作业"十不吊"

(1)指挥信号不明不吊;

(2)超载不吊;

(3)物件捆绑不牢不吊;

(4)安全装置不灵不吊;

(5)吊物埋在地下,情况不明不吊;

(6)光线不足,看不清不吊;

(7)歪拉斜拽不吊;

(8)边缘锋利物件无防护措施不吊;

(9)起重臂下或重物下有人时不吊;

(10)高压输电线下不吊、氧气瓶、乙炔瓶等爆炸性物品不吊。

五、操作细则

因为单梁起重机结构简单,操作方便,所以操作以地面操作为主,其次是司机室操作,亦有采用遥控操作的。

(一)地面操纵

地面操纵的起重机是通过手动按钮开关(手电门)进行操纵控制的,手电门通过橡胶软缆及加强钢丝悬挂在起重机下,距地面1～1.2m为佳。手电门通过电磁开关的闭合和切断,控制电动机的正、反转,达到吊载起升、下降、左右横行或前后运行的目的。手电门有36V或42V低压电源和双速手电门,按钮标记常为"上、下、前、后、左、右",安装后必须将按钮标记调整至与起重机运行方向相一致,否则很容易发生操作事故危险。按钮开关说明如图2-7-1所示。

1. 单速控制按钮

急停—紧急停机按钮,遇有紧急情况,按下此按钮,使起重机停止工作。

起动—按下此按钮,起重机接通电源,可以开始工作。

停止—按下此按钮,起重机切断电源,停止工作;须再次工作时,应按一下起动按钮。

起升—按下此按钮,吊钩开始上升。

下降—按下此按钮,吊钩开始下降。

小车左—按下此按钮,电动葫芦向左运行。

小车右—按下此按钮,电动葫芦向右运行。

大车前—按下此按钮,起重机向前运行。

大车前—按下此按钮,起重机向后运行。

2. 双速控制按钮

快升—按下此按钮,吊钩开始快速上升运行。

快降—按下此按钮,吊钩开始快速下降运行。

慢升—按下此按钮,吊钩开始慢速上升运行。

慢降—按下此按钮,吊钩开始慢速下降运行。

其他按钮的控制作用与单速控制按钮相同,如图2-7-2所示。

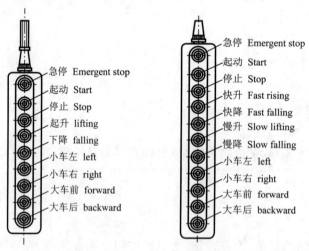

图2-7-1 单速控制按钮开关　　图2-7-2 双速控制按钮开关

(二)司机室操纵

司机室有开放式和封闭式之分,开门方向有侧面开门与端面开门之分,用户可根据使用环境和需要进行选择。

司机室操纵控制面板有大车运行为凸轮控制器操纵,升降、和前、后为按钮操纵。控制面板开关说明如下。

1. 单速控制

启动—按下此按钮,起重机接通电源,可以开始工作。

停止—按下此按钮,起重机切断电源,停止工作;须再次工作时,应按一下启动按钮。

升—按下此按钮,吊钩开始上升运行。

降—按下此按钮,吊钩开始下降运行。

向前—按下此按钮,电动葫芦向前运行。

向后—按下此按钮,电动葫芦向后运行。

凸轮控制器手柄顺时针旋转—起重机向右运行。

凸轮控制器手柄逆时针旋转—起重机向左运行。

照明—为旋钮开关,司机室控制照明的开关。

电铃—为司机发出警告信号的电铃开关。

备用—备用按钮。

2. 双速控制

慢升—按下此按钮,吊钩开始慢速上升运行。

慢降—按下此按钮,吊钩开始慢速下降运行。

快升—按下此按钮,吊钩开始快速上升运行。

快降—按下此按钮,吊钩开始快速下降运行。

其他按钮的控制作用与单速控制面板按钮相同。

第三节 作业完成后的事宜

把起重机开到指定地点,把小车开到起重机的跨端。将吊钩升到一定高度,禁止将吊钩升到上限位时停车。龙门吊使用抓轨器,使其停放牢固、不溜车。

吊钩升起,把所有的控制器手柄扳到零位,切断主电源。

清扫司机室和控制台保持清洁(带司机室的天车)。

第八章　自动化立体化仓库工作流程

> **岗位应知应会**
>
> 1. 熟悉自动化立体仓库的安全注意事项。
> 2. 熟悉自动化立体仓库的操作步骤。
> 3. 熟悉自动化立体仓库的检修作业流程。
>
> **重难点**
>
> 自动化立体仓库的检修作业流程。

第一节　安全操作流程

一、安全注意事项

（1）只有经培训考试合格后并取得设备操作许可证的人员,才能操作设备。

（2）操作人员应熟悉堆垛机的性能和操作方法,对于突发事故能迅速反应并果断处理。

（3）通电开机前必须检查确信巷道中无人和障碍物,必须检查确认操作开关位置正确。

（4）通电后应观察检查各信号灯显示和机器状态,若不正常不能使用自动作业方式。

（5）堆垛机作业中途发生故障停车,应到机器前观察现场状况,分别判明故障原因,或者保护现场。请维修人员前来检查,确定故障原因,以便作出正确恰当的处理。对于一些不能确定或者不能解决的问题,即时通知厂家人员,不得擅自处理。

（6）操作人员在作业时应精力集中,不得从事其他活动,操作人员身心失常时不得操作堆垛机。

（7）手动操作伸叉时必须小心谨慎,应事先检查,确认正确后才能伸叉;货叉在两侧时,不得开动运行机构和高速升降,只能在低位和高位 90mm 之间微升或微降。

（8）堆垛机不得装载重量或尺寸超过规定值的载荷,所用托盘必须符合尺寸要求,不合格托盘不得上架入库。

二、操作步骤

（一）开机

操作员首先接通电源,电锁开关置于"联网"挡,堆垛机找到原位后,再将电锁开关置于"手动"

挡。所有的手动开关都必须放在中位,控制面板上的手动指示灯亮,操作员方可开动堆垛机。

控制柜手动:人站在控制柜下,用手动操作柄开动各开关,控制运行升降和货叉三方向的动作。其中按下"高速"钮,运行升降和货叉三个方向都将改为高速。按下"低速"钮取消所有的高速。其余的按钮都如按钮上指示的操作,按下即动作,抬起车就停。

(二)入库作业操作

(1)检查水平、垂直位置是否对准入出库台低位,如未对准可借助于水平对准信号和升降低位信号显示点车校准。

(2)取货:若为右库台,则向右伸叉—微升至高位—向左缩叉至中央位置;若为左库台,则向左伸叉—微升至高位—向右缩叉至中央位置。货叉到端位和中位会自动停止伸叉。若要改变操作方向,要间隔2s。

(3)停车:可以同时开动运行和起升,到目的地后停车。中、低运行可以实现两档速度,中速运行时,在接近目的地大约一个货位时要换成低速,以免堆垛机高速冲出巷道口。升降可以实现高、低两档速度。在接近顶层或底层时,要换成低速以免冲顶和墩底。

(4)查水平是否停准,起升是否停在指定层高位,如不正确,停车校准。

(5)向目的货位存货:向左右伸叉—微降至低位—向右左缩回原位。

(6)入库作业结束,如无出库作业,返回作业原始位置。

(三)出库作业步骤

(1)从当时位置(不一定在原位)开车去指定的出库货位,操作同入库作业,但升降应停在低位。

(2)查运行是否对准,升降是否停在指定层低位,如不正确,停车校准。

(3)从目的货位取货:向左/右伸叉—微升至高位—向右/左缩叉回原位。

(4)返回巷道口出/入库台,停在高位,如未停准,停车校准。

(5)向出/入库台卸货:向库台伸叉—微升高降至低位—缩叉回原位。等待下一次作业。

注意:每次手动作业后,必须将手动开关扳回中位,以便下一次操作。每天工作完毕后,发召回命令将堆垛机召回到一层入出库台,并脱机。

第二节　检修作业流程

一、作业内容

立体化仓库修程分为日常保养、月检、年检修程。

（一）日常保养

日常保养由操作人员或指定人员做目测检查,并保持设备清洁状态。

（二）月检

每月定期进行一次的检查保养工作,月检天数为 2d。

（三）年检

每年定期进行一次的检查保养工作,年检天数为 4d。

二、基本要求

(1)维护人员应接受过专门的自动化立体仓库检修培训,并应全面阅读自动化立体仓库操作及维护说明书。

(2)维护保养人员必须经安全教育及专业知识上岗培训,熟悉立体仓库检修规程,熟悉现场环境和施工安全要求以及熟悉掌握立体仓库检修手册。

(3)维护人员不得披长发、穿宽松衣服、佩戴饰物(包括环状物),必须穿戴好劳动防护用品。维护人员在开机前检查电控系统是否正常,各部件位置是否可靠。

(4)维护人员开机时,除电源主开关外,为避免触及任何其他部件,打开电源主开关后,立即锁上强电屏柜门。

(5)在检修过程中,必须将相应的堆垛机和输送线系统转换到本地操作模式并按下相应急停按钮。需运行测试时必须通知周边所有人员离开操作区域。

(6)检修完成后,应将堆垛机恢复"原位",打回"联机状态"并告知立体仓库人员,撤走检修人员和工具,恢复使用。

(7)高空作业人员需将安全带牢系在牢固货架上,禁止把安全带系在活动物件上。高处作业区附近有带电体时,传递绳索应使用干燥的麻绳或尼龙绳,严禁使用金属绳。

(8)高处作业时辅助用具要扎紧扎牢,以防坠落,严禁携带其他无关物品。遇有打雷或高处作业区照明度不够时,应停止高处作业。

(9)在插拔数据线时,要先断电。

(10)任何人不得乘坐堆垛机载货台升降作业。

三、日常保养

(1)检查 LED 屏、触摸屏、监控计算机、管理计算机工作是否正常。

(2)检查堆垛机运行轨道是否有障碍物。

(3)检查堆垛机立柱、下横梁、升降轨道有无异常。

(4)检查堆垛机行走、升降、货叉等运行机构有无异常。
(5)检查载货台输送线路是否有障碍物。
(6)检查载货台运行中是否有异响。
(7)检查载货台各开关、按钮的功能有无失灵。
(8)检查载货台起升钢丝绳有无损伤。
(9)检查载货台吊挂电缆有无损伤。
(10)检查出入库输送系统激光测距装置、光通器指示灯是否正常。
(11)检查出入库输送系统各指示灯、急停开关、按钮功能是否正常。
(12)检查电气控制柜上各开关、按钮、显示和控制器件的功能有无损坏或失灵。

四、月检

(一)机械系统

1. 金属结构

(1)检查立柱、下横梁、升降导轨是否变形或扭曲。
(2)检查并紧固立柱与下横梁的连接螺栓,确保无松动。

2. 堆垛机升降机构

(1)检查电动机、减速机、制动器运行时有无异响和异常发热。
(2)检查所有减速器的油位,有无渗漏,如果油量不足则进行补充。
(3)检查升降链条在链轮上是否啮合正常、有无损坏。
(4)检查钢丝绳有无严重断丝、松股、弯曲及变形。
(5)检查钢丝绳、滚动轴承、导向轮的磨损情况,滚动轴承转动时是否有异响;对钢丝绳、轴承、导向轮进行润滑。
(6)检查并紧固钢丝绳与载货台的连接螺栓,确保无松动。

3. 堆垛机行走机构

(1)检查电动机、减速机、制动器运行时有无异响和异常发热。
(2)检查所有减速器的油位,有无渗漏,如果油量不足则进行补充。
(3)检查滚动轴承、导向轮、行走轮的磨损情况,滚动轴承转动时是否有异响。
(4)检查轴承、导向轮、行走轮润滑是否足够,如果润滑不足则进行补充。

4. 堆垛机货叉机构

(1)检查电动机、减速机、制动器运行时有无异响和异常发热。
(2)检查减速器的油位,有无渗漏,如果油量不足则进行补充。
(3)检查货叉的工作情况,是否倾斜、水平偏移。
(4)检查货叉链条是否松弛,如松弛,进行调整,调整后货叉由左端位、右端位回到中位停止,应左右对齐平整。

(5)检查货叉链条润滑是否足够,如果润滑不足则进行补充。
(6)检查并紧固货叉与载货台的连接螺栓,确保无松动。

5. 载货台
(1)检查并紧固载货台防坠落保护装置的固定螺栓,确保功能正常。
(2)检查载货台吊挂电缆状态正常。

6. 出入库输送系统
(1)检查各电动机、减速机、制动器运行时有无异响和发热。
(2)检查所有减速器的油位,有无渗漏,如果油量不足则进行补充。
(3)检查输送链条在链轮上的啮合情况,链条松紧度是否合适。
(4)检查链轮、链条、滚动轴承的润滑情况。
(5)检查输送升降链条有无异常及磨损情况。
(6)检查升降台上传动辊的链条松紧度是否合适。
(7)检查托盘停位是否准确。

(二)电气系统

1. 监控管理系统
(1)清洁触摸屏、LED屏、监控计算机、管理计算机,称重控制面板,检查外观是否良好。
(2)检查监控管理系统各连接线是否松动。

2. 堆垛机
(1)检查各工位检测开关位置是否正常,固定镙钉是否牢靠。
(2)清扫堆垛机上所有光电开关上的灰尘。
(3)检查货叉驱动电机轴端及升降认址检测编码器的联轴器是否松动。
(4)检查电缆是否有外表损伤和扭曲。
(5)检查激光测距装置及光通讯器电源工作指示灯是否正常。
(6)检查堆垛机操作面板上各操作开关、显示灯工作是否正常。
(7)检查电气柜内各接线、元件是否有松动。
(8)对货位虚实探测光电开关进行一次检测距离测试,检测方法:手掌距开关正面150mm,开关动作为适,调整后用手动/自动进行功能测试。
(9)对检测货物超高、超宽对射光电开关进行一次功能测试,测试方法:手动向上和向下运行时,手挡光电开关,堆垛机停止运行。
(10)检查各行程开关的工作可靠性,对极限安全行程开关主要应检查在规定的压入量下是否能触发,如有问题,应立即调整。
(11)清扫电气柜内外的灰尘,清扫电器柜内风扇。

3. 出入库输送系统
(1)检查各工位检测开关位置是否正常,固定镙钉是否牢靠。

(2)清扫光电开关上的灰尘。
(3)检查输送线各动作的联锁是否正常。
(4)清扫电气柜内外的灰尘,清扫电器柜内风扇。
(5)检查电气柜内各接线、元件是否有松动。
(6)检查电缆是否有外表损伤和扭曲。
(7)检查操作面板上各操作开关、显示灯工作是否正常。
(8)检查称重模块各接线、元件是否有松动。

五、年检

(一)机械系统

1. 金属机构

(1)目视立柱、下横梁、升降导轨无变形或扭曲。
(2)检查并紧固前后立柱与下横梁的连接螺栓,确保无松动。
(3)检查各机构的焊缝是否有明显的裂纹。
(4)检查各个制动器摩擦片的磨损程度。

2. 堆垛机升降机构

(1)检查电动机、减速机、制动器运行时有无异响和异常发热。
(2)检查所有减速器的油位,有无渗漏,如果油量不足则进行补充。
(3)检查钢丝绳有无严重断丝、松股、弯曲及变形。
(4)检查钢丝绳、滚动轴承、导向轮的磨损情况,滚动轴承转动时是否有异响。
(5)对钢丝绳、轴承、导向轮进行润滑。
(6)检查并紧固钢丝绳与载货台的连接螺栓,确保无松动。
(7)检查钢丝绳两端固定的紧固状态。
(8)对钢丝绳进行防锈处理。
(9)检查升降链条在链轮上是否啮合正常、有无损坏。

3. 堆垛机行走机构

(1)检查电动机、减速机、制动器运行时有无异响和异常发热。
(2)检查所有减速器的油位,有无渗漏,如果油量不足则进行补充。
(3)检查滚动轴承、导向轮、行走轮的磨损情况,滚动轴承转动时是否有异响。
(4)检查轴承、导向轮、行走轮润滑是否足够,如果润滑不足则进行补充。
(5)检查地轨结头处是否有错位,加固地轨紧固件,清洁轨道的油污。
(6)检查集电器小车导轮的磨损情况。
(7)检查供电滑触线和吊挂处无异常,集电器无松动或卡住现象,接触块磨损情况。

(8)检查竖轴与下横梁连接间隙是否合适,螺母是否松动。

(9)检查地轨、天轨接头有无错位,加固地轨、天轨紧固件。

4. 堆垛机货叉机构

(1)检查电动机、减速机、制动器运行时有无异响和异常发热。

(2)检查减速器的油位,有无渗漏,如果油量不足则进行补充。

(3)检查货叉的工作情况,是否倾斜、水平偏移。

(4)检查货叉链条是否松弛,如松弛,进行调整,调整后货叉由左端位、右端位回到中位停止,应左右对齐平整。

(5)检查货叉链条润滑是否足够,如果润滑不足则进行补充。

(6)检查并紧固货叉与载货台的连接螺栓,确保无松动。

5. 载货台

(1)检查并紧固载货台防坠落保护装置的固定螺栓,确保功能正常。

(2)检查支撑滚轮的磨损情况及其与轨道间隙的情况。

6. 出入库输送系统

(1)检查各电动机、减速机、制动器运行时有无异响和发热。

(2)检查所有减速器的油位,有无渗漏,如果油量不足则进行补充。

(3)检查输送链条在链轮上的啮合情况,链条松紧度是否合适。

(4)检查链轮、链条、滚动轴承的润滑及磨损情况。

(5)检查升降台上传动辊的链条松紧度是否合适。

(6)检查托盘停位是否准确。

(7)对输送机链条进行一次检查,重点是升降台上传动辊的链条松紧度要保证托盘停位准确,否则进行调整,调整链条时要注意各辊子间的平行度,否则托盘跑偏。

(8)检查各滚动轴承是否有异常声音。

(9)紧固连接驱动装置的螺栓。

7. 货架

(1)对货架做一次整体外观检查,是否有明显的倾斜、变形和损坏。

(2)对货架上的托盘做一次整体外观检查,是否摆放整齐、有无超出限界和明显的损坏。

8. 电机

检查各个齿轮箱的油质,是否有变质,必要时进行更换。

(二)电气系统

1. 监控管理系统

(1)清洁触摸屏、LED屏、监控计算机、管理计算机,称重控制面板,检查外观是否良好。

(2)检查监控管理系统各连接线是否松动。

(3)全面检查维护监控统硬件(包括信息识别、数据通信等外围设备),保证连接良好、使用正常。

2. 堆垛机

(1) 检查各工位检测开关和认址片位置是否正常,固定镙钉是否牢靠,认址片是否有歪斜或破损。

(2) 清扫堆垛机上所有光电开关上的灰尘。

(3) 检查货叉驱动电机轴端及升降认址检测编码器的联轴器是否松动。

(4) 检查电缆是否有外表损伤和扭曲。

(5) 检查激光测距装置及光通信器电源工作指示灯是否正常。

(6) 检查堆垛机操作面板上各操作开关、显示灯工作是否正常。

(7) 检查电气柜内各接线、元件是否有松动。

(8) 对货位虚实探测光电开关进行一次检测距离测试,检测方法:手掌距开关正面150mm,开关动作为适,调整后用手动/自动进行功能测试。

(9) 对检测货物超高、超宽对射光电开关进行一次功能测试,测试方法:手动向上和向下运行时,手挡光电开关,堆垛机停止运行。

(10) 检查各行程开关的工作可靠性,对极限安全行程开关主要应检查在规定的压入量下是否能触发,如有问题,应立即调整。

(11) 清扫电气柜内外的灰尘,清扫电器柜内风扇。

(12) 检查升降、行走与货叉伸缩各动作的联锁情况。

(13) 检查堆垛机滑触线接头有无松动和异常,滑触线有无扭曲,紧固各螺栓。

(14) 检查堆垛机集电器接线有无松动,碳刷的磨损情况。

3. 出入库输送系统

(1) 检查各工位检测开关位置是否正常,固定镙钉是否牢靠。

(2) 清扫光电开关上的灰尘。

(3) 检查输送线各动作的联锁是否正常。

(4) 清扫电气柜内外的灰尘,清扫电器柜内风扇。

(5) 检查电气柜内各接线、元件是否有松动。

(6) 检查电缆是否有外表损伤和扭曲。

(7) 检查操作面板上各操作开关、显示灯工作是否正常。

4. 电机

检查各电机接线盒,紧固各接线端子。

第九章　自动恒流充放电机工作流程

> **岗位应知应会**
>
> 1. 熟悉充放电机的充电操作步骤。
> 2. 熟悉充放电机的放电操作步骤。
>
> **重难点**
>
> 充放电机的操作流程。

本章的学习目的是让读者掌握自动恒流充放电机的工作流程；教学目标是读者学完本章后需熟知自动恒流充放电机的工作流程；教学目标是读者学完本章后需熟知自动恒流充放电机设备作业流程；自动恒流充放电机操作较为简单，所以本章学习起来较为简单，学习的重点应放在对设备工作流程的理解上。

第一节　充电流程

（1）工作模式的选择：按"▲"、"▼"键，使"→"指向"充电"的工作模式，然后按"确定"键，进入该工作模式的参数设置。

"工作模式的选择"界面上显示的电压，是蓄电池电压。

（2）正常充电电流、电压参数的设置：按"▲"、"▼"键，可对光标所在的设置位值进行加减，按"◀"、"▶"可移动光标到其他的设置位。参数设置好以后按"确定"键，进入下一屏的参数设置。

电流设置值：蓄电池正常充电所需的充电电流值一般取 0.1～0.15CA，其中 C 为蓄电池容量，单位 Ah（安时）。例如 100Ah 的蓄电池充电电流为 10～15A，但也可根据用户的实际情况而定）。

恒压点设置值：设定值一般为蓄电池额定电压的 1.2～1.25 倍，可参照下表：（此设置方法，仅适用于铅酸蓄电池设定时作参考。对于碱性蓄电池恒压点的设定，请按照碱性蓄电池产品出厂说明进行）。

（3）正常充电时间、容量参数的设置：按"▲"、"▼"键，可对光标所在的设置位值进行加减,按"◀"、"▶"可移动光标到其他的设置位。参数设置好以后按"确定"键,进入下一屏。

时间设置:可设置的时间范围为:00.00～99.59(99小时59分钟),一般蓄电池在完全用空的情况下,充电时间为12h左右。

容量设置:一般设为蓄电池的额定容量。

(4)启动工作:参数设置完成后,按"确定"键,进入蓄电池的连接检测并自动启动。

(5)显示当前值:启动工作后,液晶屏显示当前电流值;通过按"▲"、"▼"键,可对电流、电压、时间、容量、电源电压参数的当前值进行切换显示。

(6)参数的在线修改:在进入启动工作后,可按"返回"键,返回到参数设置界面进行参数修改,修改好后再按"确定"键,前进到当前值的显示界面。

(7)工作完成信息显示:正常充电完成的判别有三种方法:时间、容量到以及充电进入恒压后再充6h。达到其中任一种则判别为工作完成,设备自动关机。界面显示完成信息,包括蓄电池电压、充电的时间、容量等信息。

第二节 放电流程

(1)工作模式的选择:按"▲"、"▼"键,使"→"指向"放电"的工作模式,然后按"确定"键,进入该工作模式的参数设置。

放电电流、电压参数的设置:按"▲"、"▼"键,可对光标所在的设置位值进行加减,按"◀"、"▶"可移动光标到其他的设置位。参数设置好以后按"确定"键,进入下一屏的参数设置。

电流设置值:蓄电池放电所需的放电电流值一般取0.2CA,其中C为蓄电池容量,单位Ah(安时),如100Ah的蓄电池放电电流为20A,但也可根据用户的实际情况而定)。

放完电设置值:设定值一般为蓄电池额定电压的0.85～0.875倍。此设置方法,仅适用于铅酸蓄电池设定时作参考。对于碱性蓄电池放完点的设定,请按照碱性蓄电池产品出厂说明进行。

放电时间、容量参数的设置:按"▲"、"▼"键,可对光标所在的设置位值进行加减,按"◀"、"▶"可移动光标到其它的设置位。参数设置好以后按"确定"键,进入下一屏。

启动工作:参数设置完成后,按"确定"键,进入蓄电池的连接检测并自动启动。

(2)显示当前值:启动工作后,液晶屏显示当前电流值;通过按"▲"、"▼"键,可对电流、电压、时间、容量、电源电压参数的当前值进行切换显示。

(3)参数的在线修改:在进入启动工作后,可按"返回"键,返回到参数设置界面进行参数修改,修改好后再按"确定"键,前进到当前值的显示界面。

工作完成信息显示：

放电完成的判别有三种方法：时间、容量到以及放完点电压。只要达到其中任一种则判别为工作完成，设备自动关机。界面显示完成信息，包括蓄电池电压、放电的时间、容量等信息。

第十章　厂内机动车工作流程

岗位应知应会

1. 熟悉厂内机动车操作注意事项。
2. 熟悉厂内机动车工作流程。

重难点

厂内机动车工作流程。

第一节　安　全　规　定

（1）无特殊设备作业人员资格证书者不得操作电瓶叉车。

（2）操作者应做好电瓶叉车使用情况登记，严禁把叉车交给无证人员操作。

（3）禁止在工作台面上放置物件。

（4）操作者必须熟悉叉车的性能，严禁超重操作。

（5）叉车操作室只允许司机一人乘坐，禁止载人。

（6）操作前，操作者首先应正确穿戴劳动防护用品，再检查叉车各安全装置是否完好，车辆制动是否灵敏可靠。

（7）操作中，操作者应注意行车速度，速度不应超过 5km/h，严禁超速行驶。

（8）切勿让叉车的电量耗尽至叉车无法行驶时，才进行充电。

（9）下坡时，须倒车行驶。

（10）在风沙、下雪、雷电、暴雨等恶劣气候条件下，不宜库外使用叉车。

（11）电瓶内部会产生爆炸性气体，绝对禁止火焰、火花接近电瓶，否则会引起爆炸。

第二节　蓄电池搬运车操作注意事项

（1）无特殊设备作业人员资格证书者不得操作蓄电池搬运车。

（2）操作前，操作者应正确穿戴劳动防护用品。

（3）操作者应做好电瓶车使用情况登记，严禁把蓄电池搬运车交给无证人员操作。

（4）蓄电池搬运车严禁出厂行驶，在厂区内必须按规定路线靠右侧行驶。通过路口、转弯、狭路、交会车、行人众多、雨、雪、雾天，最高时速不得超过 5km，并注意鸣笛，做到"一站，二看，三通过"，不准争道抢行。

（5）操作前，操作者必须检查蓄电池搬运车处于良好的运行状态。

（6）在风沙、下雪、雷电、暴雨等恶劣气候条件下，严禁使用蓄电池搬运车。

（7）蓄电池搬运车司机室额定载人 2 人（含司机），后排载货严禁载人。

（8）操作者应爱护蓄电池搬运车，每天操作前做好对其进行日常的保养与清洁。

（9）司机所持场内机动车辆操作证必须在有效期内，操作证过期未年审者，不得操作蓄电池搬运车。

（10）操作者必须确认所借用的蓄电池搬运车的安全检验合格证在有效期内。如该车已过下次检验日期不得使用。

第三节　内燃叉车操作注意事项

（1）无特殊设备作业人员资格证书者不得操作内燃叉车。

（2）操作者应做好内燃叉车使用情况登记，严禁把叉车交给无证人员操作。

（3）禁止在工作台面上放置物件。

（4）操作者必须熟悉叉车的性能，严禁超重操作。

（5）叉车操作室只允许司机一人乘坐，禁止载人。

（6）操作前，操作者首先应正确穿戴劳动防护用品，再检查叉车各安全装置是否完好，车辆制动是否灵敏可靠。

（7）操作中，操作者应注意行车速度，速度不应超过 5km/h，严禁超速行驶。

（8）下坡时，须倒车行驶。

（9）在风沙、下雪、雷电、暴雨等恶劣气候条件下，不宜库外使用叉车。

第十一章　固定式空压机工作流程

> **岗位应知应会**
>
> 1. 熟悉固定式空压机的开机步骤。
> 2. 熟悉固定式空压机作业完成后的工作。
>
> **重难点**
>
> 固定式空压机的开机步骤。

一、开机准备

采用此流程开启 1 号机，若开 2 号机，阀门开启状态与 1 号机相反，原则上不允许 1、2 号机同时开启。

（1）作业人员检查仪表指针显示"0"，输气管路状况，确认无异常，如图 2-11-1 所示。

（2）检查关闭 1 号储气罐罐底阀门。注意检查罐底连接管路状况，同时关闭 2 号罐底阀门。

（3）打开分气罐上通往架修库管道的阀门。如果工程车库不要求送气，此时应关闭通往工程车库管道的阀门，如图 2-11-2 所示。

图 2-11-1　罐底阀门

图 2-11-2　打开阀门

（4）打开分气罐总进气管道阀门。

（5）检查分气罐底部排气阀门，确认关闭状态，如图 2-11-3 所示。

（6）确认 1-01 阀门打开状态，2 号机没有启动，此时应当关闭 2-01 阀门。

图 2-11-3　阀门确认

(7) 确认 1-02 阀门打开状态，2 号机没有启动，此时应当关闭 2-02 阀门。

(8) 确认 1-03 阀门打开状态，2 号机没有启动，此时应当关闭 2-03 阀门。

(9) 关闭空压机冷凝水排放阀门。在空压机运行过程中，应每隔一段时间打开该阀门，排放冷凝水。

(10) 检查油气分离器显示油位。液面必须在显示窗口面 1/3 以上。

二、开机步骤

(1) 检查准备完毕，打开电器柜门，闭合 1 号机电源开关 QF1，闭合空气干燥机开关，如图 2-11-4 所示。

(2) 打开空压机电气柜，查看相序继电器 K25 工作状态，显示黄灯、绿灯亮，为正常状态。

(3) 打开空气干燥机开关，注意空气干燥机仪表盘显示状况，绿色区域为正常。

(4) 设置加载、卸载压力参数，步骤为菜单—调节—修改—选择压力数值—确定。默认加载压力为 6.8MPa，卸载压力为 8.0MPa。

(5) 按下启动按钮。注意显示界面压力加载状况，压力、温度数值，如图 2-11-5 所示。

图 2-11-4　开机

图 2-11-5　开机

三、运行检查

(1) 检查储气罐顶部仪表显示数值，为正常升压状态。运行过程中，作业人员应每隔一段时间进行巡视检查空压机及附属设备管路状况。

（2）红色按钮为急停开关，运行过程中，空压机如出现振动、异响非正常状况，立即按下急停开关。急停开关非紧急异常状况勿动，否则会对机器造成损坏，如图 2-11-6 所示。

四、作业完毕

（1）作业完毕，界面显示"卸载"时，按下停止按钮。按下停止按钮，注意观察"自动运行"灯灭。

（2）关闭空压机电源、空气干燥机电源。注意当自动运行指示灯熄灭后可以切断电源，如图 2-11-7 所示。

图 2-11-6　急停按钮

图 2-11-7　关机

（3）打开分气罐底部排气阀，1 号储气罐罐底阀门，空压机冷凝水排放阀门。

（4）填写空压机运行记录表。

第十二章 常见故障处理

岗位应知应会

1. 了解不落轮镟床的常见故障处理方法。
2. 了解洗车机的常见故障处理方法。
3. 了解架车机的常见故障处理方法。
4. 了解公铁两用车的常见故障处理方法。

重难点

常见设备的常见故障处理。

本章的学习目的是让读者掌握常见设备的常见故障处理;教学目标是读者学完本章后需对设备的常见故障有初步认识。因读者未接触到设备本身,对于故障处理的讲解理解起来难度较大,学习的重点应放在对故障处理的思路上。

第一节 不落轮镟床常见故障处理

机床在使用过程中,偶发启动机床后绿色指示灯不亮的情况发生,处理步骤如下。

一、各部位状态确认

确认机床正常启动后,检查各动作部位是否回到原始位。若均在原始位,进行下一步检查。

(1)查看驱动滚轮、导向滚轮是否收回且在最低位;外轴箱支撑在最低位;伸缩导轨是否完全收回。驱动滚轮、导向滚轮、外轴箱支撑装置、伸缩导轨相对较易受铁屑影响,优先进行检查,如图2-12-1所示。

(2)刀具是否在参考点;压下装置中的左

图2-12-1 状态检查一

右伸出套筒必须收回,且在最低位置。结合屏幕上 X 轴、Z 轴坐标确定刀具位于参考点;套筒收回根据接近开关灯亮,如图 2-12-2 所示。

二、PLC 输出状态检查

检查 DO37 上控制绿色信号灯的中间继电器灯是否亮,若灯不亮进行下一步检查,若灯亮则进行第 4 步检查,如图 2-12-3 所示。

图 2-12-2　状态检查二　　　　　　　　图 2-12-3　PLC 输出模块状态

三、检查指示灯供电线路

检查 F9、Q37.7 供电,若供电正常,则说明中间继电器故障,如图 2-12-4 所示。

四、检查绿色指示灯

检查绿灯接线柱电压,若电压显示 24V,则指示灯损坏,更换指示灯,如图 2-12-5 所示。

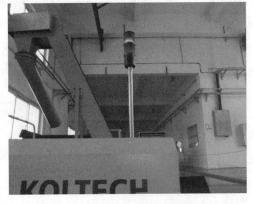

图 2-12-4　指示灯供电线路　　　　　　图 2-12-5　绿色指示灯

第二节　公铁两用车常见故障处理

为了降低镟轮作业过程中因公铁两用车故障而对镟轮作业造成的影响,现从公铁车电池电量低、车轮不到位、重置不成功、轨道轮不能抬起等方面说明了公铁车发生故障时采取的常见措施,具体如下。

一、电池电量低

首先观察公铁车的电量表,确认电量是否低于30%。如果低于30%,则按住"电池低电控制"按钮,驾驶至指定充电位置充电。公铁车低电保护功能是为了防止蓄电池过度放电,延长蓄电池使用周期。设备维护操作负责人应合理使用公铁车,及时安排充电,如图2-12-6所示。

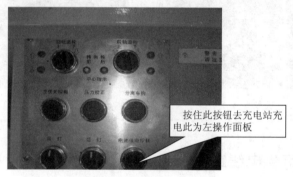

图2-12-6　电池低电控制按钮

二、导向滚轮不到位

在轨道上,检查左侧面板上前、后轨道轮下和前、后转向中心4个指示灯是否全亮。若不满足条件,需检查前后轨道轮是否下降到位,同时检查相应的限位开关是否亮起,如不亮,则需按下压力校正按钮。若导向滚轮不能抬起或落下,则可能由于油管内进空气导致,此时需将相应进出油管放部分油即可解决问题,如图2-12-7所示。

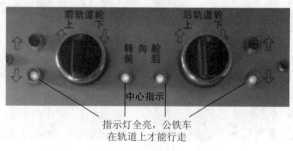

图2-12-7　指示灯

三、重置不成功,系统无法上电

打开钥匙开关,按下重置按钮后,重置指示灯不亮,重置不成功。应采取以下步骤。

(1)打开座位下的电气柜盖子,查看黄色的安全继电器三个指示灯是否全亮,如果三个灯同时不亮,检查 A1/A2 是否有 24V 电压,如果电压为零,则查找 24V 电压是否正常。如果安全继电器只亮 power 灯,进行下一步,如图 2-12-8 所示。

(2)首先,检查公铁车上的五个急停开关是否复位。如果正常请进行下一步,如图 2-12-9 所示。

图 2-12-8　安全继电器

图 2-12-9　急停开关

(3)关闭钥匙开关后,测量端子 24/90,26/92 两路是否接通,如有断路,则对照电路图查找故障点并恢复。如果正常请进行下一步。

(4)对照电路图检查 4K3B、4K3C、4K4 继电器的状态是否正常。正常重置后 4K3B、4K3C、4K4 得电,指示灯亮起。

第三节　固定式架车机常见故障处理

一、紧急下下限位／上上限位触发

(一)查看主控台操作界面

确认发生故障的位置,其中显红的位置为故障地坑,如图 2-12-10 所示。

(二)查看主控台硬件故障界面

进一步确认故障部位,即下下限位显红即为下下限位触发故障,上上限位显红即为上上限位触发故障,如图 2-12-11 所示。

图 2-12-10　操作界面显示　　　　图 2-12-11　硬件故障界面

（三）查看下下限位/上上限位状态

检查是否有异物导致下下限位/上上限位触发,若有则清除异物,进行下一步;若无异物,进入第 5 步,如图 2-12-12 所示。

（四）进行故障复位

按下故障复位按钮,安全继电器重新上电,故障排除,如图 2-12-13 所示。

图 2-12-12　下下限位/上上限位　　　　图 2-12-13　故障复位按钮

（五）将举升柱上升/下降

把主控制台内部的"旁路开关"打到 ON 状态,按下故障复位按钮,安全继电器上电后按下上升/下降按钮,至故障解除,如图 2-12-14 所示。

图 2-12-14　旁路钥匙开关

二、安全继电器不得电

（一）检查安全继电器

如果中间继电器上 CH.1、CH.2 灯不亮，进行下一步，如图 2-12-15 所示。

（二）进行故障复位

按下故障复位按钮，安全继电器上电，故障解除；若复位不成功则进入下一步，如图 2-12-16 所示。

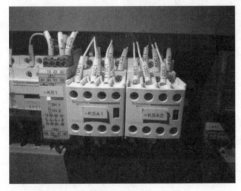

图 2-12-15　黄色安全继电器

图 2-12-16　故障复位按钮

（三）检查主电柜内线路

将架车机断电，按下故障复位，逐段检查主柜内接线，确定断点位置。若断点在主柜，进行下一步，若断点在分柜，进行第 5 步，如图 2-12-17 所示。

（四）处理主柜接触器

首先检查接线点，若松动则进行紧固；若无则检查连接线有无断点，有则更换；否则检查接触器常闭点，若断开则更换接触器，如图 2-12-18 所示。

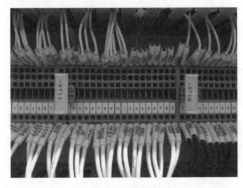

图 2-12-17　检查接线

图 2-12-18　检查接触器触点

（五）处理分柜接触器

首先检查接线点，若松动则进行紧固；若无则检查连接线有无断点，有则更换；否则检查接触器常闭点，若断开则更换故障常闭点，如图 2-12-19 所示。

图 2-12-19　分柜接触器

第四节　洗车机常见故障处理

一、WPS2 水压报警

（一）查看侧洗水泵工作是否正常

对使用循环水的工位进行喷水测试，若侧洗水泵工作正常，则进行第 2 步检查；若水泵不工作则进行第 4 步检查，如图 2-12-20 所示。

（二）比较对应水压表与水压传感器压力

若压力不一致说明传感器故障，更换压力传感器，故障排除，处理结束；若压力一致，进行下一步检查，如图 2-12-21 所示。

图 2-12-20　侧洗水泵及压力表　　　　　图 2-12-21　比较

（三）排除泵前补水箱空气

将设备打到自动位，打开侧洗泵泵前补水箱排气阀，直到有水流出为止。进行喷水测试，若正常，处理结束；若仍不正常，检查水泵底阀。排完空气之后把排气阀关闭，如图 2-12-22 所示。

（四）检查变频器通信线接头

若松动，对接头重新进行紧固；若接头无松动，则进行下一步检查，如图 2-12-23 所示。

图 2-12-22　泵前补水箱　　　　　图 2-12-23　变频器

（五）水泵供电线路检查

使用电压法依次检查 QP2、KM7、KM2、EC-P2 处电压，若电压异常，排查线路；若电压正常，则水泵故障，如图 2-12-24 所示。

二、信号灯不亮

（一）检查中间继电器

打开信号灯，检查对应中间继电器红色指示灯，若灯亮进行下一步；若灯不亮进行第 3 步，如图 2-12-25 所示。

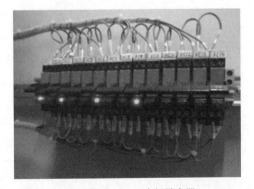

图 2-12-24　水泵控制线路　　　　　图 2-12-25　中间继电器

(二)检查信号灯供电线路

用万用表依次检查保险管、分线盒、信号灯接线端子处电压,若接线端子处信号灯进线电压为220V,则信号灯损坏,更换信号灯,如图2-12-26所示。

(三)检查PLC输出模块

若PLC有24V输出电压,则说明中间继电器存在问题;若无输出电压,则PLC模块故障,如图2-12-27所示。

图2-12-26 供电线路

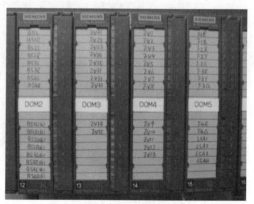

图2-12-27 检查PLC输出模块

第五节 自动化立体仓库常见故障处理

堆垛机在自动和联网作业时会自动地识别故障,停止各种机械动作,并在监控计算机上显示故障,同时堆垛机故障灯闪烁,蜂鸣器报警。

一、位错

堆垛机正常完成入、出库作业时,载货台上四对光电开关应都是亮的,并且货叉在中位,中位灯亮。此时进入"待机"状态。否则报"位错"故障。解除方法:检查载货台上4个光电开关是否都亮,货叉是否在中位。

如果4对光电开关有未亮的,检查是否有物体遮挡了光电开关;检查光电开关支架是否松动,松动后对射光电开关不再一条直线上,不能对射;检查光电开关接线。

如果4对光电开关都亮,检查货叉是否在中位位置。若不在中位请人工干预调整到中位,如图2-12-28、图2-12-29所示。

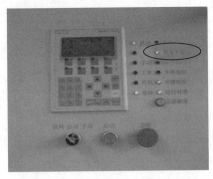
图 2-12-28　货叉中位指示灯示意图

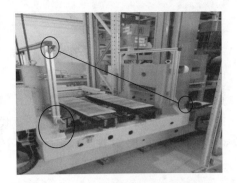
图 2-12-29　一侧两对光电开关示意图

二、双重入库

入库作业时，当货位有托盘、货箱时，堆垛机又到此货位入库时，由货格探开关检测到托盘或货箱时，报警双重入库。

解除方法：如货位确实有货，先仔细查账，找出出错原因，在解除故障，重新设置正确无货位入库。如货位没货，误报双重入库，请检查光电开关状态是否正常（正常不亮，遮挡时亮），检查开关位置是否变化，是否照射到货架横梁或者其他物体，调整开关，如图 2-12-30 所示。

图 2-12-30　一侧双重入库光电开关

三、升降变频器错误

堆垛机在联网工作状态下，发生总线错误引提升降变频器数据读取错误。解除方法：打开电气柜查看 PLC 状态指示灯是否异常，若 SF 灯亮、BUSF 灯闪烁，需堆垛机断电检查运行变频器总线接头是否松动然后重新上电。

第六节　起重机常见故障处理

一、电动机常见故障分析与排除方案

起重机的交流电动机在运行中由于摩擦、振动、绝缘老化等原因，难免发生故障。这些故障若及时检查、发现和排除，能有效地防止事故的发生。

电动机没有启动力矩，或空载时不能启动，并发出不正常声音。

(一)故障原因

(1)三相电源电路(包括闸刀开关、引线定子绕组)有一相断电,造成单相启动。
(2)电源电压过低。
(3)轴承过度磨损,使转子靠近定子的一侧,造成定子与转子不同心,气隙不均匀。

电动机启动力矩小,有载时不能启动,负载增大时电机停转,有时发出强烈杂声,局部发热。原因:电网电压低,绕组有匝间短路,转子绕组中有断线或脱焊现象,启动后一相断线造成单相运行。

启动电流大,而且不平衡,声响大,造成保护装置动作而切断电源。原因:定子绕组接线方法可能不正确,绕组对地绝缘老化。

(二)故障检查

(1)听声音。仔细找故障点交流异步电机在运行中,若发现较细的"嗡嗡"声,没有忽高忽低的变化,是一种正常的声音。若声音粗且有尖锐的"嗡嗡"、"咝咝"声是存在故障的先兆,应考虑以下原因:

铁芯松动电机在运行中的振动,温度忽高忽低的变化,会使铁芯固定螺栓变形,造成硅钢片松动,产生大的电磁噪声。

转子噪声转子旋转发出的声音,由冷却风扇产生的,是一种"呜呜"声,着有像敲鼓时的"咚咚"声,这是电机在骤然启动、停止、反接制动等变速情况下,加速力矩使转子铁芯与轴的配合松动所造成的,轻者可继续使用,重者拆开检查和修理。

轴承噪声电机在运行中,必须注意轴承声音的文化,把螺丝刀的一端触及在轴承盖上,另一端贴在耳朵上,可以听到电机内部的声音变化,不同的部位,不同的故障,有不同的声音。如"嘎吱嘎吱"声,是轴承内滚枪的不规则运动所产生,它与轴承的间隙、润滑脂状态有关。"咝咝"声是金属摩擦声,一般由轴承缺油干磨所致,应拆开轴承添润滑脂剂等。

(2)利用嗅觉。分析故障电机在正常运行中是没有异味的。若嗅到异味,便是故障信号,如焦糊味,是绝缘物烧烤发出的,且随电机温度的升高,严重时还会冒烟;如油焦味,多半是轴承缺油,在接近干磨状态时油气蒸发出现的异味。

(3)利用手感。检查故障用手触摸电机的外壳,可以大致判断温升的高低,若用手一触及电机外壳便感到很烫,温度值很高,应检查原因,如:负荷过重、电压过高等,然后针对原因排除故障。

二、联轴器的热装及注意事项

(一)联轴器热装的准备工作

首先将轴颈和联轴器的配合处用汽油或煤油洗濯、擦净。若有粗糙和损伤的情况,该当用油石和细金刚砂布来消除,或者用其他方法加以处理。每个联轴器沿长度至少要测三个点,并且每点订交成 900 位置(要求高的热套配合应订交成 600 位置)反复测量,如果测量成果不符合纸或公差要求时,应用刮刀或半圆锉修理联轴器内孔,克制刮削轴颈。

(二)联轴器如何热装

起重机联轴器和轴颈在进行热装前,必须作好一切的准备工作。热装的过程一定要迅速,以免热装过程中温度下降,联轴器孔径缩小,造成热装坚苦。联轴器热装,一般需加热到 250℃左右。测定加热温度可用 1 号纯锡块(熔点 232℃)来试,锡碰上联轴器熔融时,温度即达到要求。升温的时间不宜太快,以免影响联轴器温度均匀性,最终的加热时间要根据膨胀量确定。为了获得合理的联轴器内径,并测量加热后所膨胀的数值,专门制成大小量棍,以便随时测量联轴器膨胀后的内径,直到把加热膨胀的内径数值最大量棍能够放入联轴器内径孔内止,即联轴器加热便可停止,并立即进行热套工作。

(三)联轴器热装注意事项

(1)加热前应核对联轴器是否与另外一个相连接的联轴器成对,出格是若干个同样的机组安装中,要查明成对号码或记号。
(2)联轴器配合面上应无毛刺、擦伤等缺陷。
(3)经常记录温升和电流数值,温升每小时不应跨越 30℃。
(4)温升至 100℃后,查抄人员要注意安全。
(5)当用样杆测量孔径数值时,必须停电操作。
(6)加热区域应有消防设备。
(7)联轴器热装到轴上以后,用冷水浇轴颈使其冷却,以防止热量向电枢中扩散影响绝缘。

三、减速机漏油故障分析及解决方案

各单位生产的各种桥式起重机、门式起重机在使用过程中出现减速器漏油问题较为普遍。漏油严重的减速机,不仅会损失很多润滑油,而且对起重机本身及对周围环境的清洁卫生也将造成不良影响。对起重机减速器漏油的原因进行分析并提出常规处理措施。

(一)故障原因

减速器部分面漏油的原因有密封失效、箱体变形、剖分面不平、连接螺栓松动。

(二)预防措施

起重机减速器漏油处理措施有更换密封件;检修箱体剖分面,变形严重则更换;剖分面铲平;清理回油槽,紧固螺栓。为防止起重机减速器漏油,应该定期检查。

四、减速器齿轮常见故障及预防措施

减速器是桥式起重机的重要传动部件,通过齿轮啮合对扭矩进行传递,把电动机的高速运转调到需要的转速,在传递扭矩过程中齿轮会出现轮齿折断、齿面点蚀、齿面胶和、齿面磨损等机械故障。

(一)故障原因

(1)短时间过载或受到冲击载荷,多次重复弯曲引起的疲劳折断;
(2)齿面不光滑,有凸起点产生应力集中,或润滑剂不清洁;
(3)由于温度过高引起润滑失效;
(4)由于硬的颗粒进入摩擦面引起磨损。

(二)预防措施

(1)起重机不能起载使用,启动、制动要缓慢、平稳,非特定情况下禁止突然打反车;
(2)更换润滑剂要及时,并把壳体清洁干净,同时要选择适当型号的润滑剂;
(3)要经常检查润滑油是否清洁;发现润滑不清洁要及时更换。

五、制动器常见故障分析及预防措施

制动器是桥式起重机重要的安全部件,具备阻止悬吊物件下落、实现停车等功能,只有完好的制动器对起重机运行的准确性和安全生产才能有保证,在起重机作业中制动器会出现制动力不足、制动器突然失灵,制动轮温度过高与制动垫片冒烟、制动臂张不开等机械故障。

(一)故障原因

(1)制动带或制动轮磨损过大;制动带有小块的局部脱落;主弹簧调得过松;制动带与制动轮间有油垢;活动铰链外有卡滞的地方或有磨损过大的零件;锁紧螺母松动整拉杆松脱;液压推杆松闸器的叶轮旋转不灵活;
(2)制动垫片严重或大片脱落,或长行程电磁铁被卡住,主弹簧失效,或制动器的主要部件损坏;
(3)制动器与垫片间的间隙调的过大或过小;
(4)铰链有卡死的地方或制动力矩调得过大,或液压推杆松闸器油缸中缺油及混有空气,或液压推杆松闸使用的油脂不符合要求,或制动片与制动轮间有污垢。

(二)预防措施

定期对制动器进行检查、维护,提升机构的制动器必须每班一次,运行机构的制动器要

每天一次,主要检查以下内容:

(1)铰链处有无卡滞及磨损情况,各紧固处有无松劲;
(2)各活动件的动作是否正常;
(3)液压系统是否正常;
(4)制动轮与制动带间磨损是否正常、是否清洁。

根据检查的情况来确定制动器是否正常,坚决杜绝带病运行,同时对制动器要定期进行润滑和保养。为了保证起重机的安全运行,制动器必须经常进行调整,从而保证相应机构的工作要求。

六、车轮与轨道常见故障及预防措施

起重机在运行过程中车轮与轨道常见的故障为车轮的啃道及小车的不等高、打滑。其中造成啃道的原因是多方面的,且啃道的形式是多样的。啃道轻者影响起重机的寿命,重者会造成严重的伤亡事故,因此特种设备管理人员对于啃道要引起足够的重视。造成啃道的主要原因是安装时产生不符合要求误差的、不均匀摩擦及大车传动系统中零件磨损过大、键连接间隙过大造成制动不同步。因此,各单位的特种设备主管部门在安装、维修起重机时一定要找有资质的单位进行安装、维修,从而保证设备安全及运行寿命;同时特种设备管理人员要加强平时的检查管理,避免起重机发生啃道的机械故障,在检查过程中要认真、细致地找出啃道的原因,并采取相应的措施。小车车轮的不等高是起重机运行中的极不安全的因素,小车的不等高使小车在运行中一个车轮悬空或轮压太小可能引起小车车体的震动。造成小车车轮不等高的因素是由多方原因引起的,但是主要原因是安装误差不符合要示求及小车设计本身重量不均匀,因此对小车不等高的故障要全面分析,把小车不等高的问题解决好。

起重机在运行过程中由于轨道不清洁、启动过猛、小车轨道不平、车轮出现椭圆、主动轮之间的轮压不等的原因使得小车产生打滑环象,这就要求特种设备管理人员在检查过程中一定要认真仔细,发现问题要及时解决,避免产生小车打滑的现象。

七、钢丝绳常见故障及预防措施

(一)故障原因

钢丝绳破断的主要原因是超载,同时还与在滑轮、卷筒的穿绕次数有关,每穿绕一次钢丝绳就产生由直变曲再由曲变直的过程,穿绕次数越多就易损坏、破断;其次钢丝绳的破断与绕过滑轮、卷筒的直径、工作环境、工作类型、保养情况有关。

(二)预防措施

(1)起重机在作业运行过程中起重量不要超过额定起重量;

(2)起重机的钢丝绳要根据工作类型及环境选择适合的钢丝绳;

(3)对钢丝绳要进行定期的润滑(根据工作环境确定润滑周期);

(4)起重机在作业时不要使钢丝绳受到突然冲击力;

(5)在高温及有腐蚀介质的环境里的钢丝绳须有隔离装置。

第七节 厂内机动车辆常见故障处理

车辆在使用中时常发生故障,这就需要驾驶员对故障进行诊断。目前采用的诊断方法有两种:一种是人工直观诊断法;另一种是不解体检验法。

人工直观诊断法是通过道路试验和直观检查,来确定车辆的技术状况和故障。一通过眼看、耳听、手摸、鼻子嗅以及试车搞清故障征象,然后具体分析,从简到繁,由表及里,按系分段,推理检查,并筛选及综合分析,确定故障。这种诊断方法的优点是不需要专用设备,投资少,但诊断的速度较慢,且不够准确,需要具备很丰富的经验,同时仅适于查找比较明显的故障,对于潜隐故障无法查出,往往只能通过解体检查方能最后确定。

不解体检验法是目前采用的现代诊断法,是在总成不解体条件下测试仪器及检验设备来确定车辆的技术状况和故障,并以室内道路条件模拟机械设备来代替路试的一种科学诊断方法。

一、车辆常见故障的诊断及排除方法

(一)发动机异响

发动机异响由人工直观诊断寻找判断发动机异响故障的部位,需要掌握比较全面的技术知识和丰富的经验。为了掌握判断发动机异响技术,首先要了解发动机异响产生的部位、声响特征、出现时机及变化规律,从中发现各种不同声响的特征,从而抓住特性,掌握一定理性认识。在听察声响时还应适时地观察排气烟色、烟量的变化,并借助听诊仪等辅助工具,找出产生故障的根源。

(二)供油系常见故障

(1)供油系常见故障的部位:油路故障不外乎堵、漏、坏三种情况,而堵和漏是常见故障。

(2)供油系统工作不正常时的外观特征:供油系工作不正常一般有如下外部特征:发动机启动困难,启动后怠速运转会自行熄火或怠速运转不平稳;加速时加速性能不良。供油系工作不正常时的外观特征。

(3)不来油或来油不畅的故障诊断。

(4)怠速不良的故障诊断:发动机怠速运转不良,表现在怠速运转时熄火,怠速转速太高

和怠速不平稳时有发抖现象。

造成上述故障的原因：进气歧管与缸体平面处衬垫漏气，化油器各衬垫处漏气；怠速空气量孔堵塞；怠速油道堵塞；节气门关闭不严或节气门轴松旷及节气门回位弹簧弹力过弱等。

（三）点火系常见故障

点火系常见故障的部位：点火系的故障有：断火、缺火、火弱、错火与点火正时失准等，产生这些故障的部位分属两个部位：低压（初级）电路和高压（次级）电路。

1. 低压电路故障

（1）线路接触不良，断路与短路。

（2）断电器触点烧蚀、沾污、间隙调整不当，活动触点弹簧过弱或过硬。

（3）电容器损坏。

（4）分电器真空离心点火提前装置失灵。

（5）分电器凸轮磨损不均。

（6）蓄电池、发电机工作不良。

2. 高压电路故障

（1）高压线绝缘性能破坏、接触不良。

（2）点火线圈内部断路、短路。

（3）分电器盖破裂、沾污、分火头损坏。

（4）火花塞积炭，绝缘体破裂，间隙调整不当。

低压电路的故障是初级电流变小或中断，造成发动机不易启动或高速不稳定。高压电路的故障，除造成发动机不易启动外，还可能出现发动机低速工作不稳定。若出现有规律性的不稳定运转，则表示个别缸的点火有故障；若无规律性，则为高压供电部分故障。

3. 点火系故障的诊断方法

（1）利用原来电流表动态判断故障法。接通点火开关后，用摇柄转动发动机，查看电流表的指针。

①电流表指针在"0"处不动，表示低压电路断路，可利用逐点搭铁法来检查断路。

②电流表指示放电3～5A，指针不回到零位，按下起动机开关时，电流表读数略增，则说明初级线圈到断电器触点臂间有搭铁（短路），可利用依次拆断法来检查短路。

③电流表指示10A以上不动，显示低压电路搭铁，按下起动机开关时，电流表指示大电流放电，则说明点火开关到点火线圈电源接柱间搭铁，或点火开关到仪表板导线搭铁。

④若电流表指针指示放电3～5A，能作间歇摆动，说明低压电路一般良好，故障发生在高压电路。

（2）对症施诊法。发动机虽可发动，但功率不足，运转不正常时，可将发动机启动，在运转中注意观察异常症状，据情诊断。

①化油器不断回火或排气放炮,在加速时尤其明显,应检查点火次序是否错乱,分电器盖插孔是否串电。

②加速时,发动机有严重的突爆声,怠速时容易熄火,手摇启动时有倒转现象,一般是点火过早,应检查点火正时及断电触点间隙。

③不易加速,发动机温度容易过高,往往是点火时间过迟,应检查点火正时及断电触电间隙。

④发动机运转时有节奏地振抖,可将发动机调到怠速运转,用一字旋具逐缸断火。若某缸断火时发动机运转状态无变化,证明该缸点火工作失常,应将该缸火花塞高压线取下试火。若火花正常,则确认该火花塞有故障,否则为高压分线有漏电现象。

⑤运转不均匀,各缸均有断火症状,可检查断电器触点是否烧蚀,分火头及中央高压线是否漏电(也须检查分电器底板轴承、分电器凸轮、分电器轴和铜套等的磨损,因这些磨损亦可造成火花减弱和缺火现象)。

⑥运转不均匀,试火时火花红弱,跳火距离很短,应检查电容器与点火线圈性能。

(四)转向系常见故障

前桥转向系的常见故障有:转向沉重、跑偏、摆头等。

1. 转向沉重

(1)蜗杆上下轴承调整得过紧或轴承损坏。

(2)虫月杆与滚轮啮合间隙调整过小或滚轮轴承损坏。

(3)转向轴或套管弯曲或套管凹陷,互相刮碰。

(4)转向器的转向臂轴与衬套间隙太小。

(5)转向节止推轴承缺油或损坏。

(6)转向节主销与衬套装配过紧或缺油。

(7)转向横、直拉杆球头调整过紧或缺油。

(8)横拉杆、前轴或车架弯曲变形,前轮定位失准及轮胎气压不足。

2. 转向跑偏

(1)左、右轮胎气压不一致或左、右轮胎磨损程度不同。

(2)钢板弹簧折断或两边弹力不均。

(3)前轴或车架弯曲变形,前轮定位失准,两边轴距不等。

(4)转向节、转向节臂弯曲变形。

(5)左、右轮毂轴承松紧度或制动间隙调整不一致。

(6)后桥轴管弯曲变形。

3. 摆头(前轮摇摆)

(1)横、直拉杆球头松动(弹簧折断或间隙过大)。

(2)滚轮与蜗杆啮合间隙过大。

（3）蜗杆上下轴承轴向间隙过大。
（4）转向节主销与衬套的间隙过大。
（5）前轮毂轴承调整太松。
（6）钢板弹簧骑马螺栓、中心螺栓松动或损坏。
（7）转向器松动。
（8）前轮轮网拱曲变形。

（五）制动系的故障诊断

制动系技术状况的完好与可靠，是保证车辆安全行驶的必要条件，同时，对提高车辆平均速度和经济性能也具有重大意义。制动系的故障较多，一般表现为：制动距离增大、失灵、跑偏、咬死。

1. 气压制动系的故障诊断

（1）制动失效与制动不灵主要原因：
①储气筒内无气或气压不足（低于 440kPa）；
②控制阀开度太小，供气不足；
③控制阀、辅助缸、管路等严重漏气；
④气路堵塞；
⑤制动鼓与制动蹄片间隙不适宜，制动时接触面积太小；
⑥制动蹄片过薄，沾有油污，铆钉松动或蹄片质量不佳；
⑦制动鼓变形或产生沟槽；
⑧制动凸轮轴和轴套、制动蹄和支销轴等连接件锈死或磨损松旷。
上述原因造成制动失效或影响个别车轮制动不灵，造成制动跑偏。

（2）制动咬死的主要原因：
①制动蹄回位弹簧脱落、折断或发软；
②制动蹄片与制动鼓间隙过小；
③制动蹄与轴销、凸轮轴和轴套锈死；
④辅助缸推杆行程过大或辅助缸安装不当，推杆顶出后与外壳卡住。

2. 液压制动系的故障诊断

（1）制动不灵：
①制动总泵和油管油路不通或缺油；
②制动液变质或混进其他油液，以及使用的型号不适宜；
③油管破裂或接口漏油；
④油路中有空气；
⑤制动总泵皮碗踏翻或损坏；
⑥制动总泵出油阀失效或密封不严；

⑦制动总泵活塞推杆自由行程太大；
⑧制动总泵进油口堵塞或储油室加油螺塞上的通气孔堵塞；
⑨制动分泵漏油或皮碗破损；
⑩制动鼓与摩擦片间隙太大或不适宜,接触面积太小。
（2）制动咬死：
①制动总泵无自由行程,回油孔堵塞；
②制动总泵活塞弹簧太软,活塞皮碗卡住；
③分泵活塞皮碗卡住；
④制动蹄与支承销锈死；
⑤制动蹄回位弹簧折断或太软；
⑥制动鼓与摩擦片间隙太小。

二、柴油车辆常见故障的诊断和排除方法

柴油的净化柴油车辆与汽油车辆的主要区别在发动机,特别是燃料系。柴油发动机的燃料系是由很多精密零件所组成,对燃料系的使用和维修,必须给予足够的重视。柴油发动机所使用的柴油,要求非常清洁,不得含有固体杂质和水分。柴油的净化是使用的关键,必须充分认识净化的重要性。柴油发动机燃料系有许多精密度很高的部件,如喷油泵的柱塞件,配合间隙在 0.01～0.03mm 范围内,所以当柴油中混入固体杂质后将会加剧机件磨损。如果柴油中含有水分,当水分进入喷油泵后,不但会使柴油机的运转不能正常,还有可能使喷油泵的精密零件表面锈蚀,在冬季还可能引起燃料系内结冰,使发动机无法启动。为了做到柴油的净化,在使用中,柴油必须经过储存、沉淀、过滤。柴油倒入油罐后,必须经过相当长时间的静置沉淀,一般必须在 72h 以上,以便其中的固体杂质和水分下沉,与柴油分离,并定期清除油罐底部的杂质和水分,从油罐底部放污阀排出。而且还必须经过过滤,将静置沉淀后的柴油,用油泵压入过滤器内,经过滤芯,流入油桶或油罐,才能加注到车辆油箱内使用。

柴油发动机如来油不畅或工作过程中突然不来油,其原因往往是燃油在使用时沉淀过滤不够,造成油路中滤网、滤芯被脏物堵塞,导致供油中断,迫使发动机熄火。

燃料系空气排除燃料系中如果进入空气,在管路中将发生"气阻",使供油量减少,甚至中断供油,造成发动机启动困难,工作无力,甚至熄火。空气之所以能进入燃料系,主要是由于燃料箱至输油泵之间管路内的燃油压力低于外界大气压力,遇管道接头不密封,衬垫损坏或者油管破裂时就会使空气渗入；当燃油箱中存油量不足时,输油泵可能从油箱中吸进空气。另外,当对燃料系总成零部件进行拆卸修复后也会存有空气。燃料系中空气的排除方法：

（1）旋松柴油滤清器上面的放气螺塞,反复压动手油泵,向燃油系供油,直到从放气螺孔

中流出的燃油不含气泡为止,然后在燃油溢流过程中旋紧放气螺塞。

(2)旋松喷油泵上部的两个放气螺钉,依照上述方法排除喷油泵油腔内的空气。

(3)高压油管中的空气可以通过旋松喷油器高压油管接头螺母,用起动机带动发动机使喷油泵泵油,将高压油管中空气排出,在燃油溢流过程中旋紧接头螺母。

燃料系常见故障诊断:

1. 发动机不易启动

(1)启动时排气管不冒烟,这说明喷油泵未供油主要原因是:

①喷油泵或管路气阻;

②柴油细滤器堵塞;

③输油泵弹簧折断,止回阀密封不严;

④油箱无油或开关未打开;油箱到输油泵的管路堵塞;

⑤天气过冷,柴油凝点高、流动性差,结冰堵塞管路。

(2)启动时排气管冒白烟,但仍不易启动,主要原因是:

①柴油中有水;

②喷油泵供油提前或过晚;

③用十字形联轴器连接的喷油泵,有可能在安装时被动盘插错180°;

④喷油器雾化不好。

2. 发动机动力不足

柴油发动机在额定负荷下冒黑烟,转速下降,说明动力不足,其主要原因:

(1)喷油泵柱塞部件磨损,供油量小;

(2)供油时间过早或过晚;

(3)输油泵磨损,输油量不足,细滤器堵塞,限压回油阀失效等;

(4)喷油泵油腔中进入空气,发生气阻,使柱塞供油量减少。

3. 排气管烟色不正

(1)冒白烟:柴油发动机冬季启动冒白烟,若温度升高后就停止冒烟是正常现象,应与故障区别开来。

柴油中有水,会冒出和水蒸气一样颜色的白烟。

供油时间过迟,部分柴油在气缸中没有燃烧,会形成白色油雾从排气管冒出。

(2)冒黑烟:供油时间过早,气缸中的压力、温度低,部分柴油燃烧不完全而形成炭粒,从排气管冒出,颜色是灰黑色。喷油雾化不良,产生油滴,不能和空气很好地混合,燃烧不完全,也会冒黑烟。空气滤清器清扫不及时而堵塞,进气量不足,也会冒黑烟。如果柴油机在重负荷下才冒黑烟,可能是负荷超过了允许限度所造成的。

(3)冒蓝烟:排气管冒蓝烟且有臭味,是由于气缸窜机油,造成机油燃烧,这不是燃料系的故障。

第八节 自动恒流充放电机故障处理

该设备对运行过程中常见故障情况,进行自动诊断,在触摸屏上弹出报警号,显示简要信息。用户可根据提示进行相关的操作,并进行相应的处理,排除故障,如图 2-12-31 所示。

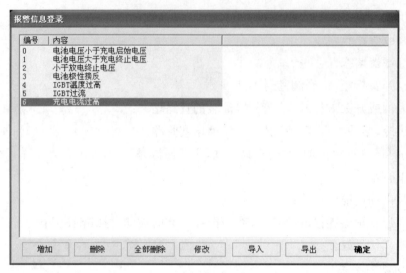

图 2-12-31 报警信息

以下是系统报警的具体情况:

一、电池电压小于充电起始电压

原因:起动充电时,系统检测到蓄电池电压低于起始电压设定值。
对策:
(1)检查待充电蓄电池是否损坏或过放电。
(2)检查设备输出线是否与待充电蓄电池连接可靠。
(3)检查设备输出线是否损坏开路。

二、电池电压大于充电终止电压

原因:充电过程中,系统检测到蓄电池电压高于充电终止电压设定值(设定范围为 80V～144 V)。
对策:
(1)检查充电终止电压设定值是否合适,是否与该型号蓄电池匹配,并加以调整。

（2）检查蓄电池是否发生过充情况。

三、小于放电终止电压

原因：放电过程中，系统检测到蓄电池电压低于放电终止电压设定值（设定范围为 60～150 V）。

对策：

（1）检查放电终止电压设定值是否合适，是否与该型号蓄电池匹配，并加以调整。

（2）检查蓄电池是否发生过放情况。

四、电池极性接反

原因：设备检测到的外接电压为负值。

对策：检查正负极输出线于蓄电池的连接是否正确。

五、IGBT 温度过高

原因：变流箱内模块散热器的温度继电器断开。

对策：

（1）检查变流箱冷却风扇是否运行正常。

（2）温度继电器以及连接线是否开路。

六、IGBT 过流

原因：IGBT 模块压降检查到的电压过高。

对策：

（1）检查输出短路或电流不正常。

（2）检查 IGBT 模块 C 极连接线是否开路。

七、充电电流过高

原因：PLC 检测到的输出电流超过 105A。

对策：

（1）检查 IGBT 模块或主电流是否存在短路现象。

（2）检查主控板是否失控。

第十三章　岗位危险源

> **岗位应知应会**
>
> 熟悉岗位危险源及防范措施。
>
> **重难点**
>
> 熟悉岗位危险源及防范措施。

维护操作工岗位主要从事不落轮镟床、洗车机、架车机及其他所辖设备的操作、定期维修保养和临时故障维修等工作内容，岗位技能涉及较多，如隔离开关断送电、不落轮镟床操作及检修、洗车机检修、架车机检修等，作业安全要求较高。本篇将主要讲解维护操作工岗位涉及的危险源及控制措施，对员工通用安全、消防安全、交通安全不做讲解。学习目的是让读者熟悉岗位危险源及防范措施；教学目标是读者学完本章后需能知道岗位危险源及防范措施；安全在任何时候都处于最重要的地位，因此本章内容是读者学习的重点。

为辨识维护操作工检修作业场所的危险源，对其进行科学评价和采取有效控制措施，保证安全生产平稳进行。

一、隔离开关操作

（一）风险描述

操作隔离开关人员未按要求穿戴防护用品，未执行一人操作一人监护标准等，造成电击伤害、人员伤亡、设备损害事故事件。

（二）控制措施

（1）加强日常安全教育，提高员工安全意识。
（2）作业人员与操作人员做好互控，严格执行"呼唤应答、手比眼看"规定。
（3）挂地线前确认回流轨位置，保证将接地线接到回流轨上。
（4）严格遵守及执行隔离开关断送电流程表，干一项，划一项，逐项确认并做好记录。
（5）制作并现场粘贴危险源警示卡。
（6）编写并组织学习隔离开关断送电工艺卡。

二、架车机检修作业

(一)风险描述

(1)上下地坑时人员跌落;工具掉落砸伤人员。
(2)作业平台人员跌落;工具掉落。
(3)带电作业造成人员触电。
(4)试机时造成人员伤害。
(5)长时间未打开地坑盖造成有害气体聚集。

(二)控制措施

(1)作业前强调地坑口的危险性,作业过程中在地坑口设置专人防护。
(2)作业时上下地坑时,实行"一人一梯"上下,严禁两人同时使用梯子上下,工具放进工具包携带。
(3)在中间检修平台作业时做好安全防范措施。
(4)在作业过程中,始终穿戴好劳保用品。
(5)作业前,仔细检查绝缘工器具,电气检修作业时安排两人进行。
(6)试机时,使用对讲机联控好各个监控点,确保通信畅通,作业点人员做好防护措施后再下发动作命令,操作点人员确认命令后操作设备。
(7)作业开始前,打开地坑内通风 15min 以上再下地坑作业。

三、不落轮镟床检修作业

(一)风险描述

(1)镟床上方无防护,保养时有摔倒危险。
(2)镟床内部有铁屑,作业人员被碎屑划伤。
(3)设备试机时,造成人员伤害。

(二)控制措施

(1)在镟床上方保养时,要集中注意力,手抓牢脚踩稳,防止摔倒,作业人员要相互提醒做好互控。
(2)清洁保养及设备维护时,作业人员戴帆布手套,不要用手直接去取拉碎屑。
(3)试机时,禁止近距离观察设备。

四、轮对踏面及受电弓检测设备检修作业

(一)风险描述

(1)穿越轨道被车辆碰撞伤害。
(2)登高作业因不慎造成人员跌落受伤。
(3)遗留物品在轨行区造成侵限。

(二)控制措施

(1)穿戴好荧光衣,作业时提高警惕,穿越轨道要严格执行"一站、二看、三通过"规定。
(2)工作完毕注意清场,确认工具出清。
(3)登高作业时需要有专人扶梯子并做好防护。
(4)清洁光学测量箱时注意把保护盖打开后,把"保护盖动作允许"开关关掉,并做好专人防护。
(5)运送物品的车辆禁止进入轨行区,运送的相关备品备件禁止摆放在平交道口上。

五、洗车机检修作业

(一)风险描述

(1)高空作业因不慎造成人员或工具坠落。
(2)洗车机试机时,擅自触碰旋转部件造成人员受伤。
(3)因地面湿滑,造成作业人员摔伤。
(4)洗车作业前,未检查确认库门状态,因库门侵限刮伤电客车。
(5)压力容器异常引发人身伤害或设备损坏。

(二)控制措施

(1)登高作业时,作业人员穿戴好劳保用品和安全帽、安全带,并有人扶住梯。
(2)试机时,在侧刷旋转启动时远离侧刷,严禁用手直接碰触旋转部位。
(3)电气元件检修时,应在断电情况下进行。必须要带电时,要用绝缘工具,严禁直接用手碰触带电部位。
(4)洗车线地面有积水时,及时清理掉积水,并提醒作业人员注意安全。
(5)检查压力容器的安全阀是否在有效期内,要及时送检。
(6)洗车作业前,要检查库门打开固定情况,确保固定好。同时,检查洗车线是否有物品

侵限。

(7)如电客车进行端洗作业时,洗车人员洗车前确认端洗机构运行正常,端洗清洗过程中加强监控。

六、起重机检修作业

(一)风险描述

(1)高空作业人员、工具坠落。
(2)工具坠落砸伤地面人员。
(3)违规使用劳保用品。
(4)电气检修作业易造成人员触电。

(二)控制措施

(1)提高作业人员安全意识,要求登高作业人员作业时思想集中。
(2)地面应设专人进行防护,防止无关人员进入作业防护区域,造成人员伤害。
(3)要求员工正确佩戴安全帽,正确使用安全带,并在使用前对安全带进行检查,消除因劳保质量问题产生的安全隐患。
(4)作业完毕注意现场出清,确认工器具数量。
(5)电气元件检修时,应在断电情况下进行。必须要带电时,要用绝缘工具,严禁直接用手碰触带电部位。

七、立体化仓库检修作业

(一)风险描述

(1)立体化仓库登高检修作业,人员、工器具等坠落。
(2)立体化仓库输送系统作业踩空、设备有油污滑倒人员摔伤。
(3)电气检修作业易造成人员触电。

(二)控制措施

(1)输送系统检修时要集中注意力,注意脚下,小心踏空。作业前要清洁输送带上的油污,避免滑倒。
(2)电气元件检修前,必须断开电源开关。必须要带电时,要用绝缘工具,严禁直接用手碰触带电部位。
(3)进入巷道前佩戴好安全帽,检查货架区域无异常时再进入。

第十四章 岗位安全关键点

> **岗位应知应会**
>
> 1. 了解维护操作工岗位的作业安全风险。
> 2. 熟悉维护操作工岗位的安全操作注意事项及要求。
>
> **重难点**
>
> 维护操作工岗位安全关键点

本章的学习目的是通过安全教育让员工了解维护操作工岗位的作业安全风险、危险因素与相关预防对策措施,教学目的是要求员工对岗位安全操作注意事项及规程能熟练掌握,具备正常安全上岗工作要求。安全在任何时候都处于最重要的地位,因此本章内容同样是读者学习的重点。

一、维护操作工岗位安全关键点

(一)隔离开关断/送电

1. 风险描述

(1)线路有负载突然断电。

(2)地线未撤除/有负载送电。

(3)隔离开关上方掉物。

2. 安全防范措施

(1)加强日常安全教育,提高员工安全意识。

(2)作业人员与操作人员做好呼唤应答、手比眼看。

(3)挂地线前确认回流轨位置,保证将接地线接到回流轨上。

(4)严格遵守及执行《隔离开关断送电流程表》,干一项,划一项,逐项确认并做好记录。

(二)架车机检修作业

1. 风险描述

(1)上下地坑时跌落;工具掉落砸伤人员。

(2)地面人员踏空。

(3)作业平台人员跌落/工具掉落。

(4)作业过程中人员撞伤。

(5)带电作业触电。

(6)试机时造成人员伤害。

(7)长时间未打开地坑盖造成有害气体聚集。

2. 安全防范措施

(1)作业前强调地坑口的危险性,作业过程中在地坑口设置专人防护。

(2)作业时上下地坑时,实行一人一梯上下,严禁两人同时使用梯子,工具放进工具包携带。

(3)在中间检修平台作业时做好安全防范措施。

(4)在作业过程中,始终穿戴好劳保用品。

(5)作业前,仔细检查绝缘工器具,电工作业时安排两人进行作业。

(6)试机时,使用对讲机使各个监控点保持通信畅通,作业点人员做好防护措施后下发动作命令,操作点人员确认命令后操作设备。

(7)作业开始前打开地坑内通风15min以上再下去作业。

(三)不落轮镟床检修作业

1. 风险描述

(1)镟床上方无防护,保养时有摔倒危险。

(2)镟床内部有铁屑,作业人员被碎屑划伤。

(3)设备试机时,造成人员卷入伤害。

2. 安全防范措施

(1)镟床上方保养时,要集中注意力,手抓牢脚踩稳,防止摔倒,保养人员要相互提醒做好互控。

(2)清洁保养及设备维护时,作业人员戴帆布手套,不要用手直接去取拉/碎屑。

(3)试机时,禁止近距离观察设备。

(四)轮对受电弓检测设备检修作业

1. 风险描述

(1)被车辆碰撞伤害。

(2)电客车损伤。

(3)人员跌落受伤。

(4)机械伤害。

(5)物品侵限。

2. 安全防范措施

(1) 穿戴好荧光衣,作业时提高警惕,过轨道要"一站,二看,三通过"。
(2) 工作完毕注意清场,确认工具数量。
(3) 登高作业时需要有人帮忙扶梯子并做好防护。
(4) 清洁光学测量箱时注意把保护盖打开后把"保护盖动作允许"开关关掉,并做好专人防护。
(5) 运送物品的车辆禁止进入轨行区,同时相关备品备件禁止摆放在牵两道平交道口上。

(五)洗车机检修作业

1. 风险描述

(1) 高空作业人员、工具坠落。
(2) 机械伤害。
(3) 人员触电。
(4) 人员摔伤。
(5) 压力容器爆炸。
(6) 电客车损伤(库门未固定)。
(7) 电客车损伤(有端洗作业)。

2. 安全防范措施

(1) 登高作业时,作业人员穿戴好劳保用品和安全帽、安全带,并有人扶住梯子。
(2) 试机时,在侧刷旋转启动时远离侧刷,严禁用手直接碰触旋转部位。
(3) 电气元件检修时,应在断电情况下进行。必须要带电时,要用绝缘工具,严禁直接用手碰触带电部位。
(4) 洗车线地面有积水时,及时清理掉积水,并提醒作业人员注意。
(5) 检查安全阀是否在有效期内,要及时送检。
(6) 洗车作业前,要检查库门打开固定情况,确保固定好。同时,检查洗车线是否有物品侵限。
(7) 如电客车进行端洗作业时,洗车人员洗车前确认端洗机构运行正常,端洗清洗过程中加强监控。

(六)起重机检修作业

1. 风险描述

(1) 高空作业人员、工具坠落。
(2) 工具坠落砸伤地面人员。
(3) 违规使用劳保用品。

(4)人员触电。

2. 安全防范措施

(1)提高作业人员安全意识,要求登高作业人员作业时思想集中。

(2)地面应设专人进行防护,防止无关人员进入作业防护区域,造成人员伤害。

(3)要求员工佩戴玻璃钢安全帽,正确使用安全带,并在使用前对安全带进行检查,消除因劳保质量问题产生的安全隐患。

(4)作业完毕注意现场出清,确认工器具数量。

(5)电气元件检修时,应在断电情况下进行。必须要带电时,要用绝缘工具,严禁直接用手碰触带电部位。

(七)立体化仓库检修作业

1. 风险描述

(1)人员摔伤。

(2)人员触电。

(3)货物坠落。

2. 安全防范措施

(1)输送系统检修时要集中注意力,注意脚下,小心踏空。作业前要清洁输送带上的油污,避免滑倒。

(2)电气元件检修前,必须断开电源开关。必须要带电时,要用绝缘工具,严禁直接用手碰触带电部位。

(3)进入巷道前佩戴好硬质安全帽,检查货架区域无异常时再进入。

二、维护操作工操作安全注意事项

(一)架车机操作安全注意事项

(1)设备操作人员必须严格按照设备的设计用途和手册的规定对设备进行操作,严禁违规操作;设备维护人员必须按照维护手册规定的周期、方法对设备进行检查、检修和维护。

(2)设备应由车辆段指定的具有资格的专人来操作、维护和管理。设备操作人员应有足够的责任心和安全意识。任何功能不正常,特别是影响设备安全运行的情况,均应立即停止操作,并立即汇报给相应的主管部门。

(3)班前认真检查设备,查看是否存在设备损伤、故障或其他安全隐患,并将异常情况立即报告给设备的管理者。

(4)在设备举升之前,应目视检查设备的原始状态是否正常(车辆位置是否正确地落在轨道梁举升区域,架车点是否准确地和车体架车单元托头对准等)。

(5)在启动设备或落下设备之前,要认真查看,确保没有人或障碍处于工作区域。

(6)设备启动、停止及工作过程,应按照操作说明,并实时注意屏幕上的提示信息和面板上的各种指示是否正确。

(7)上升、下降过程中遇有任何紧急情况应及时按下急停按钮。

(8)联控过程中现场确认人员,需严格履行责任,认真观察设备运行状态,如发现异常松开确认按钮,必要时拍下急停按钮。

(9)单控车体加载过程中,单控人员应密切观察,加载完毕后应自动停止,如不停止立即停止加载。

(10)本次操作结束或人员换班时,设备必须具有有效的监控(比如交接记录、故障情况等),坚决杜绝未经授权的人操作该设备。

(二)洗车机操作安全注意事项

(1)设备操作人员必须严格按照设备的设计用途和手册的规定对设备进行操作,严禁违规操作;设备维护人员必须按照维护手册规定的项点、周期、方法对设备进行检查、检修和维护。

(2)设备应由车辆段指定的具有资格的专人来操作、维护和管理。设备操作人员应有足够的责任心和安全意识。任何功能不正常,特别是影响设备安全运行的情况,均应立即停止操作,并立即汇报给相应的主管部门。

(3)班前认真检查设备,查看是否存在设备损伤、故障或其他安全隐患,并将异常情况立即报告给设备的管理者。

(4)打开洗车库两侧大门,并固定牢固。

(5)操作人员在开机前,检查电、气、水是否正常,各工位是否在原始位置,有无障碍物侵限,确保没有人或障碍处于工作区域。

(6)检查洗车库轨道附近有无障碍物侵限。

(7)在电控台前至少有一位操作人员。坚守岗位,监视控制台的显示,如出现不正常情况时采取相应措施处理。随时发出指令指导清洗区司乘人员。

(8)手动调试时,操纵台打到手动模式前应确保设备选择区内开关均处于关状态。

(9)每天工作完毕应关闭主开关。

(10)关机后,长期不使用,应将机械间水源总阀关闭。

(11)由于重要的开关均使用了钥匙开关,所以不用时应取下钥匙由操作人员进行保管。显示器上各键不用时应避免操作。

(12)设备启动和工作过程中,应按照操作说明,并实时注意屏幕上的提示信息和面板上的各种指示是否正确。

(13)列车端部清洗过程中,遇有任何紧急情况(如端刷和雨刷器发生缠绕,设备异常动作),应及时按下急停按钮。

（14）本次操作结束或人员换班时，设备必须具有有效的监控（比如交接记录、故障情况等），坚决杜绝未经授权的人操作该设备。

（三）不落轮镟床操作安全注意事项

（1）操作人员必须经过专业技术培训的安全操作培训。考试合格后，取得培训部门颁发的上岗证，方可持证上岗。

（2）作业时操作人员必须穿戴好劳动防护用品（安全帽、护目镜、工装、防砸鞋等），不得披长发、穿宽松衣服和佩戴饰物。

（3）装载负载前，操作人员应检查压爪和顶铁处的受力面是否平整干净，如有异物影响轮对的受力平衡，要先清理异物才能继续操作。

（4）调车作业和牵引小车牵引电客车进入镟轮库前应确认电客车停车位置正确、受电弓已降下、全部制动已缓解、门窗已关闭，并确认行驶轨道上和镟轮机区无异物。

（5）调车作业和牵引小车牵引电客车行走时，应在车头移动方向设专人进行防护，禁止前后轨道上人员和车辆往来。只有当滑轨被关闭时才可以牵引电客车到镟床上，且最高速度不得超过3km/h。

（6）列车未停稳，严禁任何人员钻入车底。

（7）车辆在停放且所有制动（包括停放制动）缓解情况下，应使用铁鞋固定车轮（无公铁两用车联挂时），确保车辆在无制动条件下不会溜车。

（8）轮对加工时，操作人员严禁戴手套（在安全防护门外使用铁钩清理铁屑除外）。且无关人员不得在工作场所停留，不得阻碍操作人员视线。

（9）镟修中，操作人员不准擅离岗位，多人作业，应统一指挥，做好呼唤应答，不准各行其是，盲目蛮干。架车未镟修时，操作人员全部离岗超过半小时以上，必须在车辆下方架好移动桥轨。

（10）作业中加强自控、互控、他控，且必须保证两人作业，在使用中应严格遵守"三不动，三不离"制度。（三不动指安全防护用品未穿戴齐全，不准开动镟床设备；检查镟床各部件未达到良好状态，不准开动镟床设备；检查防护设施未到位，不准开动镟床设备。三不离指：镟轮时，不准撤离本职岗位；两人作业时，不准各行其是，做到互控并监视他人不准擅自离职；完工后，不切断电源、气源，不准离开）。

（11）镟床使用过程中，操作人员密切监视设备运转情况，若因温度太高而发生死机现象或出现其他任何异常情况，应立即停止工作关闭镟床。查明原因后方可重新开始作业。

（12）镟修作业结束后，必须检查清扫设备和现场，并报DCC。

（13）在整个镟床范围内需注意可能由于以下原因造成受伤：有锐边的零件、被伸出的零件钩住、挤伤、剪伤、撞伤、夹持和卷入导致的危险、会自行移动的镟床部件带来的危险、落下的零件、飞屑等。

（14）不得更改可编程控制系统的任何程序（软件）。

附录　城市轨道交通维护操作工考核大纲

序号	分类	章	考核内容	掌握程度	考核形式
1	基础知识篇	一	绪论	了解	笔试
		二	不落轮镟床	精通	笔试
		三	公铁两用车	熟悉	笔试
		四	固定式架车机	精通	笔试
		五	移动式架车机	熟悉	笔试
		六	列车自动清洗机	精通	笔试
		七	轮对受电弓检测设备	熟悉	笔试
		八	自动化立体仓库	熟悉	笔试
		九	起重机	熟悉	笔试
		十	厂内机动车辆	熟悉	笔试
		十一	自动恒流充放电机	熟悉	笔试
		十二	固定式空压机	熟悉	笔试
		十三	限界检测装置	熟悉	笔试
		十四	移车台	熟悉	笔试
		十五	常用工器具	熟悉	笔试
2	实务篇	一	概论	了解	笔试
		二	不落轮镟床工作流程	精通	笔试
		三	公铁两用车工作流程	熟悉	笔试
		四	列车自动清洗机工作流程	精通	笔试
		五	固定式架车机工作流程	精通	笔试
		六	轮对受电弓检测设备工作流程	熟悉	笔试
		七	起重机工作流程	熟悉	笔试
		八	自动化立体化仓库工作流程	熟悉	笔试
		九	自动恒流充放电机工作流程	熟悉	笔试
		十	厂内机动车工作流程	熟悉	笔试
		十一	固定式空压机工作流程	熟悉	笔试
		十二	常见故障处理	了解	笔试
		十三	岗位危险源	精通	笔试
		十四	岗位安全关键点	精通	笔试

参 考 文 献

[1] 李攀峰.数控机床维修工必备手册[M].北京:机械工业出版社.2011.
[2] 左健民.液压与气压传动[M].4版.北京:机械工业出版社,2016.
[3] 刘建清.从零开始学电气控制与PLC技术[M].北京:国防工业出版社,2006.

图 1-2-1　TUP 650H 型数控不落轮镟床

图 1-2-3　橙色钥匙

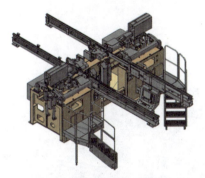

图 1-2-4　机床承载部分

图 1-2-5　提升—驱动系统

图 1-2-6　弹簧液压缸

图 1-2-7　外轴箱支撑与压下装置

图 1-2-8　压下装置

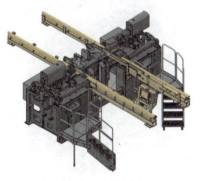

图 1-2-9　轨道系统

图 1-2-10　轴向导轨滚轮

图 1-2-11　后端的旋转编码器

图 1-2-12　刀架

图 1-2-14　测量装置

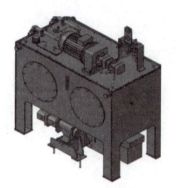

图 1-2-20　液压包

图 1-2-21　主电机

图 1-2-22　液压控制阀

图 1-2-23　分控柜

图 1-2-24　减压阀

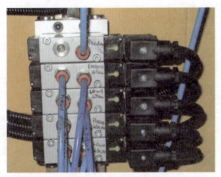
图 1-2-25　气动换向阀

图 1-2-26　主控制板

图 1-3-1　RTT-2000 型公铁两用车

图 1-3-3　蓄电池开关

图 1-3-4　右侧操作面板

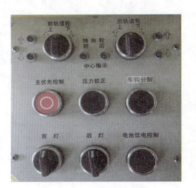
图 1-3-5　左侧操作面板

图 1-3-6　电量表

图 1-4-1 固定式架车机

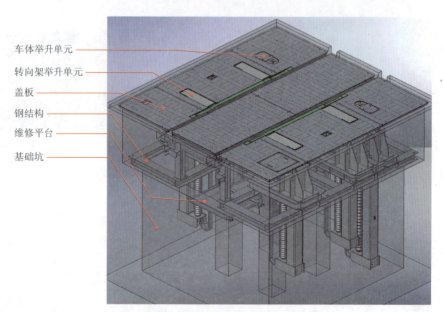

图 1-4-3 设备总体外观图一

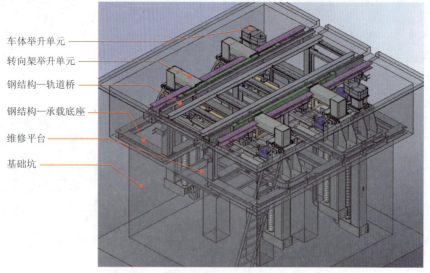

图 1-4-4 设备总体外观图二（去掉盖板）

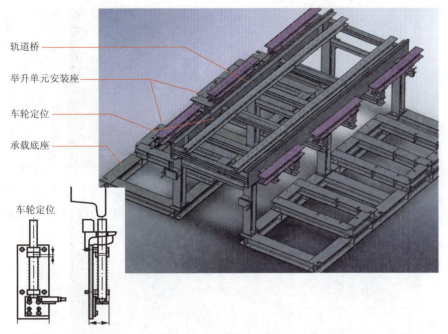

图 1-4-5　钢结构总体组成

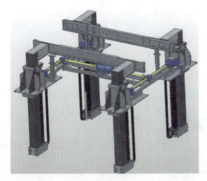

图 1-4-6　转向架单元总体组成

图 1-4-7　自动润滑装置

图 1-4-8　转向架举升梁结构

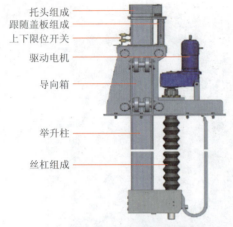

图 1-4-10　车体结构

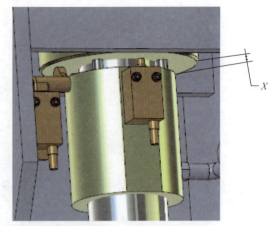

图 1-4-11　螺母间隙示意图

图 1-4-13　地坑盖板组成

图 1-4-14　主操作台

图 1-4-15　分控柜照片

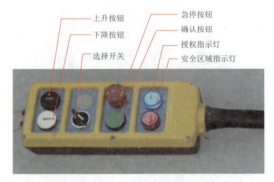

图 1-4-16　本地控制器照片

图 1-4-17　同步脉冲传感器

图 1-4-20　脉冲传感器放大图

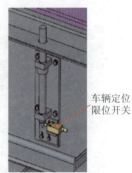

图 1-4-24　车辆定位限位开关

图1-4-25 障碍物监控开关、螺母磨损监控开关

图1-4-26 上下限位开关实物图

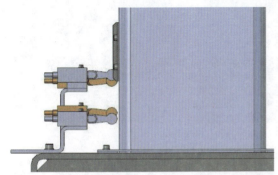

图1-4-27 上下限位开关

图1-5-1 移动式架车机

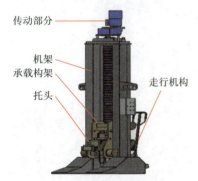

图1-5-2 机械系统结构组成

图1-5-3 机架

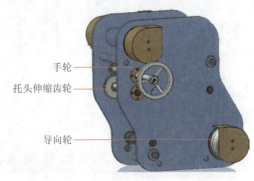

图1-5-4 承载构架

图1-5-5 托头

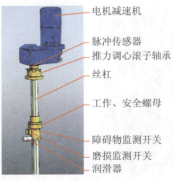

图1-5-6 传动部分

图1-5-7 搬运手柄

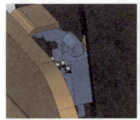

图1-5-8　上下限位开关

图1-5-9　螺母磨损监控开关、障碍物监控开关

图1-6-1　洗车机

图1-6-2　侧顶弧刷

图1-6-3　清水箱

图1-6-4　各类水泵

图1-6-6　过滤罐

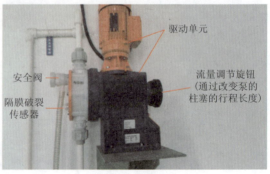

图1-6-7　洗涤剂泵

图 1-6-8 空压机

图 1-6-9 储气罐

图 1-6-10 气动两联件及电磁阀组

图 1-6-11 水处理 PLC

图 1-6-12 入库摄像头

图 1-6-13 监控画面

图 1-6-14 F2 信号灯

图 1-6-15 光电开关发射端仰视图

图 1-6-24 洗车机 S7-300 CPU

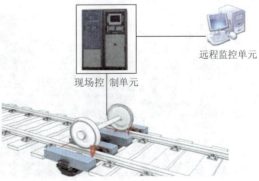
图 1-7-1 轮对动态检测系统

图 1-7-2 受电弓动态检测设备

图 1-7-4 车号识别系统

图 1-7-5 车轮传感器

图 1-7-6 正面照

图 1-7-7 背面照

图 1-7-9 客户端 PC

图 1-7-8 终端模块

图 1-7-11 特殊枕木上车轮外形测量系统安装细节图

图 1-7-12 车轮外形测量系统安装细节图

图 1-7-13 车轮测量站

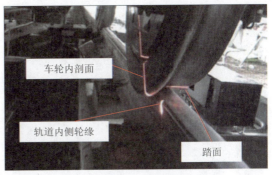

图 1-7-14 车轮外形、轨道表面采集细节

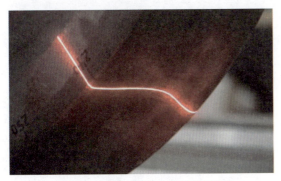

图 1-7-15 车轮表面及外形检测细节

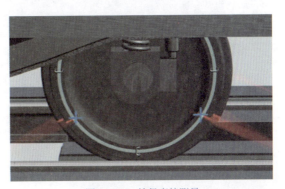

图 1-7-16 轮径直接测量

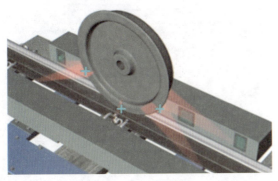

图 1-7-17 三点测量法

图 1-8-1 自动化立体仓库

图 1-8-2 总体

图 1-8-3 立柱

图 1-8-4 上横梁

图 1-8-5 下横梁

图 1-8-6 载货台

图 1-8-7 运行机构

图 1-8-8 提升机构

图 1-8-9 过载及松绳保护装置

图 1-9-3　双梁桥式起重机

图 1-9-7　电力液压鼓式制动器

图 1-10-1　蓄电池叉车

图 1-10-2　蓄电池搬运车

图 1-10-3　内燃叉车

图 1-10-4　结构图

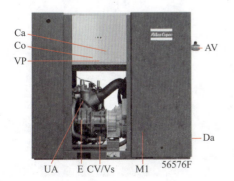
图 1-12-1　正视图

图 1-12-2　内部结构图

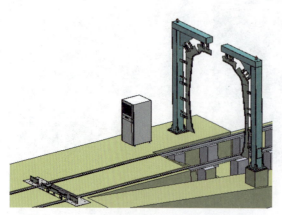

图 1-13-1 DT-XJZZ-M01 型限界检测装置外形图

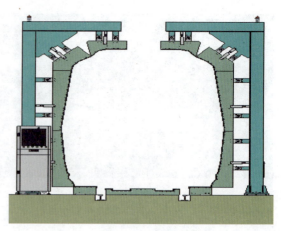

图 1-13-2 正视图

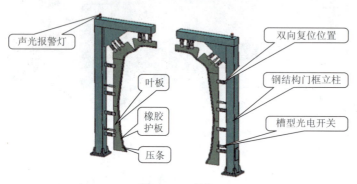

图 1-13-3 结构

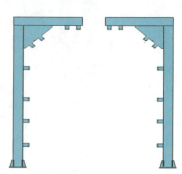

图 1-13-4 钢结构门框立柱

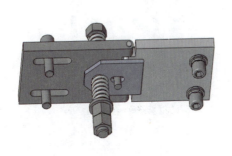

图 1-13-5 双向摆动复位装置

图 1-13-7 声光报警灯

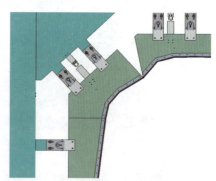

图 1-13-8 叶板

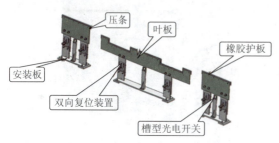

图 1-13-9 下部限界检测装置部件

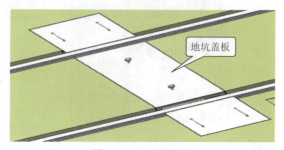

图 1-13-10 地坑盖板

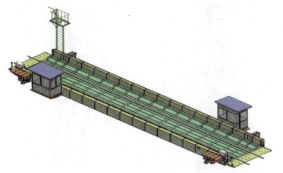

图 1-14-1 移车台

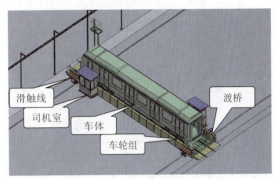

图 1-14-2 整体结构

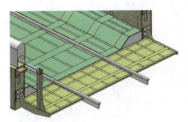

图 1-14-3 渡桥

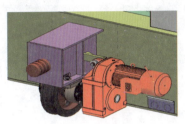

图 1-14-4 行走机构

图 1-14-5 主、从动车轮

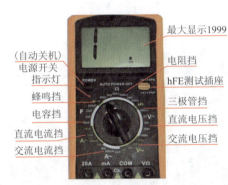

图 1-15-9 万用表各功能介绍

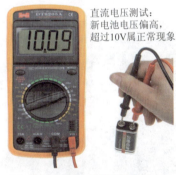

图 1-15-10 万用表测电压

直流电压测试：新电池电压偏高，超过10V属正常现象

直流电流测量上面四个挡上的数字代表这四个挡所能流过的最大电流值。
电流的测量是将表串入被测电路。
表笔用法：红表笔根据估计电流大小插入标有"A"或"mA"的孔中

图 1-15-11 电流的测量

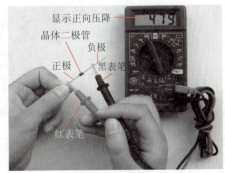

图 1-15-12 二极管的测量

图 1-15-17　数显测电笔　　图 1-15-18　测试笔测量市电火线结果　　图 1-15-19　错误指示一　　图 1-15-20　错误指示二

图 2-6-6　实时图片　　　　　　　　　　　　图 2-11-1　罐底阀门

图 2-11-2　打开阀门　　　　　　　　　　　　图 2-11-3　阀门确认

图 2-11-4　开机　　　　　　　　　　　　　　图 2-11-5　开机

图 2-11-6　急停按钮　　　　　　　　图 2-11-7　关机

图 2-12-1　状态检查一　　　　　　　图 2-12-2　状态检查二

图 2-12-3　PLC 输出模块状态　　　　图 2-12-4　指示灯供电线路

 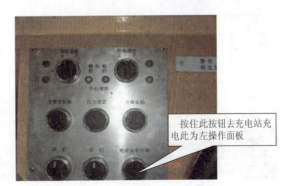

图 2-12-5　绿色指示灯　　　　　　　图 2-12-6　电池低电控制按钮

按住此按钮去充电站充电此为左操作面板

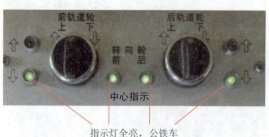

图 2-12-7 指示灯

图 2-12-8 安全继电器

图 2-12-9 急停开关

图 2-12-12 下下限位/上上限位

图 2-12-13 故障复位按钮

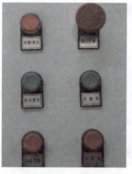

图 2-12-14 旁路钥匙开关

图 2-12-15 黄色安全继电器

图 2-12-16 故障复位按钮

图 2-12-17　检查接线

图 2-12-18　检查接触器触点

图 2-12-19　分柜接触器

图 2-12-20　侧洗水泵及压力表

图 2-12-21　比较

图 2-12-22　泵前补水箱

图 2-12-23　变频器

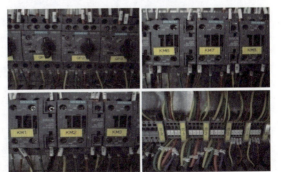
图 2-12-24　水泵控制线路

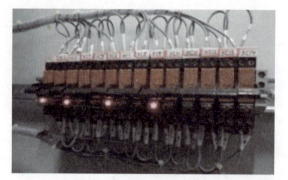

图 2-12-25　中间继电器

图 2-12-26　供电线路

图 2-12-27　检查 PLC 输出模块

图 2-12-28　货叉中位指示灯示意图

图 2-12-29　一侧两对光电开关示意图

图 2-12-30　一侧双重入库光电开关